LA RÉGIONALISATION À L'AUNE DE L'ÉVOLUTION LÉGISLATIVE DE LA DÉCENTRALISATION

Méthodologie(s) et vision(s) prospective(s) de régions stratèges

GRALE

Le GRALE (Groupement de Recherche sur l'Administration Locale en Europe) est un groupement d'intérêt scientifique (GIS) fondé sur un contrat pluriannuel associant plusieurs institutions ou entreprises : les universités Grenoble Alpes, Lille – CERAPS, Paris-I - Panthéon-Sorbonne, Reims-Champagne-Ardenne – CRDT et Toulon, Électricité de France, le Centre national de la fonction publique territoriale, la Mutuelle nationale territoriale et d'autres institutions ou entreprises, en fonction des projets.

Le GRALE, qui réunit une quarantaine de centres de recherches et institutions scientifiques nationales et internationales, a pour mission de promouvoir des recherches sur les collectivités locales, l'action publique territorialisée et des problèmes juridiques qui s'y rapportent. Il trouve sa raison d'être dans le réseau dense et diversifié des équipes de recherche ou associations scientifiques des diverses disciplines qu'il contribue à entretenir et à stabiliser. Ce réseau forme la base de l'Observatoire national de la décentralisation mis en place par le GRALE en 2004 en partenariat avec le ministère de l'Intérieur, et qui continue son activité de manière indépendante.

Le GRALE est également au centre d'un réseau international associant des chercheurs de plus de trente pays.

Contacts :
GRALE, Université Paris-I – Panthéon-Sorbonne, 12 place du Panthéon – Bureau 417, 75231 Paris Cédex 05 ; tél. : 33(0)1 44 78 83 87 ; mel : grale@univ.paris1.fr ; twitter : @g_grale ; site : http://grale.univ-paris1.fr.

Nicolas Kada, Directeur des publications du GRALE
Maud Lesueur, Chargée des publications

Dernières parutions dans la collection du GRALE

- N. Peypoch et J. Spindler (dir.), Préf. de Chr. Mantel, *Marques et labels touristiques. Leurs contributions au développement des collectivités territoriales*, 2020.
- R. Allemand et N. Dantonel-Cor (dir.), *La différenciation territoriale. L'adaptation du droit à la diversité des territoires : réalités et perspectives*, 2020.
- A.Granero (dir.), *La France des 13 régions, une réforme aboutie ?*, 2019.
- N. Peypoch et J. Spindler (dir.), *Le tourisme hivernal. Clé de succès et de développement pour les collectivités territoriales ?*, 2019.
- P.-Y. Chicot (dir.), *Le tourisme mémoriel à l'échelle intercommunale. Politique et stratégie d'attractivité du territoire local. L'exemple de la communauté d'agglomération de Cap Excellence*, 2019.

Sous la direction de
Pierre-Yves Chicot et Paméla Obertan

LA RÉGIONALISATION À L'AUNE DE L'ÉVOLUTION LÉGISLATIVE DE LA DÉCENTRALISATION

Méthodologie(s) et vision(s) prospective(s) de régions stratèges

L'HARMATTAN

5-7, rue de l'École-Polytechnique – 75005 Paris
www.editions-harmattan.fr
ISBN : 978-2-343-21805-2
EAN : 9782343218052

Sommaire

Auteur(e)s

BERNADOTTE Teddy	Chargé d'enseignement, Université des Antilles, Directeur territorial, Directeur du cabinet du Président de la Région Guadeloupe
BLANCHET Dominique	Maître de conférences HDR de droit public, CREDDI, Université des Antilles
BORDA Patrice	Maître de conférences en économie, CREDDI, Université des Antilles
BOREL-LINCERTIN Josette	Présidente du conseil départemental de la Guadeloupe
BRISSON Jean-François	Professeur agrégé de droit public, Université de Bordeaux-IV
CHALUS Ary	Président de la Région Guadeloupe
CHICOT Pierre-Yves	Maître de conférences HDR de droit public, CREDDI, Université des Antilles, Avocat au barreau de la Guadeloupe
CROUZATIER-DURAND Florence	Maître de conférences HDR de droit public, Université de Toulouse 1 Capitole, Membre du Conseil scientifique du GRALE (GIS)
FAURE Bertrand	Professeur agrégé de droit public, Université de Nantes
KADA Nicolas	Professeur agrégé de droit public, Université de Grenoble Alpes, Codirecteur du CRJ (Centre de recherche juridique, Université de Grenoble Alpes) et Codirecteur du GRALE (GIS) (Groupement de recherche sur l'administration locale en Europe, groupement d'intérêt scientifique)
LONG Martine	Maître de conférences HDR de droit public, Centre Jean Bodin – Recherche juridique et politique (UPRES EA n° 4337), Université d'Angers, Membre du Conseil scientifique du GRALE (GIS)
MAURIN Alain	Professeur d'économie, Directeur du Centre de Recherche en Économie et en Droit du Développement Insulaire (CREDDI), Université des Antilles
OBERDORFF Henri	Professeur émérite agrégé de droit public, Université de Grenoble Alpes

OBERTAN Paméla	Docteure en sciences politiques et Docteure en droit, Maître de conférences en sciences politiques, CREDDI, Université des Antilles
PASQUIER Romain	Directeur de recherche au CNRS (Arènes/ UMR 6051), Chaire « Territoires et mutations de l'action publique (TMAP) », Sciences-Po Rennes
RABOTEUR Joël	Docteur en sciences économiques, Maître de conférences en sciences de gestion, CREDDI, Université des Antilles
SANTENAC René	Docteur en sciences de gestion, Maître de conférences associé en sciences de gestion, CREDDI, Université des Antilles, Cadre bancaire
SIMON Damien	Docteur en droit public, Avocat au barreau de Bordeaux, Président de l'Institut de Droit Public, Membre de l'Association française des avocats conseils des collectivités territoriales (AFAC)
STECKEL-ASSOUÈRE Marie-Christine	Maître de conférences HDR de droit public, Université de Limoges (EA 3177 OMIJ) (Observatoire des Mutations Institutionnelles et Juridiques, université de Limoges), Responsable de la commission « Aménagement du territoire et mobilité » et Vice-présidente du Conseil scientifique du GRALE (GIS)

Avec la participation de :

BOUCARD Jean-Louis	Directeur général des services de la Région Guadeloupe
COURIOL Eddie	Directeur du CREPS de la Guadeloupe
GAYDU José	Directeur général adjoint des services de la Région Guadeloupe, Enseignant-Chercheur à l'université Paris-I - Panthéon-Sorbonne, Chercheur à l'IMODEV
MÉPHON Harry	Directeur affaires « culture-sport », Région Guadeloupe
VARDE Sylvie	Directrice des interventions économiques, Région Guadeloupe
VESPASIEN Katia	Directrice générale adjointe, Conseil départemental de la Guadeloupe

Mise en pages : Maud Lesueur, SG GRALE.

DISCOURS DU PRÉSIDENT DE LA RÉGION GUADELOUPE

Ary CHALUS

M. le Président de l'université des Antilles, M. le Professeur Eustase Janky,
M. le Professeur Jean-Gabriel Montauban, Doyen de la faculté de droit et de sciences économiques,
M. le Professeur Alain Maurin, Directeur du CREDDI,
M. le Professeur Nicolas Kada, Codirecteur du CRJ et du GRALE,
M. le Bâtonnier de l'ordre des avocats de la Guadeloupe, Maître Bernard Pancrel,
Maître Damien Simon, représentant le Président de l'Association française des avocats conseils des collectivités territoriales (AFAC),
Mme Josette Borel-Lincertin, Présidente du conseil départemental

Mesdames, Messieurs,

C'est avec enthousiasme et chaleur que je m'exprime ce matin devant vous tous.

Une majorité de Guadeloupéens a conduit à la tête de la région Guadeloupe, une nouvelle équipe que j'ai le plaisir d'animer en qualité de président.

Je mesure chaque jour les formidables défis que nous devons relever à l'horizon 2020, à l'horizon 2030.

Le conseil régional de la Guadeloupe ne réussira pas seul.

C'est aussi pour cette raison que j'ai souhaité que Mme Borel-Lincertin, Présidente du conseil départemental soit présente, à mes côtés, pour ce que nous avons appelé : « les Premières Rencontres Scientifiques de la Région Guadeloupe ».

Et demain, je le souhaite, « les Secondes Rencontres Scientifiques du département-région de la Guadeloupe ».

J'ai insisté auprès de mes collaborateurs pour que d'une part, cette manifestation scientifique soit le fruit d'un travail partenarial et d'autre part, que celle-ci se déroule à l'université.

C'est pour moi un symbole fort !

Je remercie chaleureusement l'université des Antilles, avec tous ses chercheurs en droit, en économie, en sciences de gestion, en science politique qui interviendront tout au long de ce colloque.

Merci donc au laboratoire de la faculté de droit et d'économie de Fouillole, le CREDDI, d'avoir bien voulu œuvrer, à nos côtés, pour organiser la première édition de ces rencontres scientifiques.

Merci aux chercheurs du GRALE et des autres laboratoires de recherche de France hexagonale qui sont présents en Guadeloupe.

En leur qualité d'éminents spécialistes de la décentralisation en général, et du droit des collectivités territoriales en particulier, je suis sûr qu'ils nous apporteront une précieuse expertise.

Je remercie l'ordre des avocats de la Guadeloupe, représenté par son bâtonnier, Maître Bernard Pancrel, qui estime, et il a raison, que les avocats de Guadeloupe doivent être les premiers spécialistes des contentieux qui nous concernent.

Je salue la participation de l'Association française des avocats conseils des collectivités territoriales, dont les membres, qui, au-delà de plaider, « planchent » dans de nombreux colloques, sur les problématiques juridiques qui intéressent les collectivités territoriales.

À l'occasion d'une précédente expérience comme exécutif local, nous avions lancé une formule de rencontres entre des spécialistes dans leur domaine et la population.

C'était le temps « d'esprit critique ».

Une manifestation régulière qui se tenait sur le territoire de la commune de Baie-Mahault.

Présidant aux destinées de la région Guadeloupe, ma conviction reste la même : il y a une nécessité ardente de favoriser des rencontres entre les administrateurs territoriaux, les universitaires et les praticiens.

Personne ne doit rester enfermé dans son pré carré !

La transversalité, le multipartenariat, les échanges d'expériences entre les uns et les autres nous permettront d'avancer ensemble.

En tout cas, c'est l'état d'esprit qui m'anime, au service du développement de la Guadeloupe.

Je considère que l'université est un des outils de développement de notre territoire.

Nous pouvons utilement nous appuyer sur les laboratoires de recherche du pôle universitaire de la Guadeloupe pour concevoir et mettre en œuvre toutes les compétences que nous assigne la loi depuis trente ans.

Et Dieu seul sait qu'elles sont nombreuses, au fur et à mesure que la décentralisation s'approfondit et que les dotations étatiques octroyées se réduisent.

Nous avons besoin de nos chercheurs en science dure pour toutes les thématiques relatives à l'environnement, au changement climatique, à la prévention des trajectoires des catastrophes naturelles, à la biodiversité, à la dépollution des sols, etc.

Nous avons aussi besoin de nos chercheurs en science molle pour concevoir et évaluer les politiques publiques relatives à la santé, aux affaires sociales, aux affaires publiques, à la macro et à la microéconomie, etc.

Comment faire mieux, voire plus avec moins de moyens financiers ?

Quels sont les enjeux de cette nouvelle régionalisation ?

Comment penser le développement territorial, en élaborant des modèles qui correspondent en tous points à la réalité des territoires locaux ?

Comment envisager une réelle capacité des régions à légiférer, en s'appuyant par exemple, sur les habilitations législatives et réglementaires autorisées pour la Guadeloupe, la Martinique et la Guyane ?

Quelle place pour les collectivités territoriales dans le cadre de la politique internationale de l'État dans un monde où l'économie est totalement ouverte ?

Comment repenser une politique régionale de l'Union européenne qui tient davantage compte des singularités des différentes régions, notamment les régions ultrapériphériques ?

Comment donner de la consistance à des régions qui doivent être forcément stratèges ?

Ce sont autant de réponses qui doivent être apportées à cette liste non exhaustive de questions.

Ce colloque est un excellent espace pour aborder, en mode dynamique, l'ensemble de ces interrogations.

Chers participants à ces premières rencontres scientifiques consacrées à la nouvelle régionalisation, vous aurez compris combien la réflexion prospective est capitale dans ce nouveau contexte.

Ce nouveau contexte est bien sûr, l'acte III de la décentralisation, dont les fondements reposent sur la loi du 7 août 2015 : nouvelle organisation territoriale de la République.

L'atmosphère politique est aussi tendue, puisque, comme vous le savez, le dernier congrès des Régions a donné lieu à une rupture du dialogue entre l'État et les régions.

Nous ne pouvons pas et nous ne devons pas baisser les bras, mais chercher des solutions : les plus audacieuses et les plus novatrices !

Dans toutes les régions de France, les populations attendent nos résultats :

- dans le domaine économique ;
- dans le domaine éducatif et social ;
- dans le domaine culturel ;
- dans le domaine sportif ;
- dans le domaine du numérique ;

– dans le domaine de la transition écologique.

Chers participants à ces Premières Rencontres Scientifiques de la Région Guadeloupe, je renouvelle mes remerciements à chacun d'entre vous.

Je sais que grâce à chaque contribution des intervenants et de l'auditoire, que l'objectif recherché sera de donner à ces Premières Rencontres scientifiques de la Région Guadeloupe tout le succès qui est mérité.

Je vous remercie.

DISCOURS DE LA PRÉSIDENTE DU CONSEIL DÉPARTEMENTAL DE LA GUADELOUPE

Josette BOREL-LINCERTIN

Monsieur le Président du conseil régional,
Mesdames et Messieurs les élus,
Monsieur le Président de l'université des Antilles,
Monsieur le Doyen,
Monsieur le Directeur du CREDDI,
Messieurs les Directeurs scientifiques du GRALE,
Monsieur le Bâtonnier, Président de l'Ordre des avocats,
Monsieur le Président de l'Association des avocats conseils des collectivités territoriales,
Mesdames et Messieurs les Intervenants,
Cher(e)s étudiant(e)s,

Mesdames et Messieurs,

Qu'il me soit permis de vous dire en quelques mots le plaisir qui est le mien d'être parmi vous ici, ce matin, sur le campus de Fouillole, en ces murs de l'amphithéâtre Lepointe, symbole de l'excellence universitaire de notre territoire et, surtout, lieu tout indiqué – il me semble – pour discuter et débattre de problématiques relatives à l'exercice des missions des acteurs publics.

Je tiens, évidemment, à remercier M. le président du Conseil régional de m'avoir conviée à m'exprimer aujourd'hui, en ouverture des « Premières rencontres scientifiques de la Région Guadeloupe », dont j'ai pu découvrir le très dense programme, ce qui m'a permis d'en appréhender les grands objectifs.

Plusieurs d'entre eux, d'ailleurs, ne sauraient faire débat entre nous :

- oui, il est intéressant de mieux mesurer les contours des récentes évolutions législatives en matière de gestion des collectivités locales…
- assurément, il faut réfléchir aux moyens leur permettant de mettre en œuvre avec efficience les compétences dont elles disposent…
- tout à fait d'accord pour faire confluer l'analyse scientifique de spécialistes de l'action publique et l'analyse technique de l'administration ;
- surtout s'il s'agit de surmonter les écueils – et ils sont nombreux – afin de dynamiser l'action publique.

Plus largement, il est bon et utile pour la qualité du débat public de favoriser les moments d'échanges et de confrontation d'idées entre universitaires et élus, entre juristes et responsables administratifs, et aussi – disons-le – entre théoriciens et praticiens.

Je formule le vœu que ces premières rencontres puissent y contribuer.

Mais encore faut-il parvenir, dans ces échanges, à séparer ce qui relève du constat objectif des conséquences d'une évolution législative et ce qui relève de l'interprétation politique – et forcément subjective – que l'on peut en faire.

Car, l'adjectif « scientifiques » qui qualifie ces rencontres ne doit pas nous faire oublier que nous nous penchons là sur des matières à controverses, sur des sujets à certitudes volatiles, à propos desquels il faudrait se garder de déguiser en évidences des formules qui sont d'abord des opinions.

Des opinions tout à fait défendables, certes, mais avant toute chose des opinions avec lesquelles on peut être en désaccord et que l'on peut contester avec quelque argument sérieux.

Je ne suis pas professeure de droit. Je n'ai enseigné que les mathématiques pendant quelques décennies. Sans être une théoricienne, je suis une modeste élue de terrain qui fut présidente de région et qui est aujourd'hui présidente de département.

À ce titre, je dois vous dire mon trouble lorsque je lis dans le propos liminaire de ces rencontres que la loi NOTRe désigne les conseils régionaux comme « le principal représentant du pouvoir local en France ». Et je dois vous avouer que j'ai du mal à entendre que les politiques européennes et les politiques nationales auraient choisi indiscutablement la région comme « le lieu pertinent de la mise en œuvre des politiques publiques ».

Certes, la loi NOTRe a renforcé et élargi les pouvoirs des régions. C'est incontestable.

Mais, elle n'a pas fait disparaître pour autant les autres collectivités que sont le département, les intercommunalités et les communes.

Elle n'a pas fait non plus de ces collectivités des lieux qui seraient, à l'inverse, « non pertinents » pour la mise en œuvre des politiques publiques.

Et, il me semble que la Constitution de la Ve République garantit toujours qu'aucune collectivité ne peut exercer de tutelle sur une autre. Cela mérite, je crois, d'être rappelé.

Certes, on peut ne retenir de NOTRe que le renforcement des compétences des régions.

Mais, si je revendiquais, moi aussi, le droit de ne voir midi qu'à ma porte d'exécutif départemental, je pourrais ne retenir de NOTRe que la clarification des compétences qui a confié aux départements l'ensemble des politiques de solidarité et qui a reconnu leurs compétences partagées avec la région et les intercommunalités en matière de culture, de sports et de tourisme.

Il serait donc à mon sens pour le moins exagéré de laisser croire que la loi NOTRe aurait créé en France une nouvelle galaxie d'acteurs publics dans laquelle la région serait le seul astre rayonnant autour duquel graviteraient des collectivités satellites.

De même, je ne pourrais laisser dire que cette loi aurait confié à la région, et seulement à elle, « la responsabilité juridique de construire l'avenir ».

Car le vrai sujet, au fond, n'est-il pas de savoir si, dans le cadre institutionnel actuel, confrontée aux réalités du pays, la région peut raisonnablement se considérer comme la seule collectivité stratège ?

Stratège, notre région doit l'être. Assurément. Car elle a notamment pour mission de s'impliquer réellement, à nos côtés, dans le traitement de la question de l'eau. Mais également d'organiser les transports, mais aussi la collecte et le traitement des déchets. En ces domaines, chacun connaît les attentes et les impatiences de nos concitoyens…

Stratège, notre région doit l'être aussi – et j'allais même dire surtout – de manière à impulser un développement qui permette à notre économie de renouer avec la croissance et de créer de l'emploi pour, ainsi, permettre à nos jeunes de revenir travailler sur leur île, mais, surtout, pour sortir du chômage et de la précarité les Guadeloupéens qui s'y abîment et qui ne vivent que des minima sociaux et des dispositifs d'insertion que le département, justement lui, coordonne et finance jusqu'à la limite de ses capacités financières.

En fait, la question n'est-elle pas de se demander comment nous pouvons, nous tous – région, répartement, intercommunalité, communes – être stratèges ?

N'est-ce pas une ardente obligation dans nos feuilles de route respectives ? N'est-ce pas ce qu'attendent dans leur ensemble les citoyens ?

Nous, conseil départemental, nous sommes stratèges, par exemple, lorsque nous élaborons et que nous mettons en œuvre le schéma départemental de l'autonomie pour les personnes âgées. Et quand nous faisons cela, nous participons aussi à la construction de l'avenir de notre territoire qui sera dans dix ans l'un des plus confrontés au vieillissement.

Et, qui peut sérieusement douter du caractère stratégique des politiques du département quand, à bien des égards, il contribue pour une part essentielle à la cohésion sociale d'un territoire sévèrement concerné par la violence et l'exclusion ?

Je prends ces exemples, mais il y en aurait beaucoup d'autres.

De même, stratèges, les intercommunalités doivent l'être tout autant et je crois d'ailleurs que certaines d'entre elles en ont pris toute la mesure en se lançant dans la réalisation de diagnostics territoriaux voire, au-delà, dans l'élaboration de très ambitieux plans pluriannuels d'investissements qu'elles nous invitent déjà, région et département, à cofinancer.

Et s'il s'agit d'analyser les mouvements de fond que l'on perçoit à l'appui des évolutions législatives de 2014 et 2015, il me semble qu'il convient précisément d'être attentif à cette montée en puissance des communautés d'agglomération qui se saisissent progressivement de l'ensemble de leurs compétences et des moyens de financement qui s'y rapportent. C'est évidemment là une bonne chose… tant que les deux seules collectivités rayonnant sur l'ensemble du territoire – aujourd'hui le département et la région – agiront en garants d'une certaine conception de l'équilibre territorial et, mieux encore, de la justice territoriale, afin d'éviter que des inégalités de développement ne se creusent à l'intérieur même de notre archipel.

Autre mouvement de fond qu'il ne faut pas perdre de vue, j'en dirai juste deux mots : c'est

l'horizon des moyens financiers des collectivités locales. Car on peut toujours revendiquer toutes les compétences qui nous reviennent. Mais, comment les exercer lorsque nos moyens sont contraints et rognés par les politiques d'austérité des gouvernements qui se succèdent ?

Voilà, Monsieur le Président, un sujet qui pourrait aisément agrémenter le programme de prochaines rencontres scientifiques.

Telles sont, en tout cas, les quelques réflexions qu'une modeste élue locale, pas théoricienne, mais praticienne, souhaitait vous livrer, avant de vous souhaiter de beaux débats durant ces deux journées.

Pour ma part, je n'oublie jamais que nous travaillons et nous agissons pour une population qui, aujourd'hui plus que jamais, se défie et se méfie de la politique et de ses élus. Et j'ai le sentiment profond que les citoyens de 2017 ne veulent plus tant savoir comment nous agissons, ni même qui agit. Ils veulent voir que nous agissons, de la manière la plus concertée possible. Tout simplement.

Je vous remercie.

AVANT-PROPOS

par

Alain MAURIN

Professeur d'économie
Directeur du Centre de Recherche en Économie
et en Droit du Développement Insulaire (CREDDI)
Université des Antilles

Madame la Présidente du Conseil départemental,
Monsieur le Président du Conseil régional,
Monsieur le Président de l'Université,
Mesdames et Messieurs les Élus, Chers Collègues,
Chers Étudiants,
Mesdames et Messieurs vous tous et toutes ici présents

Il me fait un très grand plaisir d'être parmi vous ce matin pour l'ouverture officielle de ce colloque d'une très grande importance.

J'aimerais en effet souligner que c'est toujours une formidable opportunité pour un laboratoire de recherche de mener une action conjointe avec des décideurs, de surcroît avec une collectivité majeure, dans le champ des réflexions couvrant les diverses thématiques des politiques territoriales de développement économique.

J'aimerais affirmer ici que le Centre de recherche en économie et droit du développement insulaire (le CREDDI) est particulièrement demandeur de ce type de collaboration. L'occasion m'est donnée ici de faire une brève présentation du CREDDI.

Il s'agit d'une équipe d'une vingtaine de membres titulaires et associés et d'une trentaine de doctorants. Par définition, c'est un centre qui se distingue par la grande pluridisciplinarité de ses membres. Il regroupe en effet :

– des chercheurs dans les multiples domaines des sciences économiques et de gestion, tels que l'économie du marché du travail, la modélisation et la simulation des politiques publiques, ou encore l'économie géographique ;
– des chercheurs en droit privé et en droit public explorant des questionnements dans de nombreux domaines, par exemple le droit économique, le droit de la concurrence, le droit de l'environnement, le droit du travail et le droit des collectivités territoriales ;

– des chercheurs en histoire du droit travaillant sur les thématiques de l'histoire des institutions, des faits sociaux et des droits fondamentaux ;
– des chercheurs en science politique ayant pour domaine de recherche les politiques publiques, la sociologie électorale et l'analyse de la vie politique ;
– des chercheurs en littérature comparée, orientant leurs investigations dans le champ caribéen.

Il convient de préciser que Le CREDDI est le laboratoire d'adossement de cinq masters dans ses domaines de compétence.

Dans le rôle de porte-parole de mes collègues, je voudrais dire ici que le CREDDI entend occuper pleinement la place qui est la sienne dans l'animation de la relation sciences/société, de la relation université-société, dans tous les débats qui permettront aux chercheurs juristes, politistes, économistes, gestionnaires de la faculté SJE et de l'UA de mettre leurs compétences et savoirs au service du développement de notre archipel en particulier et aussi de nos régions d'outre-mer et petits pays insulaires de façon plus générale.

J'aimerais dire que le CREDDI porte l'ambition de faire rayonner notre culture scientifique auprès du grand public à travers des programmes et activités divers, en particulier :
– permettre à la population de partager le plaisir de la recherche en science sociale ;
– faire circuler les résultats de nos travaux et les mettre dans des espaces de discussion ;
– contaminer un maximum d'étudiants pour éveiller leur intérêt pour les sciences sociales, pour la recherche et susciter des vocations ; nous sommes dans une période où tout un chacun a peur de certains virus redoutables… heureusement qu'il existe des contaminations souhaitables…

En la présence des hautes personnalités de notre gouvernance politique, j'aimerais souligner que le CREDDI est un partenaire utile pour la société guadeloupéenne et que l'ensemble de ses résultats est intégralement versé dans le bilan scientifique de la Guadeloupe et participe donc au calcul des indicateurs de performance de la région Guadeloupe.

Après ces quelques mots de présentation, j'aimerais aussi ajouter que le CREDDI débute sa saison universitaire 2017-2018 de fort belle manière. Les 19 et 20 septembre derniers, il était le coorganisateur d'un colloque international consacré au sujet « Activités créatives et régénération des territoires », colloque qui s'est déroulé à Paris au siège de l'UNESCO France. Aujourd'hui, le CREDDI élargit ses horizons avec un programme pluridisciplinaire et surtout avec la participation active de décideurs.

J'aimerais terminer en formulant des remerciements et aussi un vœu.

Évidemment, des remerciements à toute l'équipe organisatrice de ces premières rencontres scientifiques. Publiquement, j'aimerais adresser mes pensées positives à Pierre-Yves Chicot pour sa sincérité et son engagement pour mener à bien ces opérations qui sont si utiles.

Mon vœu : que ce colloque s'inscrive dans la continuité des propos tenus par M. le Directeur de cabinet du conseil régional, cher Teddy Bernadotte. Le CREDDI espère que ces deux journées des 4 et 5 octobre 2017 marqueront le début d'un cycle de rendez-vous et de travaux pour permettre le croisement des regards, des réflexions, des méthodologies et des pratiques entre universitaires et décideurs.

Notre chère Guadeloupe est en quête de solutions et de dynamiques collectives pour bâtir un nouveau modèle de croissance et de développement économique et social.

Plus que jamais, nous avons besoin et nous aurons besoin de ce type d'initiatives.

Je vous remercie de votre attention.

Partie I

LA TRANSFORMATION TERRITORIALE : UNE NOUVELLE RÉGIONALISATION À LA FRANÇAISE ?

RAPPORT INTRODUCTIF

par

Pierre-Yves CHICOT

Maître de conférences HDR de droit public
CREDDI, Université des Antilles
Avocat au barreau de la Guadeloupe

J'ai pris le parti de commencer le rapport introductif de cette manifestation scientifique relative à la nouvelle régionalisation française, par des propos du Premier ministre en exercice, Édouard Phillipe. Non pour lui rendre hommage ou le vilipender, mais pour reprendre l'expression du professeur Jean-Marc Sorel qu'il nous a souvent répété à l'université de Paris Ouest La Défense : « Le droit est de la politique qui a réussi. »

Il se trouve qu'un maire de la Guadeloupe du Sud Basse-Terre m'a informé, il y a quelques semaines, en plein cœur de la campagne des sénatoriales, de la remise d'un questionnaire à toutes les collectivités municipales de la République.

Nouvelle étape de la décentralisation ? Bilan de la décentralisation depuis trente ans ? Et pour être audacieux : transformation de la nature étatique de l'État en France ?

La question a été posée depuis longtemps, notamment dans le cercle des juristes-publicistes : la décentralisation change-t-elle la nature de l'État ? Et aujourd'hui, cette nouvelle régionalisation changera-t-elle le territoire national au sein duquel l'affirmation des territoires locaux ne fait plus aucun doute ?

Dans le cadre de ce rapport introductif, deux grandes thématiques structurent ledit rapport introductif :

- une politique de décentralisation qui conforte toujours plus l'affirmation des territoires locaux (I) ;
- l'approche d'un droit public de la décentralisation à l'épreuve d'un contexte politique saisi par la maîtrise des finances publiques (II).

I. Une politique de décentralisation qui conforte toujours plus l'affirmation des territoires locaux

Les plus hautes instances politiques de l'État ont pris l'initiative d'une conférence nationale des territoires, lancée le 17 juillet dernier, en vue de déterminer « les orientations de la relation que l'État souhaite établir avec les collectivités territoriales de la République ».

On pourrait s'étonner d'une pareille initiative, dans la mesure où la Constitution, voire même la tradition constitutionnelle française règle parfaitement les rapports devant exister entre la collectivité étatique et les collectivités infraétatiques, et entre les collectivités infraétatiques entre elles :

– une relation asymétrique entre l'État et les collectivités territoriales ;
– l'absence de tutelle d'une collectivité territoriale sur une autre.

En ayant dépassé la posture faussement naïve du juriste qui se veut partisan de la conversation entre les disciplines pour comprendre les enjeux d'aujourd'hui et demain, on dira bien vite que l'action publique, sur l'ensemble du territoire national, est une affaire de coproduction.

À ce stade du propos, on peut, fort opportunément citer le professeur Jean-Marie Pontier qui, dans sa thèse de doctorat s'interrogeait sur les compétences régaliennes par nature : existe-t-il des compétences régaliennes par nature ?

La thèse de doctorat du professeur Pontier a été publiée en 1978 aux éditions LGDJ, et a pour titre : *L'État et les collectivités locales. La répartition des compétences.*

N'est-ce pas trente-neuf ans plus tard, peu ou prou le cœur de l'interrogation du Président de la République, du Premier ministre et du gouvernement dans le cadre de la conférence nationale des territoires en voulant déterminer « les orientations de la relation que l'État souhaite établir avec les collectivités territoriales de la République » ?

La décentralisation, processus incrémental de réforme, dit Jean-Claude Thoenig, est entrée dans les mœurs administratives et politiques de l'État.

D'après Yves Mény, la décentralisation a créé une République des fiefs dans laquelle les exécutifs locaux font moins preuve de pusillanimité face aux préfets parce qu'ils sont devenus, de l'opinion d'Albert Mabileau, des professionnels de la République qui dispose d'administrations locales comparées à des tours d'expertise, pour reprendre l'expression du professeur Hugues Portelli.

Le territoire national a bien changé. L'affirmation martelée des territoires locaux est, de mon point de vue, un signe tangible de ce que j'ose appeler la « décentralisation autonomique » : un postulat scientifique que j'ai eu l'occasion de présenter le 7 décembre 2015, à Limoges, lors de notre dernier colloque du GRALE et qui a fait l'objet d'un ouvrage sous la direction de notre collègue Marie-Christine Steckel-Assouère.

Il me semble, en effet, que l'invocation de la décentralisation administrative et de la décentralisation politique n'est plus satisfaisante pour caractériser la décentralisation française.

La décentralisation n'est pas encore, à mon sens, une décentralisation politique. La France n'est ni l'Espagne, ni l'Italie encore moins l'Allemagne du point de vue des pouvoirs attribués aux régions. Mais en prend-elle le chemin ?

Mais dans le même temps, on pourrait aussi soutenir que la notion de décentralisation administrative est largement insuffisante, aujourd'hui, pour caractériser l'organisation territoriale française et le régime juridique afférent au fonctionnement des collectivités territoriales.

On pourrait, bien entendu citer les exemples de la Guadeloupe, de la Guyane et de la Martinique qui, tout en étant des collectivités territoriales de droit commun, peuvent s'immiscer, allègrement, dans l'œuvre de production normative du Parlement et du gouvernement.

Au regard de ce qui vient d'être dit, l'un des passages les plus édifiants, contenu dans la lettre du Premier ministre adressé à tous les maires de France, est celui-ci :

> « Une des premières conditions de notre réussite commune est la confiance. C'est pourquoi le Gouvernement s'est engagé, dans ce cadre, à ce qu'aucune décision concernant les collectivités territoriales ne soit prise sans que celles-ci aient été préalablement consultées.
>
> La deuxième condition est la liberté. Liberté de s'organiser, d'abord. Nous ne sommes plus à l'époque où la République n'imaginait son unité qu'au prix de l'uniformité. Nous souhaitons laisser la liberté aux territoires d'adapter leur organisation aux réalités locales, dès lors que ces adaptations recherchent l'intérêt général, sans imposer un schéma préétabli et uniforme. Nous souhaitons laisser place à un pouvoir d'expérimentation élargi. »

Sur la base d'une pratique et d'un encadrement normatif évolutif du droit public de la décentralisation, il est loisible d'observer que le droit constitutionnel local, tel qu'il était pensé par l'école conduite par le feu professeur Louis Favoreu, n'a qu'un intérêt historique.

Les développements du professeur André Roux dans son article relatif à « l'unité de l'État » ont un intérêt tout aussi historique.

En revanche, l'article de Thierry Michalon, publié dans la très sérieuse *Revue du droit public*, en 1982, donne le sentiment que son audace révélait une vision vraisemblablement prospective, lorsqu'il a déclaré sous la forme interrogative : « La République française : une fédération qui s'ignore ? »

En attendant que le vœu de Thierry Michalon soit peut-être, un jour exaucé, on méditera avec délice sur cette appréciation de notre bien aimé collègue, le professeur Michel Verpeaux : « La diversité au sein de la République est devenue une réalité constitutionnelle. Elle est l'une des conséquences de l'organisation décentralisée de la République qui, au-delà d'une nouvelle consécration des collectivités territoriales après celle inscrite par le Titre XII de la Constitution, peut conduire à une nouvelle conception des rapports entre l'unité et la diversité[1]. »

II. L'approche d'un droit public de la décentralisation à l'épreuve d'un contexte politique saisi par la maîtrise des finances publiques

La première manifestation textuelle de ce nouveau droit de la décentralisation désormais saisi par l'idéologie libérale et monétariste apparaît dans le texte même de la Constitution.

En effet, l'article 72-2 alinéa 3 de la Constitution révisée le 28 mars 2003 indique de manière limpide :

> « Les recettes fiscales et les autres ressources propres des collectivités territoriales représentent, pour chaque catégorie de collectivités, une part déterminante de l'ensemble de leurs ressources. La loi organique fixe les conditions dans lesquelles cette règle est mise en œuvre. »

La loi organique qui est intervenue est la loi n° 2004-758 du 29 juillet 2004 prise en application de l'article 72-2 de la Constitution relative à l'autonomie financière des collectivités territoriales.

Aux termes de l'article 3 de la loi organique (art. 1114-2 du Code général des collectivités territoriales), les ressources propres des collectivités territoriales

> « sont constituées du produit des impositions de toutes natures dont la loi les autorise à fixer l'assiette, le taux ou le tarif, ou dont elle détermine, par collectivité, le taux ou une part locale d'assiette, des redevances pour services rendus, des produits du domaine, des participations d'urbanisme, des produits financiers et des dons et legs ».

Dès la décentralisation acte II (2003-2004), les fondements juridiques solides de la participation des collectivités territoriales et de leurs groupements à l'effort de réduction du déficit budgétaire de l'État étaient posés.

Cette tendance lourde ne connaît aucune inflexion, bien au contraire. Celle-ci incline les pouvoirs locaux à envisager la conduite des politiques publiques locales dans un contexte décentralisateur gouverné par un triptyque : libertés locales, responsabilités locales, principe de subsidiarité.

Le libre gouvernement, consubstantiel aux États fédéraux ne supplante pas le principe de libre administration des collectivités territoriales, mais il n'est pas fait offense à la tradition juridique française lorsqu'on affirme que les territoires locaux ne sont plus simplement administrés, mais gouvernés par des exécutifs locaux et des assemblées délibérantes dont la légitimité procède du suffrage universel direct.

---

1. *Http://www.conseil-constitutionnel.fr/conseil-constitutionnel/francais/nouveaux-cahiers-du-conseil/cahier-n-42/l-unite-et-la-diversite-dans-la-republique.139977.html.*

Dans son rapport de l'année 2015, la Cour des comptes estime que « c'est dans deux secteurs – Sécurité sociale et finances locales – que les économies les plus importantes peuvent être réalisées. »

L'effort doit, selon la Cour des comptes, être « mieux partagé entre l'ensemble des acteurs publics ». La Cour des comptes a considéré « que même si la situation de la plus grande majorité est saine, les collectivités territoriales devaient contribuer à l'effort de maîtrise des finances publiques »[2].

La nouvelle étape de la décentralisation posée par le législateur dans sa production du 7 août 2015 intitulée : « Nouvelle organisation territoriale de la République » donne davantage de consistance à la notion de pouvoirs locaux en droit français, tout en octroyant une place davantage étendue à l'échelon local dans l'action publique prise dans son ensemble, sur l'ensemble du territoire national.

À l'exception de la politique de défense nationale, aucune politique publique ne relève exclusivement de la compétence étatique. C'est désormais une donnée incontestable !

Il est fort précieux de rappeler que la loi ATR du 6 février 1992 indiquait déjà, avec force conviction, que l'administration territoriale de la République dépend autant de l'État que des collectivités territoriales.

Si la région est choisie depuis la réforme de l'administration territoriale de l'État (Réate, 1er janv. 2010) pour être le réceptacle de l'essentiel des politiques publiques étatiques et européennes, le département, dont la mort était souhaitée, résiste vaillamment, et demeure l'échelon pertinent pour garantir, entre autres choses, la cohésion sociale ainsi que le dynamisme des territoires locaux ruraux.

Il n'est pas possible de déclarer, sauf à user d'un oxymore de mauvais aloi, que l'homme doit être placé au centre de toutes les préoccupations et vouloir remettre en cause, d'une façon ou d'une autre les politiques publiques sanitaires et sociales produites par les communes et les conseils départementaux.

Dans un contexte de décentralisation accrue, sous l'influence de la loi NOTRe du 7 août 2015, les collectivités territoriales et leurs groupements, singulièrement les collectivités régionales, doivent être conscients que la décision publique locale devient un facteur toujours plus déterminant d'une régulation sociale réussie pour l'ensemble du territoire national.

---

2. *Http://www.lagazettedescommunes.com/220209/la-cour-des-comptes-designe-les-collectivites-comme-levier-de-reduction-du-deficit-public/.*

***
*

J'ai évoqué précédemment un triptyque : libertés locales (loi du 2 mars 1982) – principe de subsidiarité (loi constitutionnelle du 28 mars 2003) – responsabilité locale (loi du 13 août 2004).

Dans le contexte actuel de cette décentralisation initiée par la loi NOTRe, ce triptyque à la tonalité bien juridique coexiste avec un autre qui est composé de trois vocables : stratégie, performance et compétitivité.

Les administrations locales ainsi que les juristes sont invités à changer de logiciel. La règle et les procédures administratives sont dictées et/ou subordonnées à l'esprit de stratégie, à l'exigence de performance et à l'objectif de compétitivité.

L'HYPOTHÈSE DE LA DÉRÉGIONALISATION DE LA FRANCE. LA LOI N° 2015-29 DU 16 JANVIER 2015

par

Bertrand FAURE

Professeur agrégé de droit public
Université de Nantes

On connaît par cœur les raisons qui nous ont été données par le pouvoir réformateur en faveur de la réduction du nombre de nos régions. L'intérêt semble double.

Il est d'abord stratégique, d'ordre géo-économico-politique en rapport avec le redressement économique de la France. Des régions plus vastes sont en effet à une meilleure échelle pour exercer les compétences stratégiques qui sont les siennes. S'ajoute l'idée d'entrer en concurrence avec les autres régions européennes en termes de développement et d'aménagement de l'espace dans le cadre d'une Europe plus ouverte. En ce sens, on peut lire le communiqué du Conseil des ministres du 18 juin 2014 où l'on prône des régions fortes et mieux placées pour attirer les entreprises, pour investir dans les infrastructures, favoriser la coopération interrégionale. Il serait préférable de passer de régions de 2 millions d'habitants à des régions dotées de 4 millions d'habitants.

Il est aussi lié aux nécessités budgétaires en rapport avec l'effort de redressement des comptes publics. Comme c'est le cas avec la politique de l'intercommunalité, le ressort des politiques de regroupement régional consiste dans la réalisation d'économies d'échelle. La division quasiment par deux du nombre des régions doit permettre de réduire d'autant les équipements politiques et administratifs. On estimait, avant la réforme, le coût de l'administration régionale par habitant dans les plus petites régions deux fois supérieur à celui constatable dans les grandes régions.

Mais on connaît tout aussi bien les interrogations critiques dirigées contre ces arguments, formulées d'ailleurs par les parlementaires eux-mêmes. On sait que l'inspiration de la réforme procède du nouveau catéchisme dans l'expertise de l'administration décentralisée et de ses problèmes depuis le début des années 2000, et notamment le rapport E. Balladur (mars 2009) centré sur la préoccupation de « performance des territoires ». Il y a une sorte d'aspect miraculeux de la réforme où la taille agrandie des régions serait de nature à réduire mécaniquement les coûts. Ces interrogations critiques reposent également sur des éléments concrets. Il s'agit d'une réforme incomplète qui repousse à plus tard la définition des compétences de ces nouvelles régions (en rapport à la considération que le sort des départements n'était pas réglé au moment de la loi du 16 janvier 2015). On voit également une incohérence à doter les régions des plus grandes compétences stratégiques alors que ce sont encore les collectivités qui disposent le moins de ressources fiscales, leur interdisant de définir une politique de ressources en lien avec leur stratégie de dépenses.

Il existe également un trompe-l'œil à comparer les régions françaises avec les autres régions européennes. Elles restent des personnes administratives et non politiques comme c'est le plus souvent le cas ailleurs. Au surplus, nos régions évoluent dans un contexte inchangé de division administrative de la France où les compétences et les ressources restent éparpillées entre tous les niveaux d'administration. D'ailleurs, aucun réformateur, et pas plus celui de 2015, n'ayant pris le risque de démanteler l'organisation départementale, le dilemme départements/régions ne se résout pas. Enfin au plan budgétaire, il est admis que la réduction des coûts dépendra des décisions locales, c'est-à-dire de la volonté des élus locaux de jouer le jeu de la réduction des effectifs et de leur coût, de la mutualisation des services, ce qui ne semble pas être forcément le cas au vu d'irréductibles contraintes (frais de transport et d'hébergement des élus, maintien des services dans les anciennes capitales régionales, alignement de l'ensemble des agents sur le régime indemnitaire le plus favorable, etc.). Des chiffres d'économie budgétaire ont été avancés par les réformateurs en appui de leur politique qui demandaient vérification[1].

Nous ne souhaitons toutefois pas nous engager dans la voie de cette discussion. Notre propos consistera plutôt à montrer qu'on trouve dans cette réforme, mais aussi dans toutes celles qui l'ont précédée et suivie, les éléments d'une dérégionalisation de la France. Pour les régions, cette réforme ressemble à un orage administratif et politique, car on les aura agrandies en leur refusant les éléments de leur autonomie, orientation d'ailleurs assumée par les réformateurs ne souhaitant pas aller dans le

1. Une première enquête pour le média *RTL* faisait état de résultats contrastés. De réelles économies d'échelle se constatent pour la gestion des trains régionaux et l'équipement en fibres. En revanche, les dépenses de personnel tendent seulement à se stabiliser. La gestion des transports scolaires déçoit.

sens de la construction de régions identitaires (B. Cazeneuve : « Éloigner le spectre du régionalisme. ») Les réformes régionales se perpétuent dans un style empirique où celles-ci sont toujours placées au service de problèmes à résoudre. Il est permis de constater cette orientation à trois égards.

I. Le découpage autoritaire des régions

Le découpage des régions françaises n'aura jamais été démocratique. Pas plus en 2015 que précédemment on s'est trouvé avec des régions fondées sur l'acceptation de leur délimitation. Ici aussi, l'ordre territorial a toujours été imposé, certaines régions apparaissant même comme des fictions juridiques (Nouvelle-Aquitaine, Occitanie…).

On se rappelle que les régions avaient acquis le statut de collectivité territoriale en 1982 dans le cadre – d'ailleurs délibérément étriqué – des circonscriptions d'action régionale héritées des décrets du 7 janvier 1959 et du 2 juin 1960. Après l'échec du référendum du 27 avril 1969 qui prévoyait la transformation en collectivité territoriale de ces 21 circonscriptions d'administration régionale, le président Pompidou est demeuré dans le cadre d'un régionalisme prudent avec la loi du 5 juillet 1972 : à ces nouvelles circonscriptions qui prennent le nom de « région », la loi introduit un élément de décentralisation avec la reconnaissance de la personnalité morale sous la forme d'établissement public. Elle transforme ainsi 21 puis 22 circonscriptions en 20, 21 puis 22 établissements publics régionaux (4 s'ajoutant dans l'outre mer). Mais selon l'ancien article L. 4111-1 du CGCT (en vigueur avant la loi du 16 janvier 2015), « les régions [celles de 1982] sont créées dans les limites territoriales précédemment reconnues aux établissements publics ». On valide donc en 1982 *a posteriori* un cadre déterminé en 1960-1972 sans que la question ait été regardée de près par le Parlement. On peut penser cependant que les contours de certaines régions eussent été réinterrogés si les élus en avaient discuté. Il convient donc de constater que les réformes successives avaient laissé intact le découpage réglementaire des régions, à l'exception de la Corse érigée en région après détachement de la région Provence-Alpes-Côte d'Azur par la loi du 15 mai 1975 et de l'ajout de la région Île-de-France aux 21 régions initiales par la loi du 6 mai 1976.

Le découpage des régions n'a en fait, jamais échappé à une discussion de nature technocratique : dans les années 1960, la DATAR prônait la constitution de 7 ou 8 grandes régions dans l'intérêt de faire émerger de véritables métropoles régionales qui ne pouvaient s'élever au nombre de 96, ou même 22. Le « Manifeste pour les élections régionales » du Parti socialiste (2 févr. 1989) proposait de réduire le nombre des régions dans la perspective de la construction de l'Union européenne après le traité de Maastricht.

Finalement, on acquiert l'impression que les réflexions sur le découpage des régions sont toujours demeurées dans le cadre d'une science de l'aménagement du territoire suivant l'idée pragmatique de permettre la gestion rationnelle des équipements collectifs et des investissements publics.

L'impression ne se dissipe pas avec la réforme de 2015, à tout le moins dans ses attendus. Si la fusion des régions a pu justifier un débat parlementaire, celui-ci a imposé ses solutions en renonçant à toute forme d'approbation locale. Et encore, on se rappelle que ce débat n'a pu échapper à la puissance de pénétration des demandes individuelles des grands élus locaux, certains étant parvenus à imposer la défense des intérêts spécifiques de leur fief (isolement de la Bretagne par exemple).

Conséquence de son caractère autoritaire, ce nouveau découpage régional a fait l'objet d'un contentieux constitutionnel et administratif. C'est à cet endroit qu'allait se placer la discussion contradictoire qui avait été évacuée dans le cadre de l'élaboration de la loi. Le Conseil constitutionnel pouvait facilement rejeter l'argument tiré d'un défaut de consultation des électeurs dans la mesure où le texte constitutionnel pose la simple possibilité d'une consultation en cas de « modification des limites des collectivités territoriales »[2] (art. 72-1 C.). Encore qu'on puisse regretter qu'on prenne beaucoup de liberté avec le sens des mots, voire les qualifications juridiques, car une modification des frontières d'une collectivité territoriale ne saurait emporter seulement la modification du périmètre d'exercice des compétences, les modifications du périmètre d'exercice des compétences de la collectivité qui se maintient, alors qu'une opération de fusion, comme c'est le cas ici, fait disparaître cette collectivité alors qu'elle était dotée d'organes et de vie propres. Au plan démocratique, les deux opérations sont incomparables et mériteraient qu'on les distingue dans l'intérêt de proportionner les garanties à l'enjeu dans chacun des cas. Battues au plan constitutionnel les régions ont cherché une revanche au plan européen en invoquant devant le juge administratif l'article 5 de la Charte européenne de l'autonomie locale qui pose l'obligation d'une consultation préalable pour toute opération modifiant les frontières d'une collectivité territoriale. Mais le juge administratif n'a pas trouvé les dispositions de la Charte applicables sur ce point pour des raisons de droit constitutionnel interne[3].

Le contentieux n'a pas manqué d'ailleurs de se propager à d'autres aspects de l'identité régionale à reconstruire : la détermination du chef-lieu et du nom de la nouvelle région. Ce contentieux donnera l'occasion au Conseil d'État de préciser

2. Cons. const. n° 2014-709 DC du 15 janv. 1975, *AJDA* 2015, p. 615, note B. Maligner ; *JCP A* 23 mars 2015, n° 12, p. 26, note M. Verpeaux, *Constitutions*, janv.-mars 2015, p. 43, note P. Bachschmidt ; *RFDC* 2015, p. 700, note S. de Cacqueray.

3. CE 27 oct. 2015, *M.H.*, *AJDA* 2015, p. 2374, chron. L. Dutheillet de Lamothe et G. Odinet et CE 27 oct. 2015, *Fédération démocratique alsacienne, M. Allenbach, et Mouvement Franche-Comté et autres*, *BJCL* 2016, p. 9, concl. V. Daumat.

que la détermination du nom d'une collectivité territoriale n'est pas susceptible d'affecter les conditions de sa libre administration et, qu'en conséquence, une question prioritaire de constitutionnalité ne justifie pas d'être transmise (CE 28 déc. 2016, *Association citoyenne pour Occitanie-Pays catalan et autre*..., req. n° 403928). Cependant, la loi a ici configuré des procédures plus démocratiques par lesquelles, si la décision appartient au gouvernement par décret, la sollicitation d'un certain nombre d'avis, dont celui du conseil régional, est exigée. D'ailleurs, le juge administratif n'a pas censuré l'initiative des conseils régionaux subordonnant leur avis à une enquête préalable de la population[4]. Cette enquête ne pouvait pas trouver de soutien juridique dans les règles du référendum consultatif local (sa participation étant réservée aux seuls citoyens sur une question relevant de la compétence de la collectivité, ce qui n'était pas le cas ici), mais de celles de l'article L. 131-1 CRPA permettant à l'administration « d'associer le public à la conception d'une réforme ou à l'élaboration d'un projet ou d'un acte ».

II. La départementalisation des élections régionales

La région se voit refuser la consécration démocratique qui devrait être la sienne en raison du mode d'élection de ses représentants. Le département y joue un rôle primordial puisque les listes régionales sont découpées en sections départementales. Le département n'est toutefois pas la circonscription électorale de la région : il n'y a pas d'élus départementaux. Néanmoins, la répartition des sièges au sein de l'unique circonscription régionale se fait en proportion des résultats obtenus dans chaque département. Il est tout de même paradoxal que la représentation départementale soit à l'œuvre dans la constitution des conseils régionaux. Ne s'agit-il pas d'une sorte de manipulation consistant à diviser la région ? À modérer l'identification des citoyens à leur région ? Tout se passe comme si la région n'était pas représentative par elle-même, mais à travers ses départements : le procédé électoral, dont le Conseil constitutionnel a souligné la complexité, peut même aboutir à des résultats antidémocratiques dans l'hypothèse où, avec l'effet de la prime majoritaire, une liste peut se trouver majoritaire en sièges et minoritaire en voix au sein d'un même département[5]. Il y a bien eu des discussions assez vives dès la fin des années 1980 dans l'intérêt d'établir une élection régionale unique. En ce sens, on rappellera la proposition de loi déposée par les parlementaires Michel Giraud et Jacques Chaban-Delmas le 22 novembre 1988, mais qui fut fermement repoussée par Laurent Fabius, alors Premier ministre, face à la crainte que l'État central se retrouve face à ses « ducs », c'est-à-dire des opposants forts de leur assise

4. CE Ass. 19 juill. 2017, *Association citoyenne Pour E... Pays Catalan et autres*, req. n° 403928.
5. Cons. const. n° 2003-468 QPC 3 avr. 2003, *AJDA* 2003, p. 948, note G. Drago, *JCP* 2003-II n° 10083, note A. Zarka ; *LPA* 2003, n° 95, p. 8, note J.-E. Schoettl, et n° 188, p. 3, chron. B. Mathieu et M. Verpeaux, note F. Robbe.

régionale. En fait, le département continue de jouer le rôle qui a toujours été le sien depuis sa création : une technique administrative de division du pouvoir politique aussi bien communal que régional.

C'est donc une vieille conception de la région qui s'impose encore. Rappelons à cet égard le discours de G. Pompidou à Lyon le 30 octobre 1970 : « La région ne doit pas être conçue comme un échelon administratif de plus se surimposant à ceux qui existent. Elle doit exister comme une union de départements [...]. Elle est pour les départements ce que les syndicats intercommunaux sont pour les communes [...]. » En bref, « la région doit être l'expression concentrée des départements qui la composent et non un organe de mise en tutelle de ses départements ». Cette orientation fut suivie par le rapport O. Guichard (*Vivre ensemble*, LDf, 1976) pour lequel la région ne saurait être une collectivité coordinatrice ou centralisatrice à la place de l'État.

III. Le rejet d'un pouvoir général des régions

La même orientation se retrouve avec la définition du pouvoir régional. Les réformes successives semblent avoir laissé intacte la vocation des circonscriptions d'action régionale des années 1960 placées au service du développement économique et de l'aménagement de l'espace au moyen d'un plan de développement régional. Tout se passe comme si n'avait jamais été vraiment envisagée la possibilité d'une politique globale de la région.

Contrairement aux autres niveaux de collectivités, la région a toujours été considérée comme une administration d'investissement. Au surplus, l'État la finance plus volontiers dans le cadre de contrats de plan, le lieu de la dépense étant négocié, que pour lui permettre l'exercice de ses compétences légales. À quoi s'ajoute la définition même des compétences légales des régions correspondant à des domaines de responsabilités étatiques (financement des infrastructures routières, ferroviaires, universitaires et des lycées). Les dernières réformes accusent ces traits. À l'encontre de l'idée qu'on pouvait se faire d'une collectivité territoriale, la région perd sa compétence générale à prendre spontanément en charge les besoins généraux de sa population (loi du 7 août 2015 et circulaire du 22 déc. 2015) et l'essentiel de ses ressources fiscales, ce qui renforce ses traits de centralisation. Finalement, la continuité impressionne. On ne sera jamais parvenu à sacrifier un régionalisme pragmatique, sens tracé par l'histoire administrative du pays, au profit d'un régionalisme démocratique.

Au final, l'accumulation des réformes ne produit pas toujours des résultats nouveaux. On y voit l'État toujours chercher à faire contrepoids à un pouvoir traditionnel ou naturel, à éviter des régions contrastées dans le but de maintenir l'unité administrative et politique de la France (opposition entre une Bretagne anglo-saxonne et une région méditerranéenne latine). Le propos de Thouret sous la Révolution française se fait toujours entendre de manière actuelle : « Il ne faut pas établir des corps administratifs assez forts pour résister au chef du pouvoir exécutif, et qui puissent se croire assez puissants pour manquer impunément de soumission à la législature. » Il motivait ainsi la nécessité de créer 80 départements pour succéder aux 35 provinces dans l'intérêt de favoriser l'unité nationale. Cette crainte paraissait toujours vivace en 1982 au moment de promouvoir nos régions en collectivités territoriales. L'article 59 de la loi du 2 mars 1982 portait les craintes des réformateurs en énonçant que « la réunion et l'organisation des régions en métropole et en outre mer ne portent atteinte ni à l'unité de la République ni à l'intégrité du territoire ».

LA TRANSFORMATION TERRITORIALE EN QUESTION(S)

par

Jean-François Brisson

Professeur agrégé de droit public
Université de Bordeaux-IV

La transformation territoriale en question(s). Le sujet proposé est à la fois ambitieux et ambigu, il justifie que sa formulation hésite entre pluriel et singulier.

La loi NOTRe avec ses paradoxes, limites et contradictions apparaît de prime abord davantage comme une énième étape de la réforme territoriale qu'un véritable point d'aboutissement. À cet égard, on peut légitimement se demander si évoquer l'idée d'une transformation territoriale n'est pas excessif. En effet, la question territoriale, celle de la pertinence de notre organisation territoriale, paraît rester entière… avant comme après la loi NOTRe. Pourtant, il serait faux de prétendre qu'il n'y a aucun enseignement à tirer de la loi du 7 août 2015. Le risque couru par l'observateur de la chose locale est l'erreur de perspective. La loi NOTRe est l'avatar d'un projet plus ambitieux[1] ; cela ne doit pas conduire à minimiser les évolutions engagées.

La transformation était possible, la transformation n'a pas complètement eu lieu. La loi NOTRe fait suite à un projet de réorganisation institutionnelle des plus ambitieux. En 2013, dans le cadre des États généraux de la démocratie territoriale, des transformations lourdes avaient été annoncées telles la suppression des départements et l'élection des intercommunalités au suffrage universel direct. Les raisons

1. M. Verpeaux, « La loi NOTRe dans son contexte », *RFDA* 2016, p. 671.

qui ont amené le gouvernement à reculer sont connues, nombreuses et, d'une certaine manière, constantes d'une réforme à l'autre. Le département est protégé par son statut de catégorie constitutionnelle. L'idée de contourner l'article 72 de la Constitution, en dévitalisant progressivement le département de ses compétences, s'est révélée une stratégie constitutionnelle fragile. Les associations d'élus (AdCF, maires ruraux) et le cumul des mandats ont fait le reste, exerçant leur jeu traditionnel au service du *statu quo* institutionnel. La situation financière des départements a également dissuadé régions et intercommunalités de revendiquer le transfert des compétences, notamment sociales[2]. Le retournement du contexte politico-institutionnel marqué par le changement de gouvernement, et la nomination d'un ministre des Collectivités territoriales connu pour ses positions départementalistes ainsi que la création impromptue des grandes régions par la loi du 16 janvier 2015 ont achevé de sonner le glas des ambitions réformatrices[3].

La page n'est cependant pas totalement blanche, mais le projet de transformation territoriale reste à l'état d'ébauche, voire de brouillon. Le législateur de 2015 est resté dans les pas de ses devanciers : incrémental son dessein n'est pas toujours intelligible alimentant une sorte de désordre créatif sans cesse renouvelé. Faute d'avoir, à l'occasion de la loi du 2 mars 1982, refondé un système d'organisation territoriale hérité de la Révolution et de l'Empire, les réformes s'enchaînent depuis, apportant chacune son lot d'innovations institutionnelles sans donner à l'ensemble la cohérence qui lui manque[4]. Si l'on considère la trajectoire suivie par la réforme territoriale depuis qu'elle figure à l'agenda politique, la loi NOTRe constitue un moment particulier de la « fabrique des territoires » engagée depuis 1982. La dynamique dont la loi est porteuse peut être mise en relief de sept façons qui sont autant de manières de mettre en tension notre architecture territoriale. Trois viennent souligner la formidable permanence du système, quatre au contraire, mettent en relief les mutations qui le travaillent. Car, sous l'apparence de la continuité institutionnelle, le changement d'approche touche aux couches profondes de notre organisation territoriale.

I. Ce qui demeure

A. Le maintien d'une administration locale multiniveaux

La loi NOTRe n'apporte aucune réponse à la superposition des niveaux d'administration territoriale. Le législateur a renoncé à toucher à la carte de la décentralisation. L'image éculée du mille-feuille territorial est toujours de mise pour représenter l'architecture complexe de notre organisation décentralisée. On en connaît les

2. V. DONIER, « Les départements et les compétences sociales », *RFDA* 2016, p. 474.
3. Voir déjà auparavant, M. VERPEAUX, « Des ambitions aux lois ou du comité Balladur à la loi du 16 déc. 2010 », *AJDA* 2011, p. 74.
4. B. FAURE, « La révision constitutionnelle de 2003 – Vérités dix ans après », *AJDA* 2013, p. 1328.

inconvénients maintenus malgré la réforme : l'enchevêtrement des compétences, les financements croisés, le coût de la gestion locale. En réponse le législateur a imaginé toute une série de mécanismes correcteurs avec pour conséquence qu'en dépit de l'objectif affiché de simplification, la loi NOTRe contribue à alimenter la complexité du système. C'est la métaphore du crumble qui s'impose désormais pour rendre de ces nouvelles tendances. On assiste en effet à l'écrasement des différents échelons territoriaux, marqué notamment par la mutualisation des services et la fusion de la chaîne de commandement administratif au sein du bloc communal et des métropoles. Le développement des délégations des compétences qui consistent à faire exercer une compétence au nom et pour le compte d'un autre niveau d'administration contribue également à cette confusion institutionnelle. L'écrasement des échelons administratifs va également de pair avec l'émiettement des catégories juridiques que l'on constate en particulier au travers de la disparition de la distinction pourtant structurante entre les notions de collectivité territoriale et d'établissement public territorial. Émiettement illustré de multiples manières qu'il s'agisse de la Métropole de Lyon, collectivité territoriale régie par les dispositions du CGCT applicables aux intercommunalités ou qu'il s'agisse encore de la suppression de la clause générale de compétence concernant les régions et départements, devenus par la loi des collectivités territoriales spécialisées.

B. Une décentralisation à géométrie variable

Le constat d'une décentralisation à la carte au gré des contextes locaux et des arrangements politiques est admis de longue date par les spécialistes du droit des collectivités locales qui stigmatisent la tendance à la différenciation des statuts et la différenciation des compétences exercées. Les lois NOTRe et MAPTAM donnent à cette tendance un tour systématique qui en accentue les traits. L'exemple des compétences de niveau intermédiaire – celles traditionnellement assurées par le département – suffit à illustrer la diversité des clés légales de répartition des compétences. Les compétences départementales historiques peuvent être aujourd'hui exercées : par la région à la suite d'un transfert de compétences légalement décidé ; par le département si la compétence lui a été conservée ou si la région décide de lui en déléguer l'exercice ; par la métropole qui en exercera trois au choix sur un bloc de neuf compétences en cas d'accord entre les deux niveaux d'administration ; huit de plein droit à défaut d'accord au 1er janvier 2017.

Cette situation a fait dire au professeur Gérard Marcou que la réforme des niveaux intermédiaires avait été manquée, ce dont atteste aussi l'incapacité du législateur à opter sur les modèles des États voisins pour une organisation territoriale de type régional.

C. L'absence de choix pour une organisation territoriale de type régional

L'expérience française de décentralisation continue d'affirmer sa singularité. La République décentralisée, proclamée à l'article 1er de la Constitution n'est pas l'État régional tel que l'on peut le rencontrer en Italie ou en Espagne ni tel qu'il se pratique Allemagne dans le cadre de la Constitution de l'État fédéral[5]. La situation juridique et institutionnelle des régions en France en atteste en tous points. D'abord, le découpage régional qui ne correspond à aucune réalité politique ou culturelle, mais renvoie à un modèle purement technocratique dont l'artificialité a été encore renforcée par la loi de 2015. Le système électoral, ensuite, dont l'instabilité et la complexité privent les autorités régionales élues de l'essentiel de leur légitimité politique. Enfin, la nature des pouvoirs consentis aux autorités régionales ainsi que l'interdiction de la tutelle entre les différents niveaux de collectivités territoriales finissent d'empêcher l'échelon régional de s'affirmer comme une véritable entité politique de niveau infraétatique. Le sempiternel débat sur le pouvoir réglementaire des régions[6], encore relancé au cours de l'élaboration de la loi NOTRe, a ainsi abouti à la reconnaissance aux régions d'un simple pouvoir d'orientation s'exerçant, y compris en matière économique[7], par la voie de schémas; sans que l'obstacle constitutionnel tiré de l'interdiction de la tutelle entre collectivités apparaisse à cet égard décisif[8].

De ce faisceau d'observations, il serait tentant d'en déduire que loin des promesses affichées, le législateur a encore échoué à réformer le système territorial et qu'à l'image des lois qui l'ont précédé, le texte du 7 août 2015 alimente les travers d'une organisation qu'il contribue à enkyster toujours davantage. De telles conclusions seraient sans doute hâtives. Car, et c'est là tout le paradoxe de la loi NOTRe, la réforme, se nourrissant de ses propres contradictions et hésitations, laisse entrevoir de nouveaux équilibres territoriaux.

II. Ce qui change…

La loi NOTRe crée les conditions d'une véritable rupture par rapport à notre conception traditionnelle de la décentralisation.

A. La loi, le premier texte antidépartementaliste

La situation du département qui a été pendant longtemps la pierre angulaire de notre système d'administration territoriale permet de mesurer les transformations à l'œuvre. La loi NOTRe est le premier texte qui remet en question la place du département. En ce sens, elle marque une rupture y compris par rapport à la loi

5. G. MARCOU, « La régionalisation en Europe », GRALE, 1999, publication en ligne.
6. G. CHAVRIER, *Le pouvoir normatif local, enjeux et débats*, LGDJ, coll « Système », 2011.
7. P. IDOUX, « Les régions et le développement économique », *RFDA* 1996, p. 467.
8. L. JANICOT, « Le pouvoir normatif des régions », *RFDA* 2016, p. 664.

MAPTAM. Jusqu'à présent, le département avait toujours profité de sa situation de collectivité intermédiaire pour capter l'essentiel des transferts de compétence. La loi du 13 août 2004 en constitue le moment le plus marquant[9]. En dépit d'annonces politiques qui insistaient sur la valorisation du rôle des régions, c'est pour l'essentiel le département qui va bénéficier des transferts de gestion issus des services de l'État. Or, en 2015, le retournement de situation est manifeste. Le département perd des compétences lourdes qu'il s'agisse de la gestion des équipements publics structurants, de l'exercice des compétences de nature économique ou de la clause générale de compétence[10].

L'avenir dira si le département, en raison notamment de la fusion des régions qui vient redonner à la maille départementale une nouvelle crédibilité opérationnelle, ne profitera pas de ses compétences résiduelles pour reconstituer des marges d'intervention appréciables. Pour autant, le signal envoyé par le législateur en 2015 est incontestable : c'est du renforcement de la collectivité régionale et de l'intégration du bloc communal que viendra à l'avenir la rationalisation du système territorial.

B. L'épuisement du modèle intercommunal

La loi NOTRe marque encore un tournant dans la politique de regroupement des structures communales à la manière de celui initié en 1992 et prolongé en 1999 autour de l'intercommunalité de projet. Une certaine façon de concevoir l'intercommunalité est ainsi morte. On peut penser que les textes à venir proposeront une tout autre vision dont les prolégomènes sont déjà à l'œuvre dans la loi du 7 août 2015.

À l'avenir, il ne sera plus possible d'éluder à nouveau la question du déficit démocratique des institutions intercommunales. Le système du fléchage institué par la loi du 17 mai 2013 sur lequel le réformateur fondait les plus grands espoirs a immédiatement montré ses limites[11]. La campagne électorale pour les élections municipales ne se structure jamais autour des enjeux intercommunaux. Dans ses conditions, l'intercommunalité de projet reste une affaire d'élus et de techniciens à laquelle les citoyens demeurent largement étrangers. La réponse, longtemps différée, est connue : l'élection au suffrage universel direct des conseils communautaires et métropolitains est désormais prévue à l'échéance du prochain renouvellement des assemblées délibérantes. Certaines évolutions créent les conditions de sa réalisation : la fin du cumul des mandats, le développement des communes nouvelles ou encore le statut de la Métropole de Lyon. La loi du 28 février 2017 relative au statut de Paris et à l'aménagement métropolitain en prend acte. Selon ce texte, la

---

9. J.-F. Brisson (dir.), *Les transferts de compétences de l'État aux collectivités locales*, L'Harmattan 2009.
10. M. Long, « Le département après la loi NOTRe, un acte de décès non transformé », *AJDA* 2015.1912.
11. B. Maligner, « Élections et désignation des conseillers communautaires », *AJDA* 2014, p. 270.

prochaine élection des conseillers des métropoles sera organisée au suffrage universel direct suivant des modalités particulières fixées par la loi « avant le 1er janvier 2019 ». Cette évolution paraît inéluctable. La résistance des maires tient surtout à en différer la mise en œuvre. L'échéance initiale, fixée par la loi MAPTAM était au 1er janvier 2017. Cette évolution est d'autant plus nécessaire que le bloc communal connaît des transformations institutionnelles qui font basculer la conception juridique des établissements publics territoriaux dans une autre dimension.

L'institution des métropoles est le premier révélateur de ces mutations[12]. Sans évoquer ici l'exception lyonnaise, ni même le cas du Grand Paris qui est d'un genre différent[13], les logiques qui animent cette catégorie juridique nouvelle font que les métropoles n'ont plus grand-chose à voir avec les structures intercommunales traditionnelles où continuent de s'exercer en commun des compétences issues des communes. La métropole absorbe sur son territoire les compétences des communes, du département et de la région. Elle est devenue l'acteur décisionnel unique vers qui convergent l'ensemble des politiques publiques menées sur son territoire. La métropole met ainsi fin sur le territoire métropolitain à la superposition des niveaux d'administration territoriale sur une même assise territoriale. La loi réussit à l'échelle métropolitaine une concentration des pouvoirs unique dans l'histoire de la décentralisation en France. Concentration des pouvoirs qu'accentue sous couvert de mutualisation des services la fusion de la chaîne de commandement administratif entre notamment la métropole et la ville-centre[14].

Le changement d'échelle issu de la révision des schémas départementaux de coopération intercommunale illustre encore la nouvelle donne institutionnelle. Si par endroits ce changement a conduit à la constitution de commune nouvelle afin de pouvoir continuer à peser politiquement dans des structures au périmètre élargi, la création d'intercommunalités XXL a conduit à revoir le fonctionnement de nombre d'assemblées délibérantes amenées désormais à fonctionner moins comme un club de maires tenu par un accord de cogestion que comme une véritable assemblée politique traversée par des courants politiques[15].

Enfin, comme l'illustre l'affaire de l'amendement Gaudin, c'est désormais clairement la place de la commune historique qui est posée notamment en termes de représentations politiques y compris pour les villes-centres et notamment dans les métropoles.

---

12. E. MARCOVICI, « De la métropole de 2010 aux métropoles de 2014, la difficile définition du rôle et du statut des grandes aires urbaines », *AJDA* 2014, p. 435.
13. O. RENAUDIE, « Le Grand Paris », *RFDA* 2016, p. 490.
14. M. DEGOFFE, « Les nouvelles intercommunalités », *RFDA* 2016, p. 48 ; et auparavant M. DEGOFFE, « L'organisation des métropoles », *RFDA* 2014, p. 481.
15. R. LE SAOUT et S. VIGNON (dir.), *Une invitée discrète. L'intercommunalité dans les élections municipales de 2014*, Berger-Levrault, 2015.

C. La fin du processus de décentralisation

La plupart des dispositions de la loi NOTRe ne consistent plus à transférer des compétences de l'État vers les autres niveaux d'administration, mais à organiser l'action commune des différentes collectivités[16]. Le droit des collectivités territoriales n'est plus un droit de la décentralisation, mais un droit des relations entre collectivités territoriales. Cette approche se vérifie au plan institutionnel avec la généralisation du statut de métropoles ouvert désormais à 21 agglomérations, mais aussi par la couverture également décidée par la loi de l'ensemble du territoire national métropolitain en établissements publics de coopération intercommunale à fiscalité propre. La possibilité donnée au préfet d'intégrer contre son gré une commune dans un EPCI (art. L. 5216-10 et L. 5215-40-1 du CGCT) vient si besoin démontrer que la vision de l'autonomie et des libertés locales servie en 1982 comme le fondement du mouvement décentralisateur tend à être supplantée par une conception managériale éprise d'efficacité[17].

Cette logique se retrouve précisément à l'œuvre au plan fonctionnel : le législateur a conçu les outils permettant aux collectivités territoriales d'exercer en commun leurs compétences (collectivité chef de file, délégation de compétences, convention d'exercice concerté des compétences, conférence territoriale d'action publique)[18]. Avec cette panoplie de dispositifs, la loi NOTRe montre que désormais l'État se refuse à régler par lui-même la question de l'exercice des compétences ; il en renvoie le traitement aux acteurs locaux, procédant de la sorte à une forme de décentralisation du traitement de la complexité. Si les conventions d'exercice concerté des compétences permettent de donner un peu de corps à la notion de collectivité chef de file[19] introduite dans la Constitution depuis la loi constitutionnelle du 28 mars 2003, la délégation de compétences concentre l'essentiel des interrogations. Technique présente depuis 1982 et depuis régulièrement réactivée par le législateur, à vocation générale ou spécifique, sa pratique par les collectivités territoriales est restée en effet jusqu'à présent décevante ; et rien n'indique, en raison de son ambiguïté tant juridique que pratique, qu'elle trouve dans la loi NOTRe les ressorts d'une véritable dynamique[20]. D'ailleurs, si les régions sortent

---

16. N. FERREIRA, « La loi NOTRe : l'enchevêtrement des compétences, suite et... fin ? », *AJCT* 2016, p. 79.
17. J. MONTAIN-DOMENACH, « Principe de libre administration et intercommunalité : transition et incertitudes », *Cahiers Cons. const.* 2002, n° 12, p. 118.
18. En ce sens, voir M. DOUENCE (dir.), *L'exercice des compétences locales entre rationalisation et créativité*, « Journées d'étude de l'Association française de droit des collectivités locales », Pau, 2017 [à paraître chez L'Harmattan].
19. N. FERREIRA, « Chef de filat et conférence territoriale et l'action publique », *JCP A* 2014, n° 8, p. 34.
20. J.-D. DREYFUS, « La correction (ou le contournement) de la spécialisation des compétences par le jeu de la délégation de compétence ».

apparemment renforcées par la réforme ; ce n'est pas tant qu'elles ont reçu de nouvelles attributions ou de nouveaux champs d'intervention. La revendication d'un pouvoir réglementaire régional en matière économique a ainsi à nouveau été écartée. Mais, c'est essentiellement parce que le législateur de 2015 tend à leur donner avec l'institution de schémas régionaux à large spectre d'intervention (SRDEII, art. 4251-12 du CGCT et SRADET, art. L. 4251-1 du CGCT) les moyens d'orienter, sous réserve des compétences reconnues aux métropoles (art. L. 4251-15 et -16) l'action des autres niveaux[21].

D. La remise en cause d'un certain modèle d'administration territoriale

L'expérience française de décentralisation repose sur un certain nombre de principes (uniformité statutaire, égalité des collectivités territoriales, identité catégorielle) qui tendent à être remis en cause sous l'effet d'un mouvement de différenciation territoriale dont on mesure seulement les prémisses dès lors que le Conseil d'État a dans son avis du 7 décembre 2017 admis qu'il pouvait aller jusqu'à la différenciation des normes juridiques produites par les collectivités territoriales. Au-delà de la différenciation des territoires et des statuts largement induite par la banalisation du statut de métropole (art. L. 5217-1 et s. du CGCT), on se bornera à insister ici sur l'identité catégorielle des collectivités territoriales. Ce principe tend à être renversé par un mouvement de différenciation statutaire au sein même de la catégorie juridique « collectivité territoriale ». En 1871 (loi du 10 août 1871 relative aux conseils généraux) et en 1982 (loi du 2 mars 1982 relative aux droits et libertés des communes, des départements et des régions), le législateur avait transposé au département puis à la région le modèle d'organisation de la commune : un modèle fondé sur l'idée d'auto-administration qu'exprimait juridiquement la reconnaissance à chaque échelon de la clause générale de compétence. Dans ce cadre, chaque collectivité territoriale avait à défendre des intérêts distincts de ceux de l'État, parce que chaque collectivité représentait la communauté des habitants de son territoire. Or cette vision, déjà discutée à partir de 1982 a vécu. Avec la suppression de la clause générale de compétence, validée par le Conseil constitutionnel (décision n° 2016-565 QPC du 16 septembre 2016), le département (art. L. 3211-1) et la région (art. L. 4221-1 du CGCT) sont désormais perçus comme des composantes de l'appareil public appelées à porter politiquement les décisions publiques que la loi leur attribue précisément. Pour le dire autrement, ces nouvelles collectivités spécialisées sont organisées comme des relais de l'action de l'État, lequel décide à son gré et en fonction de ses besoins des compétences et des moyens dont elles

---

21. J.-M. PONTIER, « Les schémas dans l'ordonnancement juridique », *AJDA* 2018, p. 957.

doivent disposer. Orientation qu'illustre aussi sur un autre terrain la remise en cause du financement des collectivités territoriales au moyen de l'impôt pour lui préférer l'attribution généralisée de dotations[22].

*

* *

D'une certaine manière, c'est la dimension politique (et donc territoriale) des collectivités territoriales qui est niée au profit d'une conception technocratique et managériale. Cette conception est d'apparence nouvelle dans la mesure où l'État, compte tenu des contraintes financières qui sont les siennes, ne prend plus la peine de se dissimuler derrière un discours mettant en scène une forme de romantisme décentralisateur[23]. À y regarder de plus près, elle présente toutefois des éléments de continuité trouvant ses racines aux origines du mouvement réformateur[24]. Ainsi, elle correspond assez bien à la situation des régions en France hexagonale dont, on l'a vu, le découpage ne repose sur aucune réalité socioculturelle et dont la légitimité politique varie d'un mode de scrutin à l'autre.

Il vous restera à nous dire à l'occasion de ce colloque organisé en France d'Amérique si cette conception est acceptable pour les collectivités ultramarines.

22. X. CABANNES, « L'autonomie financière des collectivités territoriales après les récentes lois financières », *AJDA* 2018.720.
23. J. CHAPUISAT, « Libertés locales et libertés publiques », *AJDA* 1982, p. 349.
24. G. PROTIÈRE, *La réforme territoriale, une politique en faux-semblant ?*, L'Harmattan, 2011, 155 p.

LES RÉGIONS DANS LA RÉFORME TERRITORIALE : VERS UN FÉDÉRALISME À LA FRANÇAISE ?

par

Romain PASQUIER

Directeur de recherche au CNRS (Arènes/UMR 6051)
Chaire « Territoires et mutations de l'action publique (TMAP) », Sciences Po Rennes

Nouvelle carte des régions, régionalisation de la gestion des fonds européens, instauration de schémas régionaux prescriptifs en matière de développement économique et d'aménagement du territoire… En quelques mois d'une intense activité législative, la République décentralisée a connu une série d'évolutions notables en matière de régionalisation. Dès lors, assiste-t-on à une rupture dans la gouvernance territoriale « à la française », à une inflexion régionale de la décentralisation ? Après trente ans de décentralisation, la capacité d'action des régions françaises est indiscutablement montée en puissance[1]. Cependant, alors que dans plusieurs pays de l'Union européenne la région est, avec le niveau national, l'échelon majeur de la vie politique, en France elle demeure un niveau secondaire de la représentation politique. À l'exception de la Bretagne, de la Corse ou de l'Alsace, l'espace régional n'a que peu de réalité culturelle, sociale ou médiatique. La relative facilité avec laquelle le gouvernement de Manuel Valls a réduit le nombre de régions métropolitaines de 22 à 13, en janvier 2015, illustre les fragilités contemporaines du fait régional dans l'Hexagone. Pour autant, des processus structurels de transformation sont en cours. Depuis 2008, la crise économique et les politiques de réformes

1. R. PASQUIER, *Le pouvoir régional. Mobilisations, décentralisation et gouvernance en France*, Paris, Presses de Sciences Po, 2012.

de l'administration publique qu'elle a pu générer ont incité les gouvernements successifs à réformer le « mille-feuille » territorial. Ainsi, après Nicolas Sarkozy en 2009-2010, François Hollande a engagé, à partir de 2012, une réforme territoriale marquée par des objectifs similaires de renforcement des gouvernements urbains et des régions. Cet article veillera donc à replacer la question régionale dans la longue durée des rapports centre/périphérie en France, en montrant les limites du pouvoir régional contemporain tout en pointant l'émergence d'un nouveau couple région/métropole au cœur de la République décentralisée.

I. Fait régional et décentralisation

Les régions, qui ont pu être présentées comme les lointaines héritières des provinces de l'Ancien Régime, cristallisent le clivage entre ceux qui perçoivent les « particularismes » locaux et régionaux comme des menaces permanentes pour l'unité de la République, et ceux qui les brandissent pour appeler à une réorganisation de l'État républicain. La prégnance de ce clivage explique la lenteur et les formes parfois détournées à travers lesquelles le processus de régionalisation s'est développé depuis les lendemains de la Seconde Guerre mondiale. Une rapide plongée dans l'histoire des relations centre/périphérie depuis le dernier tiers du XIXe siècle permet de comprendre que la région n'apparaît que très tardivement au XXe siècle comme un espace possible et souhaitable de représentation politique. D'où la légitimité toujours contestée de l'espace régional en France.

A. La région : espace fonctionnel

Plus efficace que partout ailleurs, le processus d'unification nationale mené à marche forcée par l'administration républicaine à partir des années 1880 limite assez largement les mobilisations régionalistes dans la première moitié du XXe siècle. En revanche, en France, la région est considérée dès l'entre-deux-guerres comme un échelon pertinent pour réformer l'action de l'État sur le plan économique. Un courant « déconcentrationniste » et technicien se développe dans l'administration française sous l'impulsion de hauts fonctionnaires ou de ministres réformateurs. Ainsi, en 1917, le ministre du Commerce, Clémentel, propose pendant la Première Guerre mondiale une réorganisation économique de la France sur une base régionale. De même, en 1934, un comité technique sur la réforme de l'État est mis en place et préconise dans ses propositions une division en 26 régions, administrées par des préfets-gouverneurs, eux-mêmes assistés de conseils régionaux. Au début des années 1950, la question régionale resurgit de nouveau à travers le problème de la spatialisation des activités économiques, c'est-à-dire de l'aménagement du territoire. Un ensemble d'élites politiques et économiques régionales se saisissent alors de la planification pour en faire un outil d'aménagement du territoire. En 1953, sous l'impulsion du Comité d'études et de liaison des intérêts bretons (CELIB), le premier plan régional est adopté et l'élaboration d'une carte des régions est confiée à un groupe de travail du Commissariat au Plan pour envisager la généralisation de la planification régionale en 1955. La carte des régions traduit bien le caractère technique de cette ultime partition, même si les arrière-pensées politiques n'en sont pas toujours absentes. De taille et d'importances très inégales, les nouvelles régions se conforment au maillage départemental, qu'elles ne remettent pas en cause. Le découpage ne tient pas compte en revanche des anciennes organisations provinciales : tantôt, il les respecte, comme dans le cas de l'Alsace ; tantôt, il les ignore n'hésitant pas à diviser de fortes unités historiques comme la Bretagne, à laquelle on soustrait Nantes et la Loire-Atlantique, les dénominations retenues qui mêlent des appellations départementales, provinciales et topographiques traduisent bien l'incertitude qui a présidé au choix. Ceux-ci ont pourtant leur rationalité propre qui est essentiellement d'ordre économique. Il s'agit d'organiser des pôles de développement équilibrés au sein de l'espace national.

Le passage de la IVe à la Ve République marque une césure profonde dans le processus de régionalisation. La régionalisation planificatrice et l'aménagement du territoire sont au centre du projet modernisateur du régime gaullien. La région est le niveau où l'administration gaulliste entend nouer le dialogue avec les nouvelles couches sociales qui émergent, ces « forces vives » dont le régime est soucieux de s'assurer le soutien. À partir de 1964 et l'instauration des commissions de développement économique régionales (CODER), la région est conçue comme un espace fonctionnel d'études et de délibération qui dénie au département toute pertinence pour appréhender les transformations économiques et sociales. Ce « régionalisme fonctionnel »[2] atteint son apogée avec le projet de référendum de 1969 qui conçoit la région comme une collectivité territoriale à part entière, dirigée par un préfet, dotée de moyens propres, ainsi que d'une assemblée constituée d'élus et de représentants des activités professionnelles. La réforme du Sénat qui l'accompagne doit être la consécration de cette nouvelle structure de participation et de représentation. L'échec du référendum marquera la fin des projets de démocratie économique et sera lourd de conséquences sur l'évolution du processus de régionalisation. Il disqualifie la régionalisation d'inspiration planiste où élus et représentants socioprofessionnels sont associés en une même assemblée. Désormais, ils seront regroupés en deux assemblées distinctes : un conseil régional et un conseil économique et social. Par ailleurs, ce camouflet politique rend particulièrement prudents les gouvernements ultérieurs sur la mise en œuvre une décentralisation plus large où les régions deviendraient des collectivités élues dotées de compétences et de ressources propres. Ainsi, la réforme de 1972 avec la création des établissements publics régionaux reste très en deçà du projet gaullien. Que ce soit pour Georges Pompidou ou Valery Giscard d'Estaing, les régions ne sont que des associations de départements, des « institutions à l'essai » dotées de quelques subsides.

---

2. R. PASQUIER, « La régionalisation française revisitée. Fédéralistes, mouvement régional et élites modernisatrices », *Revue française de science politique* 2003, 53 (1), p. 101-125.

B. La région, espace politique

Il faut attendre les années 1960 et 1970 et la montée en puissance des mobilisations régionalistes, en Bretagne, en Corse et en Occitanie notamment, pour que la région acquière une dimension proprement politique et de revendication démocratique. Dans la deuxième moitié des années 1960 et jusque dans les années 1970, un courant d'opinion critiquant les limites du « régionalisme fonctionnel » et favorable à l'instauration d'un « véritable » pouvoir régional se développe, en particulier au sein de la gauche française en pleine recomposition. Celle-ci fait sa révolution en matière de décentralisation et de régionalisation sous l'impulsion notamment du PSU de Michel Rocard et de personnalités venues des mouvements régionalistes comme Robert Lafont. Avec des variantes institutionnelles, une idée commune émerge : le pouvoir régional n'existera qu'à condition de doter la région de pouvoirs réels transférés à des assemblées élues au suffrage universel. En 1968, le club Jean Moulin va même plus loin en proposant une nouvelle architecture institutionnelle pour remplacer l'ancien mode de gestion territorial : douze régions et une collectivité régionale élue au suffrage universel, un regroupement communal pour arriver à 12 000 communes. La possibilité de rallier sous la bannière de gauche unifiée les mouvements régionalistes breton, occitan et corse, ajoutée aux victoires successives des socialistes aux élections locales dans les années 1970 finissent par convaincre les dirigeants socialistes de la nécessité d'une grande réforme territoriale, même si, fondamentalement, nombre d'entre eux restent des départementalistes convaincus – au premier rang desquels François Mitterrand.

Le vote des lois de décentralisation par la majorité socialiste, en 1982, marque une étape importante dans le processus de régionalisation en France. Pour la première fois de son histoire institutionnelle, l'État reconnaît les régions comme des collectivités territoriales à part entière. L'article 59 de la loi du 2 mars 1982 précise : « Les régions sont des collectivités territoriales. Elles sont administrées par un conseil régional élu au suffrage universel direct. » Plus de vingt ans après les premières élections régionales de 1986, la région est devenue une institution politique qui compte. La stabilisation des majorités à partir de 2004, l'extension des compétences donnent un nouveau relief au mandat régional. Si les régions reposent sur une légitimité démocratique encore fragile, elles constituent des espaces de production d'une élite politique dont certains *leaders* accèdent aujourd'hui à une notoriété nationale. Comme ont pu l'illustrer les élections régionales de décembre 2015, pour nombre de grands élus nationaux, la région incarne désormais une forme de « modernité » au moment où le département semble une institution en perte de vitesse.

C. Les régions et le jardin « à l'anglaise » de la décentralisation

Dans les années 1990 et 2000, l'institutionnalisation des régions se poursuit, mais de manière particulièrement lente et désordonnée, du fait notamment de la prégnance des visions contradictoires de l'espace régional entre les « départementalistes », partisans d'un relatif *statu quo* territorial et défendant l'idée d'une région simple échelon d'animation et de coordination de politiques publiques, et les « régionalistes » partisans de l'instauration de véritables gouvernements régionaux. Les différentes séquences de réforme territoriale en 2003-2004, 2009-2010 et 2014-2015 se refusent à choisir entre les divers niveaux territoriaux. Aucune hiérarchie n'est établie entre les différents échelons de collectivités, contrairement aux États fédéraux ou régionaux.

D. L'extension du champ d'action des régions

Les lois de décentralisation de 1982 donnent une image brouillée des régions françaises qui sont mises au même niveau que les autres échelons territoriaux. Les compétences de la région, énumérées par la loi du 2 mars 1982, sont développées par plusieurs lois qui précisent tant soit peu la répartition des compétences entre les communes, les départements, les régions et l'État. On peut dégager plusieurs grands axes d'intervention du niveau régional : le développement économique, l'aménagement du territoire, la formation professionnelle et la construction des lycées. Enfin, les régions ont des compétences plus éclatées en matière d'environnement (parcs naturels régionaux), de recherche, d'infrastructures et de communication (transports régionaux de voyageurs, ports fluviaux), de préservation du patrimoine culturel (archives, musées) et de soutien à la création artistique.

Cependant, ce panorama ne doit pas faire illusion : il n'est pas complet et ne peut pas l'être, dans la mesure où les collectivités régionales ne cessent de développer des actions à la marge de la légalité tandis que les procédures de financement contribuent, elles aussi, à bousculer l'ordre voulu par le législateur. Les champs de compétence des régions se voulaient spécialisés ; ils se révèlent en réalité très imprécis. Les régions, à l'instar des autres collectivités territoriales, ont débordé le cadre d'une spécialisation souhaitée dans le domaine économique pour prendre en charge un ensemble de problèmes diversifiés : culture, environnement ou tourisme. Si le transfert de la gestion des fonds européens aux régions par la loi MAPTAM du 27 janvier 2014 renforce leur capacité d'action, il va aussi impliquer un entrecroisement croissant des compétences des collectivités territoriales. Et ce n'est pas les hésitations du législateur dans sa volonté de spécialiser les compétences régionales qui vont éclaircir le paysage institutionnel. Ainsi, la loi NOTRe du 7 août 2015 spécialise bien les compétences régionales, mais assortit cette spécialisation de tellement d'exceptions que la compétence générale a encore de beaux jours devant elle…

Dans ce panorama général, les budgets des régions ont crû fortement depuis quinze ans, ils ont, en moyenne, triplé en quinze ans suite au transfert de la gestion des trains express régionaux (TER) en 2002 des personnels techniciens, ouvriers et de services (TOS) des lycées ou des crédits AFPA pour la formation professionnelle en 2004. En 2010, la part des régions représentait 12 % des dépenses des administrations publiques locales contre 31 % pour les départements et 57 % pour le secteur communal (communes et groupements de communes à la fiscalité propre). En moyenne, le budget moyen d'une région française en 2010 se situait autour de 1,2 milliard d'euros contre 800 millions d'euros pour un conseil général. Ainsi, dans chaque région française, l'addition des budgets des conseils généraux est toujours supérieure au budget du conseil régional, tout comme l'addition des budgets des principales agglomérations. Un rapide regard comparatif souligne encore davantage le poids budgétaire limité des régions françaises. Pour des populations équivalentes, les budgets des communautés autonomes espagnoles ou des parlements régionaux britanniques sont de dix à douze fois supérieures.

E. Un pouvoir normatif limité

Cette extension du champ d'action des régions est limitée par la faiblesse de leur pouvoir normatif. L'autonomie d'une politique publique s'évalue en effet à l'aune des ressources juridiques, financières et organisationnelles qui peuvent être mobilisées par les acteurs pour la mettre en œuvre. Or, en France, l'État français reste le seul acteur disposant de « la compétence des compétences », pour reprendre l'expression de Raymond Carré de Malberg[3], c'est-à-dire de la capacité politique à déterminer sa propre compétence et donc de déterminer les compétences des autres institutions publiques. Les lois de décentralisation n'ont pas véritablement affecté le pouvoir normatif étatique. Contrairement aux situations fédérales (Allemagne) ou plurinationales (Espagne, Royaume-Uni), les régions françaises ne concourent en aucune manière à la production normative ni même à l'adaptation territoriale de la norme nationale[4]. À l'exception des pouvoirs du maire en matière de police et d'urbanisme, les collectivités territoriales françaises, dont les régions, disposent avant tout de compétences de mise en œuvre souvent partielles et non de conception globale des dispositifs d'interventions. Par exemple, une conception de politiques publiques plus ambitieuses en matière de formation, de transports ou de gestion des lycées supposerait que les régions puissent exercer des compétences étatiques en matière de délivrance de diplômes, de schémas directeurs prescriptifs ou de gestion du personnel enseignant. Par sa puissance normative quasi intacte, l'État s'ingénie à gouverner à distance l'action publique régionale[5]. Dès lors, les outils d'action publique des régions sont limités à deux catégories essentielles : la planification non contraignante et la subvention. Les institutions régionales multiplient les outils de planification (plans, stratégies, schémas, chartes) dans tous les secteurs

3. R. CARRE DE MALBERG, *Contribution à la théorie générale de l'État*, Paris, éd. Sirey, 1920.
4. R. PASQUIER, *Réussir la région au service du citoyen, de la croissance et de la République*, Paris, Institut de la décentralisation, 2014.
5. R. EIPSTEIN, « Gouverner à distance. Quand l'État se retire des territoires », *Esprit* 2005, n° 11, p. 96-111.

d'intervention qu'elles investissent. Celles-ci se construisent systématiquement autour d'un diagnostic territorial des forces et des faiblesses régionales dans le champ d'intervention considéré, suivi d'une série de préconisations.

Disons-le tout net, l'efficacité de ce genre d'outils est très relative dans la mesure où elle repose sur la bonne volonté des autres acteurs publics ou privés : les régions n'exerçant aucune tutelle sur les autres collectivités territoriales. Dès lors, ces trente dernières années, la subvention ou le cofinancement d'un projet local, national ou européen est resté le plus sûr moyen d'influence pour l'action publique régionale dans la mesure où elles ont pu conditionner leur aide financière à des objectifs ou à des cahiers des charges précis. À cet égard, le caractère prescriptif du schéma directeur de développement économique d'innovation et d'internationalisation (SRDEII) et du schéma directeur d'aménagement et de développement durable du territoire (SRADDT) sont des avancées significatives de la loi NOTRe du 7 août 2015. En effet, une fois négociés sous l'égide la région, ils s'imposeront pour une durée de six ans aux différentes parties prenantes dès que l'État les aura transformés en décret d'application sur le modèle du schéma directeur de la région Île-de-France (SDRIF). Les optimistes y verront donc une avancée vers un pouvoir normatif régional, les pessimistes se rappelleront des déboires à répétition du SDRIF paralysé très régulièrement par les luttes politiques et institutionnelles franciliennes. La prescriptivité de ces schémas et surtout leur efficacité restent donc à démontrer.

II. Les régions et les nouvelles concurrences territoriales

La décentralisation « à la française » aurait donc veillé à première vue à ne pas avantager un niveau de collectivité sur une autre. L'organisation de la République est décentralisée assurément, mais la forme de l'État demeurerait unitaire, la République ne cessant d'être indivisible. Cependant, silencieusement, loin des grands principes fondateurs et des discours convenus sur l'égalité territoriale s'est construite une autre France, celle des statuts sur mesure. Ce processus croissant de différenciation institutionnelle est sans nul doute une tendance forte du système politique français.

A. Une différenciation territoriale croissante

Cette différenciation est repérable tout d'abord sur le plan socio-économique. De nouvelles tendances géographiques émergent avec le resserrement de la croissance autour de grandes zones métropolitaines et une remontée des inégalités territoriales. Dans les années 1990 et 2000, le phénomène de métropolisation se poursuit avec un rééquilibrage en faveur des métropoles régionales. La moitié de la croissance démographique française est concentrée dans onze aires urbaines de 1990 à 1999 : Paris, Toulouse, Lyon, Montpellier, Nantes, Marseille, Rennes, Bordeaux, Strasbourg, Nice et Toulon. Cette mise en concurrence des territoires s'est amplifiée ces dernières années avec une double conséquence : la disparition accélérée du « vieux » tissu industriel et le développement des activités concentrées dans les métropoles. La conséquence majeure est le creusement des inégalités de croissance au profit des régions les plus riches. En 2010, la contribution de l'Île-de-France à la croissance nationale est remontée à 29 % contre 27 % en 1980. Les régions de l'ouest et du sud-ouest de la France comme les Pays de la Loire et la Bretagne voient également leur PIB par habitant croître de 30 % sur la même période. Les « perdantes » sont les régions qui ont perdu leurs activités de production et en même temps leurs retraités : le Nord-Pas-de-Calais, la Picardie, la Lorraine et le quart nord-est de la France. Pour elles, c'est la double peine. Leurs territoires, touchés par la crise structurelle, n'ont pas profité de l'explosion de la mobilité des Français et du déplacement massif des revenus qu'elle génère[6]. La tendance spontanée n'est pas à l'équilibre du territoire. Les investissements vont aujourd'hui dans les régions les plus riches et non pas, comme dans les Trente Glorieuses, vers les régions à bas coûts de main-d'œuvre. Les intercommunalités des grandes métropoles régionales s'affirment également en acteur incontournable du développement régional en particulier dans les régions très urbanisées. La constitution des quatorze métropoles par la loi MAPTAM de janvier 2014 confirme cette hypothèse.

Cette différenciation socio-économique se double par ailleurs d'une différenciation institutionnelle croissante. Silencieusement, loin des grands principes fondateurs et des discours convenus sur l'égalité territoriale s'est construite une autre France, celle des statuts sur mesure où parfois s'exerce une « citoyenneté locale » fondant des mécanismes de préférence territoriale[7]. Ainsi, dans les territoires d'outre-mer, en Alsace, en Corse, ou plus récemment à Lyon avec l'instauration d'une collectivité territoriale à statut particulier, on découvre une autre France où la décentralisation/régionalisation politique est plus marquée et n'a parfois rien à envier à des États de tradition fédérale. La possibilité offerte aux régions dans la loi NOTRe de demander des délégations de compétence à l'État pourrait encore accroître cette tendance à la différenciation institutionnelle.

B. Régions et métropoles : associées ou rivales ?

Dans ce contexte de différenciation territoriale, l'articulation entre régions et métropoles est désormais la question territoriale majeure[8]. Une France à géométrie variable se dessine sous nos yeux. Cette revanche du pays réel (diversité) sur l'abstrait (uniformité) ne manque pas de poser la question de l'évolution future de la République décentralisée. Trois scénarios sont envisageables : le scénario darwinien, lampedusien et girondin.

6. L. DAVEZIES, *La crise qui vient. La nouvelle fracture territoriale*, Paris, Seuil, 2012.
7. Notamment en matière de protection de l'emploi local.
8. R. PASQUIER, « Gouvernance territoriale : quelles articulations entre régions et métropoles ? », *Pouvoirs locaux*, n° 96, p. 34-41.

Dans le scénario darwinien, métropoles et régions se lancent dans une compétition féroce pour la maîtrise des leviers de l'attractivité économique. La loi NOTRe laisse augurer une forte compétition entre région et métropoles autour du SRDEII. Ce scénario est envisageable dans les régions caractérisées par une très forte polarisation urbaine (Île-de-France, Auvergne-Rhône-Alpes, Grande-Aquitaine) où cette concurrence pourrait être alimentée par des conflits autour du *leadership* politique territorial comme l'illustre la configuration lyonnaise. Mais les victimes ne pourraient pas être celles que l'on croit. Les départements ont peut-être davantage à craindre de cette compétition dans un contexte renforcé avec une région qui se repositionnerait davantage sur une fonction d'équilibre et d'aménagement sur le territoire.

Dans le second scénario, tout change pour que rien ne change pour reprendre la belle formule du Prince de Lampedusa. Régions et métropoles, mais aussi départements s'appuient sur la force d'inertie de la décentralisation « à la française » pour privilégier une situation de *statu quo* ou d'ajustements résiduels. En effet, nombre de régions et de métropoles françaises n'ont ni les ressources institutionnelles ni les capacités économiques pour s'engager dans des stratégies de développement autonomes. Le poids du mille-feuille est ici intact sinon renforcé par les lois MAPTAM et NOTRe. Dans ce scénario, les schémas régionaux prescriptifs au sein des futures conférences territoriales de l'action publique reproduiront les arrangements antérieurs selon des logiques de consensus et de connivence que l'on observe souvent dans le fonctionnement des EPCI petits ou grands. L'expérience montre que c'est le scénario le plus probable, en particulier dans les régions où les départements ruraux vont continuer un rôle structurant y compris sur le développement économique.

Le scénario girondin, quant à lui, fait l'hypothèse d'une poussée de la dynamique de différenciation territoriale déjà à l'œuvre dans la décentralisation à la française. Il prend acte que le gouvernement renonce à la décentralisation « par le haut » en se refusant à toute réforme constitutionnelle (principe de non-tutelle, droit à l'expérimentation) et à toute évolution de structures (fusion communale, couple département/région). Dans cette hypothèse, l'articulation des logiques métropolitaine et régionale reposera sur des modèles territoriaux d'action collective singuliers que viendront faciliter ou institutionnaliser les futurs actes de décentralisation. Or, tous les systèmes d'acteurs n'ont pas la même capacité à produire des coalitions institutionnelles et politiques élargies pour porter de tels projets territoriaux. Sur le modèle corse, lyonnais ou guyanais, c'est donc une France territoriale à géométrie variable qui se dessinerait ici, une forme de fédéralisme « à la française ».

Partie II

LA TRANSFORMATION TERRITORIALE : QUEL EXERCICE DES COMPÉTENCES MAJEURES ?

QUID DU POUVOIR NORMATIF RÉGIONAL ? LE REFUS RÉAFFIRMÉ DE LA RECONNAISSANCE D'UN POUVOIR NORMATIF LOCAL

par

Florence CROUZATIER-DURAND

Maître de conférences HDR de droit public
Université de Toulouse 1 Capitole
GRALE (GIS)

Quid du pouvoir normatif régional ? Cette question se pose depuis de nombreuses années, sans être véritablement résolue, si tant est qu'elle puisse l'être. Il s'agit en effet d'un thème dont on peut dire qu'il a été sacralisé dans la mesure où le pouvoir réglementaire local existe sans aucun doute, mais il n'est pas autonome.

Le pouvoir normatif local consiste dans le pouvoir reconnu aux collectivités territoriales d'édicter des lois ou règlements. Sa reconnaissance, comme son étendue, a suscité de nombreux débats doctrinaux. En 2010, la revue *Pouvoirs locaux* interrogeait : « Quel pouvoir normatif aux territoires ? » et elle demeure incontestablement d'actualité en 2018[1]. Si la révision constitutionnelle de 2003 a semblé reconnaître un pouvoir normatif local, en conférant aux collectivités territoriales un « pouvoir réglementaire pour l'exercice de leur compétence »[2], il n'en demeure pas moins que le législateur comme le juge refusent qu'il soit autonome au nom des principes fondamentaux d'indivisibilité du territoire et d'égalité des citoyens devant la loi.

---

1. « Quel pouvoir normatif au territoire ? », *Pouvoirs locaux – Les cahiers de la décentralisation* 2010, n° 86.
2. Art. 72 alinéa 1 de la Constitution de 1958.

La loi constitutionnelle du 28 mars 2003 relative à l'organisation décentralisée de la République a intégré les régions à la liste des collectivités territoriales de l'article 72[3], néanmoins ni du point de vue des institutions, ni du point de vue de leurs compétences cette révision n'apporte une innovation normative pour les régions. La région est une collectivité territoriale comme les autres et aucune raison ne justifie de la traiter différemment. Si la révision de 2003 peut être analysée comme une occasion manquée, les réformes entreprises depuis 2010, et notamment la loi NOTRe, ont cherché à donner une place particulière aux régions redéfinies dans le paysage territorial français[4].

Le législateur a en effet été particulièrement actif si l'on considère que cinq textes fondamentaux ont été adoptés ces dernières années : la loi du 16 décembre 2010 portant réforme des collectivités territoriales[5], la loi du 27 janvier 2014 de modernisation de l'action publique territoriale et d'affirmation des métropoles[6], la loi du 27 mai 2014 pour l'accès au logement et à un urbanisme rénové (dite Alur)[7], la loi du 16 janvier 2015 relative à la délimitation des régions, aux élections régionales et départementales et au calendrier électoral[8], enfin la loi du 7 août 2015 portant nouvelle organisation territoriale de la République, dite NOTRe[9], dont le projet initial prévoit précisément d'accorder un pouvoir normatif aux régions, projet qui sera finalement abandonné pendant la discussion parlementaire.

À l'issue de ce mouvement législatif sans précédent, il est particulièrement intéressant de reposer cette question : quel pouvoir normatif aux territoires, précisément aux régions, dont, bien sûr, les régions d'outre-mer ? Pourrait-on et devrait-on envisager que les collectivités territoriales, en particulier les régions, disposent d'un pouvoir de décision autonome ?

La reconnaissance d'un pouvoir normatif aux collectivités territoriales n'est pas l'apanage des États fédéraux ou régionalisés, certains États unitaires ont aussi reconnu un tel pouvoir à leurs collectivités. Notamment, au Royaume-Uni, depuis 1998, les assemblées délibérantes d'Écosse et du Pays de Galles bénéficient de compétences étendues, un véritable pouvoir législatif pour la première, un pouvoir d'exécution des lois pour la seconde. En France, les obstacles politiques et juridiques à un véritable pouvoir normatif autonome local sont identifiés, ils sont liés au paradoxe entre unité républicaine et diversité normative ainsi qu'à

---

3. Loi constitutionnelle n° 2003-276 du 28 mars 2003 relative à l'organisation décentralisée de la République.
4. M. VERPEAUX, « La loi NOTRe dans son contexte », *RFDA* 2016, p. 671.
5. Loi n° 2010-1563 du 16 déc. 2010 de réforme des collectivités territoriales.
6. Loi n° 2014-58 du 27 janv. 2014 de modernisation de l'action publique territoriale et des métropoles.
7. Loi n° 2014-366 du 24 mars 2014 pour l'accès au logement et un urbanisme rénové.
8. Loi n° 2015-29 du 16 janv. 2015 relative à la délimitation des régions, aux élections régionales et départementales et modifiant le calendrier électoral.
9. Loi n° 2015-991 du 7 août 2015 portant nouvelle organisation territoriale de la République.

une éventuelle atteinte au modèle républicain. La difficulté demeure dans la gestion d'une confrontation entre le pouvoir réglementaire local et celui de l'État. Aujourd'hui, il est incontestable que la tendance est celle de la territorialisation du droit. L'État agit dans le sens d'une adaptation des normes aux spécificités territoriales, ce qui pourrait justifier la reconnaissance d'un pouvoir normatif autonome local. La planification, la contractualisation, les normes d'objectifs, les « standards » juridiques présentent aussi certains aspects d'un tel pouvoir normatif. Mais cela ne confère pas aux territoires la réalité du pouvoir normatif local, aboutissement de la libre administration. La politique décentralisatrice actuelle se refuse à conférer ce pouvoir normatif aux territoires.

Le refus de la reconnaissance d'un pouvoir normatif autonome local sera analysé dans une première partie et, dans une deuxième partie, sera étudiée la territorialisation comme timide avancée.

I. Le refus de reconnaissance d'un pouvoir normatif local

La France est une République indivisible, laïque, démocratique et sociale. Dès lors, il convient d'admettre que la souveraineté est indivisible et que le pouvoir normatif local ne peut qu'être subordonné, et ce malgré l'inscription dans la Constitution d'une organisation décentralisée. La Constitution refuse et rejette l'existence d'un pouvoir réglementaire *ab initio*, elle admet en revanche quelques palliatifs, dont l'expérimentation normative locale.

A. Le rejet dans la Constitution d'un pouvoir réglementaire ab initio

Bien avant la réforme de 2003, les collectivités territoriales disposaient d'un pouvoir réglementaire local, limité à des domaines précis, permis tant par les lois que par la jurisprudence. La loi du 5 avril 1884 prévoit ainsi que le « conseil municipal règle par ses délibérations les affaires de la commune ». De la même manière, ce texte dispose que le maire peut prendre toute mesure de police administrative visant à prévenir d'éventuels troubles à l'ordre public ; ainsi que la création par les assemblées délibérantes de services publics locaux et l'organisation de leurs modalités de gestion.

On admet aujourd'hui que les collectivités territoriales disposent d'un pouvoir réglementaire qui consiste dans l'édiction d'actes administratifs correspondant à l'exercice de leurs compétences. Tel est le cas des règlements d'urbanisme, des règlements départementaux d'aide sociale, des actes de police administrative et plus généralement de l'ensemble des actes destinés à régir l'organisation des services publics. Dans une décision de 2002, *Loi relative à la Corse*, le Conseil constitutionnel a considéré que le pouvoir réglementaire des collectivités territoriales avait pour fondement le deuxième alinéa de l'article 72 de la Constitution, posant le principe fondamental de libre administration.

La volonté des partisans d'un pouvoir local autonome n'a donc pas reçu d'application dans le droit positif, elle n'a pas été consacrée par la révision de 2003 malgré des débats importants et un amendement en ce sens déposé. L'article 72 de la Constitution reconnaît aux collectivités territoriales « un pouvoir réglementaire dans l'exercice de leurs compétences », mais le texte n'est pas allé au-delà, il n'a pas reconnu un pouvoir réglementaire local en dehors de la loi. Ce n'est pas un pouvoir autonome et initial qui serait directement attribué par la Constitution. La révision constitutionnelle a permis l'existence d'un pouvoir réglementaire local, secondaire et résiduel, car soumis au Premier ministre et au Président de la République, s'exerçant dans les conditions prévues par la loi et limité à l'exercice de leurs compétences[10]. Les mesures réglementaires d'application des lois relèvent d'abord de la compétence du pouvoir réglementaire national, et à titre subsidiaire de la décision des autorités locales. La loi demeure compétente pour déterminer les principes de la libre administration des collectivités territoriales, de leurs compétences, de leurs ressources et toute dérogation ne peut résulter que d'une autorisation législative préalable.

La thèse d'un pouvoir autonome local, défendue par le doyen M. Bourjol, s'appuyant sur la valeur constitutionnelle du principe de libre administration pour défendre l'existence d'un pouvoir réglementaire initial, comme moyen juridique indispensable à la libre administration, est rejetée. Et l'arrêt du tribunal administratif de Versailles du 7 décembre 1984, *Préfet du Val-d'Oise c/SCAAN*, cité pour l'illustrer, est demeuré isolé[11].

Si l'existence d'un pouvoir réglementaire autonome doit être recherchée dans l'article 72 et dans le principe de libre administration, alors il faut considérer qu'administrer n'est pas gouverner et que de ce point de vue, et comme le soulignait M. Troper, la libre administration est une coquille vide[12]. Le pouvoir réglementaire subordonné s'exerce ainsi dans les conditions fixées par la loi. Cela garantit la suprématie de la norme nationale et l'unité législative ainsi que le caractère indivisible de la République. La décentralisation se voit, de ce point de vue, limitée.

Pourtant, la situation est différente dans certains cas très spécifiques de quelques collectivités situées outre-mer qui disposent de compétences législatives et réglementaires. De ce point de vue, le droit français admet aujourd'hui l'existence de pouvoirs normatifs locaux. Cela suppose d'admettre que le Parlement ne dispose pas du monopole du pouvoir législatif et cela est admis en Nouvelle-Calédonie

---

10. Art. 13 et 21 de la Constitution de 1958.
11. TA Versailles, 7 déc. 1984, *Préfet du Val-d'Oise c/SCAAN*, *AJDA* 1985, p. 286.
12. M. TROPER, « Libre administration et théorie générale du droit. Le concept de libre administration », *in La libre administration des collectivités territoriales. Réflexions sur la décentralisation*, PUAM, 1984, p. 62.

qui dispose de lois du pays[13], et dans une moindre mesure en Polynésie française ; les lois du pays de Polynésie sont susceptibles de recours devant le Conseil d'État et non devant le Conseil constitutionnel. Également, et toujours s'agissant de l'outre-mer, l'article 73 prévoit que les lois et règlements peuvent faire l'objet d'adaptations tenant aux caractéristiques et contraintes particulières de ces collectivités. Le Conseil constitutionnel exerce un contrôle sur l'existence de caractéristiques et contraintes particulières justifiant des adaptations et, en leur absence, déclare inconstitutionnelles les dispositions prises. Le juge administratif se livre à un contrôle identique pour les dispositions de nature réglementaire. Citons également la possibilité pour certaines collectivités situées outre-mer, d'édicter des actes réglementaires par habilitation législative, dans leur domaine de compétence.

La diversité et la différenciation territoriales sont donc aujourd'hui davantage reconnues, les évolutions législatives en témoignent. Par ailleurs, depuis 2003, le principe de spécialité législative est affirmé et chaque collectivité d'outre-mer peut en déterminer l'étendue selon ses spécificités. Le législateur distingue le régime de l'Atlantique en vigueur à Saint-Barthélemy, Saint-Martin et Saint-Pierre-et-Miquelon. Dans ces collectivités, les dispositions législatives et réglementaires relevant de la compétence de l'État sont applicables de plein droit, sans que cela fasse obstacle à leur adaptation. La seule exception, pour Saint-Barthélemy et Saint-Martin, porte sur les lois et règlements relatifs à l'entrée et au séjour des étrangers ainsi qu'au droit d'asile qui ne sont applicables que sur mention expresse. Et le régime du Pacifique en vigueur en Polynésie française, également en Nouvelle-Calédonie. Dans ces collectivités, ne sont applicables que les dispositions législatives et réglementaires de l'État expressément identifiées. On ne peut cependant dans aucun de ces cas considérer un réel pouvoir normatif local, celui-ci n'étant pas autonome.

La reconnaissance et la prise en compte des particularismes locaux et des revendications ultramarines sont le symbole d'un État qui a su comprendre et respecter les particularités territoriales. Il s'agit d'une forme de territorialisation du droit. Il est peu compréhensible que cette logique n'ait pas été appliquée au développement d'un réel pouvoir normatif local.

B. L'expérimentation, pâle illustration d'un pouvoir normatif local

La réforme constitutionnelle de 2003 devait permettre d'accroître les possibilités d'expérimentation, notamment s'agissant des expérimentations normatives locales. En effet, dans la reconnaissance d'un pouvoir normatif aux collectivités territoriales, la possibilité d'adapter les lois et règlements nationaux aux situations locales a semblé constituer une réelle avancée. Elle consacre le fait que l'intérêt général peut être incarné par les collectivités territoriales et pas seulement par l'État central.

13. Titre 13 de la Constitution de 1958, art. 77.

Il y a là une réelle nouveauté et la volonté clairement affirmée par le législateur d'accorder un pouvoir normatif nouveau aux collectivités territoriales. L'article 72 de la Constitution permet aux collectivités territoriales de déroger, pour un objet et une durée limitée, aux dispositions législatives ou réglementaires qui régissent l'exercice de leurs compétences. C'est une nouvelle étape dans l'évolution de la décentralisation française.

Certes, c'est toujours l'État qui autorise l'expérimentation locale, qui en précise l'objet, la durée, qui détermine les catégories de collectivités habilitées à mettre en œuvre une telle procédure. Les actes dérogatoires pris dans le cadre de l'expérimentation sont des actes administratifs, soumis au contrôle de légalité. En outre, tant le juge constitutionnel que le législateur ont posé de strictes conditions à l'expérimentation locale. Parmi celles-ci, certaines sont expressément prévues par la Constitution : ainsi en est-il de l'exclusion des domaines que sont les libertés publiques ou les droits constitutionnellement garantis ; également l'exigence que l'expérience ait une durée et un objet limités. D'autres conditions, de forme et de fond, apparaissent dans la loi organique du 1er août 2003[14]. Quant aux règles de forme, la collectivité territoriale ne peut intervenir qu'à titre dérogatoire, pour écarter ou compléter une loi existante, et uniquement si elle en fait la demande, l'expérimentation locale est en effet toujours facultative. La loi qui l'autorise doit fixer la durée de l'expérimentation, qui ne peut excéder cinq ans. Elle doit également déterminer la nature et les caractéristiques des collectivités territoriales autorisées à participer à l'expérimentation, dont une liste devra être dressée. S'agissant des règles de fond, la loi qui permet l'expérimentation doit déterminer son objet, ses motifs et les objectifs poursuivis. L'expérimentation ne peut intervenir que dans un domaine relevant des compétences de la collectivité.

Enfin, un rapport gouvernemental permettra au Parlement d'évaluer l'expérimentation en prenant une décision visant soit à la généraliser, soit à l'abandonner soit enfin à la modifier ou à la prolonger.

Pourtant, l'expérimentation locale demeure encore très rarement usitée. Il a fallu attendre la loi de finances pour 2007 pour que la procédure d'expérimentation normative locale soit concrètement envisagée. Dans son article 142, la loi de finances pour 2007 met en place une expérimentation fondée à la fois sur les articles 37-1 et 72 de la Constitution. D'abord, les départements pourront, à titre expérimental et pour une durée de trois ans, se voir confier le financement de la prime de retour à l'emploi versée aux bénéficiaires du RMI : il s'agit de la mise en œuvre de l'article 37-1, appliqué aux collectivités territoriales. Ensuite, les départements pourront déroger à certaines dispositions du Code du travail régissant

14. Loi organique n° 2003-704 du 1er août 2003 relative à l'expérimentation par les collectivités territoriales.

le contrat d'insertion-revenu minimum d'activité et le contrat d'avenir afin de les rendre plus attractifs : dans ce cas précis, il s'agit de la mise en œuvre de l'article 72 alinéa 4, c'est précisément une expérimentation locale. Les exemples demeurent néanmoins peu nombreux.

Il apparaît clairement que l'expérimentation locale ne peut pas illustrer le pouvoir normatif des collectivités territoriales. Plus précisément, l'expérimentation locale ne traduit pas un pouvoir normatif nouveau, ni même un pouvoir normatif plus important attribué aux collectivités territoriales, de surcroît elle n'est pas l'illustration d'un pouvoir réglementaire autonome.

II. La territorialisation du droit : vers la reconnaissance du pouvoir normatif local

Les réformes récentes traduisent un mouvement de territorialisation du droit, tant au regard de la souplesse d'application des lois et règlements par les collectivités territoriales, qu'en ce qui concerne les possibilités d'initiative de modifications de ces textes. Si la loi NOTRe apparaît comme très décevante dans l'affirmation d'un pouvoir normatif régional, la territorialisation du droit doit être considérée comme une avancée timide, mais certaine.

A. La déception de la loi NOTRe et la réforme abandonnée de l'article L. 42211-1 du CGCT

Dans un rapport présenté en 2010, J.-P. Balligand, coprésident de l'Institut de la décentralisation, proposait de repenser l'organisation territoriale française pour donner plus de pouvoirs aux régions[15]. Le présupposé politique selon lequel « l'État serait seul garant de l'intérêt général, de l'égalité, mais aussi du respect des droits et libertés. Dans l'idéal républicain, l'égalité passe, soi-disant, par l'uniformité et dénie toute légitimité à la revendication d'un droit à la différence » est remis en cause. Il revendique la reconnaissance d'un pouvoir normatif aux régions afin de considérer différemment les collectivités et d'admettre que l'État n'est pas seul garant de l'égalité.

Comme le souligne L. Janicot, c'est dans le souci de renforcer les pouvoirs des régions, leurs moyens d'action, que la loi affirme la volonté de leur conférer un pouvoir normatif qu'elles pourront exercer à l'égard des autres collectivités territoriales et de l'État. Pourtant, le pouvoir normatif reconnu aux régions par la loi NOTRe s'avère limité[16]. Non seulement le Parlement a renoncé à leur reconnaître un pouvoir réglementaire d'application des lois. De plus, le pouvoir de proposition

15. J.-P. BALLIGAND, *Rapport sur le pouvoir législatif régional*, Institut de la décentralisation, 2010 ; Voir E. MAULIN, « Le pouvoir législatif des régions et ses conséquences », *AJCT* 2014, p. 309 ; R. PASQUIER, « Les régions dans la réforme territoriale : vers un fédéralisme à la française », *AJCT* 2016, p. 71.
16. L. JANICOT, « Le pouvoir normatif des régions », *RFDA* 2016, p. 664.

de modifier ou d'adapter des lois et des règlements que la loi leur reconnaît a une portée limitée. Enfin, la loi ne reconnaît aux régions, dans le domaine du développement économique, de l'aménagement du territoire et du développement durable, que le pouvoir d'orienter, d'organiser, dans le cadre de schémas, l'action des autres collectivités territoriales.

Les débats sur la loi NOTRe ont pourtant laissé penser à une réelle avancée : le projet de loi réaffirmait la compétence des régions pour adopter des mesures d'application des lois concernant l'exercice de leurs compétences. Il prévoyait également que les régions puissent proposer des modifications ou des adaptations aux lois et règlements. Cette avancée allait clairement dans le sens de la prise en compte de la diversité territoriale, une loi pouvant traiter différemment une région du fait d'une situation particulière. Ce pouvoir restait cependant encadré : cette possibilité était prévue par la loi pour les textes concernant leurs compétences, leur fonctionnement et leur organisation et il ne s'agissait que d'un pouvoir de proposition.

Le législateur a cependant renoncé à admettre l'existence du pouvoir réglementaire d'application des lois. Il avait été introduit dans le projet de loi du 10 mars 2015 en première lecture à l'Assemblée nationale[17]. Cette disposition a été supprimée par le Sénat en deuxième lecture et ne figure plus dans la loi définitivement adoptée. Cette disposition avait en réalité une portée limitée : en effet, elle reprenait l'état du droit existant applicable à l'ensemble des collectivités territoriales. Elle se bornait à réaffirmer que le pouvoir réglementaire des régions n'est qu'un pouvoir d'application des lois et qu'il ne peut être exercé que dans la limite des compétences qui leur sont dévolues. Elle s'inscrivait ainsi dans le prolongement de la jurisprudence du Conseil constitutionnel qui analyse les dispositions de l'article 72 alinéa 3 comme « permettant au législateur de confier à une catégorie de collectivités territoriales le soin de définir, dans la limite des compétences qui lui sont dévolues, certaines modalités d'application d'une loi ».

Cela explique que la loi NOTRe s'est révélée très décevante sur la question du pouvoir normatif régional.

B. La territorialisation du droit et la reconnaissance des spécificités locales, timide avancée

En revanche, la loi NOTRe innove en octroyant aux conseils régionaux le pouvoir de formuler des propositions de modification ou d'adaptation de dispositions législatives ou réglementaires qui concernent les compétences, l'organisation et le

17. Art. 1er, 2, d modifiant l'art. L.4221-1 du CGCT : « Sous réserve du pouvoir réglementaire du Premier ministre prévu à l'article 21 de la Constitution, la région est compétente pour adopter les mesures d'application des lois concernant l'exercice de ses compétences en cas de non-renvoi au pouvoir réglementaire de l'État ou en complément de celui-ci. »

fonctionnement d'une, de plusieurs ou de l'ensemble des régions. Les propositions adoptées par les conseils régionaux sont transmises par les présidents de conseil régional au Premier ministre et au représentant de l'État dans les régions concernées. Ce pouvoir de proposition, qui doit être distingué du pouvoir d'émettre un avis sur des projets ou des propositions de loi ou de décret à la demande des autorités étatiques, tout en affirmant la territorialisation du droit, s'avère en réalité limité.

D'abord, ce pouvoir de proposition ne lie pas le gouvernement, qui peut ne pas y donner suite. Cette faculté de proposition n'emporte reconnaissance d'aucun pouvoir normatif au profit des régions. Elle n'impose pas au Premier ministre de répondre aux propositions de modifications dont il est saisi. En définitive, le législateur se contente de formaliser la faculté pour les régions de porter à la connaissance des autorités étatiques de simples propositions d'évolutions législatives ou réglementaires, faculté dénuée de tout effet contraignant.

Indépendamment de l'absence de tout effet contraignant, ce pouvoir de proposition pourrait être limité, car la marge de manœuvre des autorités étatiques pour adapter ou modifier des dispositions législatives ou réglementaires est faible. En effet, si le Conseil constitutionnel a jugé qu'aucun principe constitutionnel ne fait obstacle à ce que le législateur soumette certaines collectivités territoriales à des règles spécifiques, si la loi ne suppose pas d'être uniforme sur l'ensemble du territoire national, le pouvoir d'adaptation ou de modification des lois ne doit pas méconnaître le principe d'égalité devant la loi. En vertu de ce principe, des règles différentes doivent s'appliquer à des situations différentes ou être justifiées par un motif d'intérêt général. Certes, l'article 72 autorise le Parlement à déléguer temporairement sa compétence, dans un but expérimental, à des collectivités territoriales, afin de les voir mettre en œuvre, sur leur territoire, des mesures dérogatoires de nature législative susceptibles d'être ultérieurement généralisées. La jurisprudence du Conseil constitutionnel relative au principe d'égalité ne permet pas d'identifier les particularités culturelles, historiques ou géographiques d'une collectivité territoriale qui seraient de nature à constituer une situation spécifique pour fonder une législation spécifique. Au-delà, l'article L. 4221-1 du Code général des collectivités territoriales introduit par la loi NOTRe octroie aux régions un pouvoir de proposition non seulement de modification, mais aussi d'adaptation des dispositions législatives ou réglementaires. Or, les contraintes pesant sur le pouvoir d'adaptation sont plus lourdes : l'article 73 de la Constitution précise que dans les départements et régions d'outre-mer, les lois et les règlements « peuvent faire l'objet d'adaptations tenant aux caractéristiques et contraintes particulières de ces collectivités ». Cette formule exige un contrôle juridictionnel plus rigoureux sur l'adaptation, dépassant la simple vérification de l'existence de différences de situation justifiant des différences de traitement. Les adaptations au droit commun doivent pouvoir être justifiées, de manière objective, par les « spécificités » des domaines concernés, et être strictement proportionnées à celles-ci. Les adaptations ne sont ainsi admises que si les particularités objectives d'un secteur rendent les dispositions du droit commun inapplicables ou très difficilement applicables. D'où de nombreuses incertitudes quant à la portée de ces dispositions.

La loi NOTRe permet enfin aux régions le pouvoir d'élaborer et d'adopter deux schémas dans le cadre de l'exercice de leurs compétences en matière de développement économique, d'aménagement du territoire et de développement durable. Ces deux schémas, le schéma de développement économique, d'innovation et d'internationalisation et le schéma régional d'aménagement, de développement durable et d'égalité des territoires ont pour objet de définir les orientations et d'organiser les actions de la région et des autres collectivités territoriales dans ces domaines. Ils ont des effets juridiques particuliers puisque les actes des autres collectivités territoriales et de leurs groupements adoptés en matière d'aides aux entreprises ou les documents locaux d'urbanisme doivent être compatibles avec leurs orientations ou les règles générales qui y sont inscrites.

La reconnaissance au profit des régions de ce pouvoir qui s'impose aux autres collectivités territoriales pose cependant une difficulté liée au principe d'interdiction de la tutelle d'une collectivité sur une autre. Le Conseil constitutionnel a proposé une définition de la tutelle dans sa décision n° 2010-618 DC du 9 décembre 2010, *Loi de réforme des collectivités territoriales*. Il a en effet jugé que les dispositions législatives instituant les conseillers territoriaux « ne confiaient pas à la région le pouvoir de substituer ses décisions à celles du département ou de s'opposer à ces dernières ni celui de contrôler l'exercice de ses compétences ; que, par suite, elles n'instituaient pas une tutelle de la région sur le département ». Le Conseil d'État a retenu la même définition de la tutelle, dans son arrêt du 12 décembre 2003, *Département des Landes* ; la tutelle est ainsi assimilée au pouvoir d'autorisation ou de contrôle. La loi du 7 août 2015 renforce de ce point de vue le contrôle de l'État dans le domaine du développement économique, en octroyant un nouveau pouvoir de tutelle administrative consistant à approuver les schémas élaborés par les régions. Un mouvement de recentralisation se développe incontestablement.

La réforme constitutionnelle de 2003 avait déjà consenti, au travers des évolutions institutionnelles, de nouveaux pouvoirs aux collectivités d'outre-mer eu égard à leurs spécificités ultramarines, dans la perspective d'une nouvelle gouvernance des territoires d'outre-mer. La Constitution prévoit une possibilité d'évolution du statut d'une collectivité ultramarine de l'article 73 à l'article 74, autrement dit un département d'outre-mer peut devenir collectivité d'outre-mer, avec une condition essentielle, le consentement des électeurs, exigence à laquelle il est impossible de déroger. La Constitution prévoit donc des passerelles d'une catégorie de collectivité à une autre. C'est dans ce mouvement que les îles de Saint-Barthélemy et de Saint-Martin, anciennes dépendances de la Guadeloupe (DOM-ROM), ont choisi de devenir chacune une collectivité d'outre-mer régie par l'article 74. La loi organique de 2007, portant dispositions statutaires et institutionnelles relatives à l'outre-mer, a entériné cette évolution et fixé leurs statuts.

De la même manière, lors d'un référendum relatif à la départementalisation de Mayotte le 29 mars 2009, les électeurs de l'île se sont prononcés en faveur du changement de statut de cette collectivité. Précédemment régie par l'article 74 de la Constitution, Mayotte est une collectivité régie par l'article 73 et exerçant les compétences à la fois d'un département et d'une région d'outre-mer. C'est l'affirmation et la concrétisation de l'individualisation des choix politiques librement effectués par les populations de chacune des collectivités concernées. Autre illustration de cette nouvelle gouvernance : la création d'une assemblée délibérante unique qui se substitue au département et à la région. Une fusion décidée en 2010 en Martinique et en Guyane, quinze jours après le refus de la transformation statutaire de ces deux collectivités territoriales ultramarines. La modernisation du régime juridique de l'outre-mer est incontestable, et la logique de la décentralisation tend désormais à considérer des territoires différents. Il existe donc à la fois un Outre-mer et des Outre-mer ; des Outre-mer parce que les territoires de la mer des Caraïbes, de l'océan Indien, du Pacifique sont très différents les uns des autres par l'histoire de leur peuplement, de leur culture, de leur langue. Un Outre-mer car ces territoires partagent la même relation à la République. Comme le soulignait O. Bui-Xuan, « le droit d'outre-mer contemporain est l'un des vecteurs de la reconnaissance d'un droit à la différence par le droit public français ».

En 2000, J. Chirac déclarait : « Les statuts uniformes ont vécu et chaque collectivité d'outre-mer doit pouvoir désormais, si elle le souhaite, évoluer vers un statut différencié, en quelque sorte un statut sur mesure[18]. » L'unité de la République ne signifie pas uniformité et il apparaît nécessaire que le cadre institutionnel soit en adéquation avec la réalité des territoires. Ces évolutions s'inscrivent dans la dynamique décentralisatrice qui suppose d'administrer de manière différenciée les territoires. Admettre les différenciations territoriales au sein de la République française, c'est admettre la diversité du territoire et c'est reconnaître l'existence des territoires. Les questions du pouvoir normatif local, pluralisme, identité locale, langues régionales sont autant d'exemples de la possible reconnaissance de différenciations territoriales.

Ce mouvement de territorialisation du droit doit être poursuivi. En effet, le droit à l'expérimentation permettant de déroger à titre expérimental, pour un objet et une durée limitée aux dispositions législatives ou réglementaires, demeure strictement encadré. Le droit à l'adaptation des collectivités d'outre-mer leur permet au contraire de prendre des décisions pérennes et non expérimentales. Ces deux

18. Discours du 11 mars 2000.

processus apparaissent comme des formes timides de pouvoirs normatifs locaux. S'il n'existe pas aujourd'hui de pouvoir normatif autonome local, on pourrait en revanche parler de droit territorialisé, illustré par celui applicable en Nouvelle-Calédonie. On demeure malgré tout loin du modèle italien : l'Italie, État unitaire, reconnaît dans sa Constitution un pouvoir normatif, tant législatif que réglementaire, autonome et initial à ses régions[19]. C'est ce vers quoi nous devrions tendre.

19. Art. 117 de la Constitution du 22 déc. 1947.

LES NOUVELLES STRATÉGIES FINANCIÈRES DES RÉGIONS FRANÇAISES

par

Marie-Christine STECKEL-ASSOUÈRE

Maître de conférences HDR de droit public
Université de Limoges (EA 3177 OMIJ)
Responsable de la commission « Aménagement du territoire et mobilité » et
Vice-présidente du Conseil scientifique du GRALE (GIS)

Pour mieux dépenser, les régions françaises élaborent de nouvelles stratégies financières. Elles maîtrisent, ainsi, l'art de jouer habilement avec leur budget pour assumer leurs nombreuses et nouvelles compétences avec efficacité, efficience et économie. Jusqu'en 2010, lesdites régions n'avaient pas vraiment de stratégies financières. Dans la majorité des cas plus exactement, elles avaient adopté la culture de la dépense et par voie de conséquence elles exploitaient le levier fiscal et recouraient à l'endettement pour équilibrer leur budget. Au contraire, avec les impératifs économiques et les obligations juridiques de redresser les finances publiques de la France, les régions doivent – surtout depuis 2015 – établir de véritables stratégies financières pour relever trois défis.

Le premier défi consiste à assumer leur valorisation fonctionnelle. Les régions ont, en effet, de plus en plus de compétences. Depuis la loi n° 82-213 du 2 mars 1982, elles sont chargées du développement économique, l'aménagement du territoire, la gestion des lycées et la formation professionnelle. Elles doivent aussi assumer, sous l'empire de la loi n° 2000-1208 du 13 décembre 2000, l'organisation des services ferroviaires régionaux de transport de voyageurs et leur financement sous réserve de l'Île-de-France où l'exercice de cette compétence a débuté en 2006. En outre, les régions sont érigées en autorités de gestion des fonds européens en l'occurrence le Fonds européen de développement régional, le Fonds européen agricole pour le développement rural et le Fonds social européen pour une partie.

D'ailleurs, grâce à leur mobilisation, les régions vont activement participer au soutien et à la relance économique post-Covid-19. De surcroît, les lois n° 2014-58 du 27 janvier 2014 et n° 2014-288 du 5 mars 2014 opèrent la régionalisation de la formation professionnelle. Sur le fondement de la loi n° 2015-991 du 7 août 2015, elles organisent également la mobilité et sont responsables des transports scolaires et routiers non urbains depuis 2017. Par conséquent, les régions accomplissent au fur et à mesure des politiques structurantes en fixant la stratégie en matière de développement économique et d'aménagement du territoire. Or, plus de compétences implique plus de dépenses. Preuve en est, les budgets régionaux ont été multipliés par 5,6 depuis les années 1980. À titre d'illustration, le poids des dépenses régionales parmi l'ensemble des dépenses locales s'établissait à 5,4 % en 1986 avant d'atteindre 15 % en 2018, soit 34,4 Mds €[1]. D'ailleurs, les dépenses des régions ont quasiment doublé en quinze ans[2].

Le deuxième défi consiste, dès lors, à financer cette augmentation consécutive de leurs charges financières, qui accusent un surcoût à la suite de l'épidémie de la Covid-19, avec notamment l'achat de plus de 120 millions de masques. Afin de préserver le tissu économique, les régions soutiennent aussi financièrement les entreprises impactées par le confinement[3]. À titre d'illustration, la Région Occitanie a mis en place, entre le 4 juin et le 31 décembre 2020 en collaboration avec la Banque des Territoires, 12 départements et 152 intercommunalités, le Fonds « L'OCCAL » pour accompagner les entreprises du tourisme, les commerces de proximité et les artisans. Doté d'une enveloppe de près de 80 M€, ce fonds est abondé à hauteur de 19,3 M€ par la Région Occitanie, 17,8 M€ par la Banque des Territoires et une participation de 3 € par habitant en moyenne par les intercommunalités et les départements impliqués. De telles actions s'avèrent cruciales puisque la dynamique future des ressources propres des régions dépendra de la relance économique de leur territoire. Il s'agit par conséquent d'une nouvelle stratégie financière consécutive à l'épidémie de la Covid-19. Plus de dépenses nécessite corrélativement plus de ressources. En 2019, les recettes de fonctionnement des régions et collectivités territoriales uniques ont augmenté de 3,5 %[4] grâce à la croissance de la cotisation sur la valeur ajoutée des entreprises (CVAE) et de la

1. La part du bloc communal s'élève à 56 %, soit 133 Mds €, et celle des départements à 29 %, soit 69,8 Mds €. RÉGIONS DE FRANCE, *Les chiffres clés des régions,* sept. 2019, p. 9.
2. LA BANQUE POSTALE, « Les finances locales », *Note de conjoncture,* sept. 2019, p. 13.
3. M.-Ch. STECKEL-ASSOUÈRE, « L'adaptation des règles budgétaires, fiscales et financières des collectivités territoriales durant l'état d'urgence sanitaire », *in* H. PAULIAT et S. NADAUD (dir.), *Crise de la COVID-19 : Réflexions sur un drame sanitaire*, LexisNexis, 2020, p. 159-172.
4. OBSERVATOIRE DES FINANCES ET DE LA GESTION PUBLIQUE LOCALES, *Les finances des collectivités locales en 2020*, 10 juill. 2020, p. 41.

TVA[5]. Cependant, les régions ne disposent pas d'un puits sans fond. De plus, la crise sanitaire va provoquer une baisse des recettes de la TVA, de la TICPE et de la CVAE entre 2021 et 2023[6].

Le troisième défi consiste subséquemment à surmonter une dégradation de leurs ressources tout particulièrement dans les régions et collectivités régionales d'outre-mer. Par exemple, selon l'étude publiée en 2017 par Régions de France, dans les recettes réelles de fonctionnement des comptes administratifs 2015, les impôts et les taxes représentent une part moins importante pour la Guadeloupe (60 %), la Guyane (63 %) et La Réunion (63 %) que pour la métropole (65 %). Par contre, la Martinique profite d'un potentiel fiscal plus élevé (69 %). Autre exemple, la part des dotations et des participations versées par l'État s'avère plus importante pour la Guadeloupe (36 %) et La Réunion (34 %) que pour la métropole (32 %), la Guyane (30 %) et surtout la Martinique (28 %)[7]. Dernier exemple, le rendement fiscal des impôts en pourcentage des recettes est plus faible. S'agissant de la CVAE, le taux est de 3,8 % en Guadeloupe, 3,9 % en Guyane, 4 % à La Réunion et 4,2 % en Martinique contre 18,5 % en métropole. S'agissant des impositions forfaitaires sur les entreprises de réseaux (IFER), le taux est de 0,8 % en Guadeloupe et à La Réunion, 0,9 % en Martinique, 1 % en Guyane contre 2,9 % en métropole. S'agissant des cartes grises, le taux est de 2,8 % en Guyane et en Martinique, 3,2 % en Guadeloupe, 4,2 % à La Réunion contre 9,1 % en métropole[8].

Avant d'expliquer les réactions des régions à ces tensions financières, la rigueur scientifique impose de prendre des précautions méthodologiques en formulant deux réserves sur l'analyse générale développée dans cette contribution. Première réserve, il subsiste toujours une exception à la règle. Dès lors, des cas particuliers non mentionnés pourront se distinguer des situations générales principalement évoquées ci-dessous. Deuxième réserve, comparaison n'est pas raison. Les régions et les collectivités régionales d'outre-mer « présentent une situation financière en moyenne plus dégradée que celles de métropole alors que les besoins d'investissement publics y sont plus importants »[9]. Ainsi, les régions et les collectivités régionales d'outre-mer se distinguent des régions hexagonales et parmi ces deux

---

5. LA BANQUE POSTALE, « Les finances locales », *Note de conjoncture – Tendances 2019 par niveau de collectivités locales* sept. 2019, p. 12.

6. LA BANQUE POSTALE, « Collectivités locales et Covid-19. De la gestion de crise à la relance économique », coll. « Accès territoires », juill. 2020, hors-série, p. 8.

7. RÉGIONS DE FRANCE, « Six propositions pour redonner des capacités financières aux régions et collectivités régionales d'outre-mer », mars 2017, p. 6-8.

8. *Ibidem*.

9. COUR DES COMPTES, *Les finances publiques locales – Rapport sur la situation financière et la gestion des collectivités territoriales et de leurs établissements publics*, LDf, oct. 2017, p. 157 ; *Rapport public thématique – La situation financière des communes des départements d'outre-mer*, LDf, 2011.

catégories, il existera aussi des spécificités[10] sur lesquelles les informations seront plus ou moins détaillées compte tenu des contraintes éditoriales et surtout de l'état des connaissances disponibles[11].

Si la loi n° 2015-29 du 16 janvier 2015 relative à la délimitation des régions, aux élections régionales et départementales et modifiant le calendrier électoral a officiellement et réellement renforcé le rôle des régions, leur situation budgétaire a régulièrement et véritablement été fragilisée par les réformes financières engagées par le Parlement depuis 2009 sous l'impulsion des gouvernements successifs. Afin d'adapter leurs moyens financiers aux nouvelles compétences exercées et de les ajuster à leur nouveau périmètre géographique[12] et à leur poids démographique[13], les régions tout particulièrement les régions fusionnées et plus spécialement les régions et les collectivités régionales d'outre-mer mettent en œuvre de nouvelles stratégies financières. D'un côté, elles optimisent mieux leurs ressources (I). D'un autre côté, elles rationalisent davantage leurs dépenses (II).

I. L'optimisation améliorée des ressources des régions

Pour mieux optimiser leurs ressources, les régions d'une part contestent les récurrentes baisses de dotations étatiques (A) et d'autre part revendiquent de nouvelles ressources propres locales (B).

A. La contestation des récurrentes baisses de dotations étatiques

La dotation globale de fonctionnement (DGF) a été créée par la loi n° 79-15 du 3 janvier 1979 pour aider les collectivités territoriales à couvrir leurs dépenses courantes. Elle regroupe plus de dix dotations étatiques et tend à se transformer en subvention[14] depuis qu'elle poursuit une triple vocation : assurer la compensation[15],

---

10. Au-delà des douze régions métropolitaines, la Corse a été érigée en collectivité à statut particulier le 1er janvier 2018. Parmi les régions et les collectivités régionales d'outre-mer, seules la Guadeloupe et La Réunion jouissent encore du statut de région, puisque la Guyane et la Martinique sont devenues le 1er janv. 2016 des collectivités uniques.

11. Pour en savoir plus : COUR DES COMPTES, *Les finances publiques locales*, *op. cit.*, p. 157-214.

12. J.-Cl. NEMERY (dir.), *Quelle organisation pour les grandes régions en France et en Europe ?* L'Harmattan, coll. « GRALE », 2015 ; F. RANGEON, « La réforme régionale de 2015, la réforme de trop ? », *in* T. PERROUD *et al.* (dir.), *Mélanges en l'honneur du professeur Marcou*, IRJS éditions, 2017, p. 333-340.

13. Certaines régions françaises sont dorénavant plus grandes et plus peuplées que certains États fédérés de l'État fédéral allemand ! La Nouvelle-Aquitaine possède même un territoire trois fois plus grand que la Belgique…

14. M. BOUVIER, « Fonctionnement/autonomie fiscale : vision historique d'un rapport ambigu », *in* ACUF/AMGVF/APVF, *La dotation globale de fonctionnement en question, éléments d'évaluation et perspectives*, 2015, p. 11.

15. M.-Ch. STECKEL-ASSOUÈRE, « Les enjeux de la réforme de la dotation globale de fonctionnement pour les intercommunalités XXL », *Bulletin Juridique – Collectivités Locales* juill.-août 2017, n° 7-8, p. 518-522.

privilégier la péréquation et favoriser l'intégration des communes dans des établissements publics de coopération intercommunale. Pour autant et bien qu'il ne s'agisse pas d'une ressource locale propre, la DGF présente des avantages notables pour les élus locaux puisqu'elle est librement affectée par eux, son montant progresse avec l'augmentation de la population et il existe un minimum garanti.

Les lois de finances pour 2011, 2012 et 2013 ont gelé en valeur la DGF et la loi n° 2013-1278 du 29 décembre 2013 de finances pour 2014 a diminué son montant de 1,5 milliard d'euros. Par la suite, la loi n° 2014-1653 du 29 décembre 2014 de programmation des finances publiques pour les années 2014 à 2019 et les lois de finances de 2015, 2016 et 2017 ont baissé de 28 milliards d'euros le montant de la part forfaitaire de la DGF attribué entre 2014 et 2017. Par exemple en 2016, la DGF – d'un montant de 33,3 milliards d'euros – était affectée à 58 % au bloc communal, 29 % aux départements et 13 % aux régions[16]. Ces dernières accusaient, durant l'année 2016, une baisse de 5,7 % des concours financiers de l'État (soit 443 millions d'euros de moins) par rapport à 2015. Grâce à l'augmentation de la fiscalité transférée de plus de 1,7 % (soit 115 millions d'euros)[17], le total des transferts financiers a toutefois seulement diminué de 2 % (soit 319 millions d'euros)[18].

Ces baisses successives ont été critiquées par tous les élus locaux de sorte qu'une rénovation de la DGF a été annoncée au profit du bloc communal[19], tandis que la suppression de la DGF est entrée en vigueur le 1er janvier 2018 au détriment des régions. Mais, conformément à la loi n° 2016-1917 du 29 décembre 2016 de finances pour 2017, les régions ont continué durant l'année transitoire 2017 à percevoir leur DGF et elles ont bénéficié en plus d'un fonds exceptionnel de 450 millions d'euros et de 50 % de la CVAE pour compenser la montée en puissance du développement économique et leurs nouvelles compétences jusqu'alors dévolues aux départements. Néanmoins, si le montant de la CVAE versé par les départements aux régions s'avérait supérieur aux dépenses réelles des compétences transférées, les régions avaient l'obligation de leur reverser le surplus sous forme d'attribution de compensation.

Depuis le 1er janvier 2018, les régions perçoivent en contrepartie de la disparition de leur DGF une fraction de TVA. Le partage de ce dynamique impôt d'État sur la consommation peut satisfaire les régions. Cette recette fiscale progresse incontestablement de plus de 2,7 % par an depuis 2009. En 2019, les régions ont ainsi

16. COUR DES COMPTES, *Les finances publiques locales*, *op. cit.*, p. 18.
17. Dont 95 millions d'euros de TICPE à la suite de l'attribution d'une fraction supplémentaire pour compenser le transfert de compétence en matière d'apprentissage.
18. COUR DES COMPTES, *Les finances publiques locales*, *op. cit.*, p. 21-22.
19. M.-Ch. STECKEL-ASSOUÈRE, « Les enjeux de la réforme de la dotation globale de fonctionnement pour les intercommunalités XXL », *op. cit.*

récupéré 4,3 milliards d'euros[20]. Ce potentiel reste, toutefois, conditionné par la croissance économique de la France. Le bât blesse, par contre, pour les régions et les collectivités régionales d'outre-mer où l'impact de la contrepartie de la DGF par de la TVA est réduit à cause du faible montant de leur DGF. En 2016, précisément, la Guadeloupe, la Guyane, la Martinique et La Réunion ont reçu 41,4 millions d'euros soit 0,9 % de la DGF de toutes les régions alors que l'insularité génère des besoins d'équipements décuplés. Pour cette raison, la commission Outre-mer de l'Association des Régions de France aurait préféré un échange de TVA calculé sur la DGF et la dotation générale de décentralisation[21].

Face aux revendications des élus locaux, le président de la République, Emmanuel Macron, s'était engagé après son élection en mai 2017 à ne pas baisser les dotations étatiques tant qu'un pacte financier signé entre les collectivités et l'État ne préciserait pas comment couvrir leurs dépenses. Aussi, les annonces au début du mois d'octobre 2017 de la suppression à partir du 1er janvier 2018 du fonds de soutien de 450 millions d'euros, de la contractualisation individuelle avec les plus grandes collectivités territoriales[22] pour aboutir à une baisse de 3 milliards d'euros des dépenses de fonctionnement avant 2022[23] et de l'introduction d'une règle prudentielle dans le Code général des collectivités territoriales en complément de la règle d'or ont provoqué le 28 septembre 2017[24] le retrait des régions de la Conférence nationale des territoires, la démission de son président et l'intention affichée de déposer une question prioritaire de constitutionnalité. En réaction, le Président de la République a annoncé qu'il était prêt à assouplir le projet d'encadrement de la capacité d'endettement des collectivités territoriales[25] pour ne pas altérer l'investissement public local. Force est de constater que si les collectivités territoriales assumaient encore 67 % de l'investissement public en 2016, ce chiffre

---

20. LA BANQUE POSTALE, « Les finances locales », *Note de conjoncture – Tendances 2019 par niveau de collectivités locales*, *op. cit*.

21. RÉGIONS DE FRANCE, « Six propositions pour redonner des capacités financières aux régions et collectivités régionales d'outre-mer », *op. cit.*, p. 9, 21.

22. À la lecture du rapport intermédiaire de la mission présidée par Alain Richard et Dominique Bur, auraient concernés toutes les régions, tous les départements et les 373 communes et 198 EPCI dont les recettes réelles de fonctionnement sont au moins égales à 30 millions d'euros. Ces experts s'écartent donc de la solution démographique retenue par le gouvernement dans le projet de loi de programmation des finances publiques pour 2018-2022 à savoir 50 000 habitants pour les communes et 150 000 habitants pour les communautés.

23. Les collectivités territoriales ayant les plus gros budgets devraient alors s'engager à ne pas dépasser un rythme de progression de leurs dépenses de plus de 1,2 % par an jusqu'en 2022.

24. Cette décision a été annoncée lors d'une conférence de presse commune des présidents de région.

25. Il s'est exprimé dans ce sens lors de la séance solennelle de clôture du Congrès des maires de France le 23 nov. 2017.

fut en constante diminution entre 2013 et 2016[26]. Par contre, un accroissement global de 13,4 % a été enregistré en 2019, mais avec un ratio plus faible pour les régions à savoir 10,5 %[27]. Au regard des chiffres de l'année 2018,

> « Si les régions consacrent 10 Mds € à l'investissement soit 20 % de l'investissement public local, leur part dans les dépenses de personnel est de seulement 6 %, soit 4 Mds €. Le taux d'épargne brute des régions en progression leur permet de financer les dépenses d'investissement tout en maîtrisant leur dette, pour une capacité de désendettement de 4,8 années »[28].

> « Après deux années de très forte hausse marquées par le transfert de la compétence transport des départements, les dépenses de fonctionnement des régions ont augmenté en 2019 de + 1,2 % et de + 2,3 % hors transports transférés. L'impact des dépenses de fonctionnement relatives aux compétences transférées est nettement moins fort en 2019 qu'en 2017 et 2018. La faible croissance des dépenses de fonctionnement de 2019 (+ 1,2 %) provient surtout de celle des dépenses d'intervention (+ 0,7 %), qui en représentent plus de la moitié. Les achats et charges externes ont en revanche augmenté de + 3,9 %. Les frais de personnel des régions et collectivités territoriales uniques (+ 2,3 %) ont évolué plus vite que ceux des autres niveaux de collectivités. Ceux liés à l'apprentissage ont fortement augmenté en 2019 (mais restent très marginaux)[29]. »

Pour mieux optimiser leurs ressources, les élus régionaux revendiquent aussi des ressources locales propres. En réponse, le président de la République s'est engagé lors du Congrès des maires de France le 23 novembre 2017 à réformer la fiscalité locale en profondeur.

B. La revendication de nouvelles ressources locales propres

Cette revendication de nouvelles ressources propres locales s'explique par l'écrêtement passé des ressources des régions les plus riches et par la suppression progressive et toujours d'actualité des ressources fiscales de toutes les régions.

Dans un premier temps, la création par la loi nº 92-125 du 6 février 1992 du Fonds de correction des déséquilibres interrégionaux poursuivait un objectif louable de péréquation horizontale au profit des régions métropolitaines et d'outre-mer dont le potentiel fiscal par habitant était inférieur d'au moins 15 % au potentiel

---

26. L'investissement public local est passé de 50,4 à 45,5 milliards d'euros entre 2013 et 2014 sachant que l'investissement public global a baissé de 84,9 à 78,6 milliards d'euros durant la même période. D. RIDORET, « Encourager l'investissement public des collectivités territoriales », *in Avis du Conseil économique social et environnemental*, Éditions des journaux officiels, 20 juill. 2015, p. 5.
27. LA BANQUE POSTALE, « Collectivités locales et covid-19. De la gestion de crise à la relance économique », *op. cit.*, p. 5.
28. RÉGIONS DE FRANCE, *Les chiffres clés des régions*, *op. cit.*, p. 8
29. OBSERVATOIRE DES FINANCES ET DE LA GESTION PUBLIQUE LOCALES, *Les finances des collectivités locales en 2020*, *op. cit.*, p. 40 et s.

fiscal moyen par habitant de l'ensemble des régions. Par contre, il aboutissait à niveler par le bas le potentiel fiscal des trois régions les plus favorisées à savoir l'Île-de-France, l'Alsace et Rhône-Alpes. Dans un second temps, ce fonds de péréquation horizontale a été remplacé par un dispositif de péréquation verticale par la loi nº 2003-1311 du 30 décembre 2003 de finances pour 2004. Sous l'empire de cette norme, une dotation de péréquation a été introduite dans la dotation globale de fonctionnement versée aux régions en complément de la dotation forfaitaire. Celle-ci se compose de la dotation générale de la décentralisation et des dotations de compensation et d'exonérations fiscales[30]. Bien que l'éligibilité et l'affectation dépendent du même pourcentage du potentiel fiscal par habitant, les dotations versées par l'État – et non plus les prélèvements opérés sur les régions les plus avantagées – assurent la diminution des écarts de richesses entre les régions. En outre, des règles spécifiques sont prévues pour la Corse et les régions d'outre-mer[31].

En vertu de la loi de finances rectificative nº 2000-656 du 13 juillet 2000, les régions ne perçoivent plus de taxe d'habitation[32] et conformément à la loi nº 2009-1673 du 30 décembre 2009 de finances pour 2010, elles ne bénéficient plus ni des taxes foncières ni de la défunte taxe professionnelle. À la place, elles disposent d'une fraction de CVAE et d'une part des IFER sur lesquelles elles ne peuvent ni modifier l'assiette ni voter le taux. Ainsi, la recentralisation tant décriée aujourd'hui trouve son origine dans la suppression de la taxe professionnelle. Les régions gardent, par contre, le produit de taxes indirectes sans levier fiscal[33] ou avec possibilité de voter un taux ou un tarif. Sont concernées par ce dernier cas de figure, la taxe sur les permis de conduire depuis 1983, la taxe sur les cartes grises depuis 1983, la taxe intérieure de consommation sur les produits énergétiques (TICPE) depuis 2007[34] ou la taxe de consommation sur les carburants pour l'outre-mer et l'octroi de mer régional.

---

30. Sont regroupées au sein de ces dotations, la compensation du transfert de la compétence formation professionnelle de 1983 à 2014, des lycées depuis 1986 et de l'apprentissage de 1994 à 2014, la dotation régionale d'équipement scolaire depuis 1986, l'exonération de la taxe habitation au profit des personnes de condition modeste depuis 1992, l'exonération de la part régionale du foncier non bâti agricole depuis 1993, la réduction des droits de mutation sur certaines cessions depuis 1995, l'expérimentation sur les TER depuis 1997 et sa généralisation en 2002 et la suppression des droits de mutation et de la part salaires de la taxe professionnelle depuis 1999. P. JARLIER, *Rapport d'information nº 556 – Pour une péréquation régionale plus juste*, Sénat, 15 juill. 2009, p. 18-19.

31. *Ibidem*, p. 19-20.

32. J.-E. SCHOETTL, « Conseil constitutionnel nº 2000-432 DC 12 juill. 2000 », *AJDA* 2000, p. 739.

33. Il s'agit de la taxe additionnelle à la taxe d'apprentissage depuis 2005 et de l'ancienne taxe régionale sur les droits de mutation, qui fut supprimée en 1999.

34. Elles peuvent récupérer au maximum 2,5 centimes par litre de gazole ou d'essence. M.-Ch. STECKEL-ASSOUÈRE, « Les interactions entre la recomposition territoriale et l'adaptation des finances locales », *in* M.-Ch. STECKEL-ASSOUÈRE (dir.), *Recomposition territoriale : la décentralisation entre enjeux et obstacles*, L'Harmattan, 2016, p. 77-97.

En 2016, les régions métropolitaines recueillaient 21,73 milliards d'euros de produits de fonctionnement, dont 14,61 milliards d'euros de recettes fiscales – en l'occurrence 4,79 milliards d'euros de fiscalité directe[35] et 9,82 milliards d'euros de fiscalité indirecte[36] –, et 6,89 milliards d'euros de dotations et participations[37] avec à l'intérieur 4,33 milliards d'euros de DGF, marquée par une baisse de 9,1 % par rapport à l'année 2015[38]. Alors qu'il s'agit de l'échelon jugé pertinent pour assumer les politiques structurantes, les régions possèdent de la sorte moins de prérogatives fiscales que les communes et les intercommunalités. Une telle évolution laisse perplexe ! Si les présidents de région ne réclament pas forcément de levier fiscal, c'est pour éviter de devoir endosser devant les électeurs la responsabilité de la hausse de la pression fiscale locale. Ils préfèrent plus fréquemment profiter des impôts d'État. Précisément, ils espèrent recevoir un panier de ressources dynamiques, composé d'une fraction plus importante de TVA que celle octroyée pour l'année 2018, et le cas échéant, d'une part de cotisation sociale généralisée ou d'un versement transport ou d'une taxe sur les sociétés d'autoroutes ou d'une taxe kérosène sur les vols intérieurs ou encore d'une fiscalité sur les réseaux numériques.

Les régions et les collectivités régionales d'outre-mer privilégient une solution intermédiaire, fondée à la fois sur la pérennisation de ressources fiscales nationales partagées à l'instar de la TVA et sur la restauration de ressources fiscales locales propres pour lesquelles elles détiendraient une marge de manœuvre. Dans cette logique, elles préconisaient en 2017 au Parlement de doubler le plafond de l'octroi de mer régional de 2,5 % à 5 % et d'étendre son champ d'application aux services, d'affecter une partie du produit de la taxe carbone aux collectivités d'outre-mer et de leur faire bénéficier de retours fiscaux liés à l'activité touristique[39].

> « Les recettes de fonctionnement des régions (29,2 milliards d'euros) augmenteraient en 2019 de 3,0 % sous l'effet de recettes fiscales en nette progression (+ 3,2 %). Depuis 2018, les régions perçoivent une fraction de TVA (4,3 milliards d'euros en 2019) en remplacement de leur dotation globale de financement. Cette fraction évolue comme la TVA totale, soit une anticipation de + 3 % pour cette année. De même, la CVAE, qui représente avec une masse de 7,5 milliards d'euros, 30 % des recettes fiscales, enregistrerait une progression de 6,8 %. Cette hausse serait même de 8 % en raisonnant en CVAE nette des reversements aux départements, ceux-ci étant

35. Soit une hausse de 1,1 % par rapport à 2016. COUR DES COMPTES, *Les finances publiques locales*, *op. cit.*, p. 49.
36. Soit une hausse de 3,5 % par rapport à 2016. *Ibidem*.
37. Soit une baisse de 5,1 % par rapport à 2016. *Ibidem*
38. Soit une baisse de 9,1 % par rapport à 2016. *Ibidem*.
39. S'agissant de la rétrocession fiscale sur leur politique touristique, elles prônent une taxe sur le débarquement comme en Corse et une part régionale de taxe de séjour. RÉGIONS DE FRANCE, « Six propositions pour redonner des capacités financières aux régions et collectivités régionales d'outre-mer », *op. cit.*, p. 19 et s.

figés. La TICPE (5 milliards d'euros), serait en revanche atone. Le RSA en Guyane est décentralisé, les dépenses comme les recettes retournant à l'État. Les dotations et compensations fiscales (1,8 milliard d'euros) diminueraient de 2,5 %, les principales composantes (compensations fiscales et DCRTP) faisant partie de la variable d'ajustement des concours financiers de l'État. La dotation générale de décentralisation (DGD) serait, quant à elle, stable. Les participations reçues (1,7 milliard d'euros) enregistreraient une forte croissance, + 7,8 %, sous l'influence des fonds liés aux trains d'équilibre du territoire dont certaines lignes ont été transférées aux régions avec une montée en puissance jusqu'en 2020[40]. »

Malgré ces évolutions encourageantes, les régions n'échapperont pas à la nécessité de rationaliser encore leurs dépenses.

II. La rationalisation accentuée des dépenses des régions

Les régions vont d'un côté poursuivre la baisse de leurs dépenses de fonctionnement (A) et d'un autre côté sélectionner leurs dépenses d'investissement (B).

A. La diminution des dépenses de fonctionnement

Entre 1986 et 2015, les dépenses totales des régions, hors remboursement de la dette, sont passées de 3,5 milliards d'euros à 27,5 milliards d'euros, soit une hausse de 7,9. Par ses études statistiques, La Banque Postale démontre clairement le rapport de causalité entre cette hausse de dépenses et les transferts de compétences de l'État vers les régions[41].

Il ressort, néanmoins, de sa note de conjoncture de septembre 2017 une légère diminution du rythme des dépenses de fonctionnement de 0,1 % par rapport au rythme des ressources de fonctionnement des régions[42]. Cette évolution prolonge la « baisse inédite » de l'année précédente puisque les charges de fonctionnement des régions métropolitaines s'élevaient à 16,31 milliards d'euros en 2012, 16,63 milliards d'euros en 2013, 16,90 milliards d'euros en 2014, 17,34 milliards d'euros en 2015 avant de décroître légèrement avec 17,16 milliards d'euros en 2016. Cette réduction s'expliquait alors par une baisse de 1,5 % des charges de gestion courante hors dépenses de personnel[43] et achats de biens et de services, qui augmentaient

40. LA BANQUE POSTALE, « Les finances locales », *Note de conjoncture – Tendances 2019 par niveau de collectivités locales*, *op. cit.*

41. LA BANQUE POSTALE, *Regard financier sur les régions. Analyse rétrospective et portrait des nouvelles régions*, févr. 2016, p. 10.

42. LA BANQUE POSTALE, « Les finances locales », *Note de conjoncture* sept. 2017, p. 10.

43. Malgré la revalorisation du point d'indice et l'application du glissement vieillesse technicité, les dépenses de personnel se stabilisent globalement et quasiment au point de révéler une relative décroissance des effectifs. Des gains sont, en revanche, retirés de la réduction du nombre d'élus locaux et des fonctionnaires de catégorie A. COUR DES COMPTES, *Les finances publiques locales*, *op. cit.*, p. 52-53.

légèrement et respectivement de 0,9 % et 1,9 %, et surtout une diminution de 3,2 % des subventions versées et de 4,7 % des charges financières[44]. Ces efforts sont d'autant plus remarquables que les régions ont assumé pour la première fois durant cette période le financement de l'aide régionale au recrutement de l'apprenti complémentaire et du plan « 500 000 formations »[45], bien qu'il fût, il est vrai, compensé par l'État.

Nonobstant l'arrêt en 2018 de la réduction des concours financiers de l'État aux collectivités territoriales, les dépenses de fonctionnement des régions sont susceptibles de progresser à nouveau. La montée en charge des compétences économiques et transports provoquera nécessairement une hausse des dépenses de fonctionnement pour toutes les régions si celles-ci ne réduisent pas leurs autres dépenses. Or, les régions fusionnées disposent d'une faible marge de manœuvre puisque les économies d'échelle ont déjà été réalisées[46]. En dépit des fusions, la plupart des structures[47] ont été maintenues pour conserver la proximité avec les administrés, pérenniser l'activité économique et ne pas perturber certains équilibres politiques. À cause des fusions, des surcoûts ont été générés par la réorganisation des services, la modification des supports de communication et des outils d'information, la mobilité des agents publics et le nivellement par le haut de leurs régimes indemnitaires[48] sans oublier la revalorisation des aides publiques et l'harmonisation par le bas des tarifs des services publics[49]. Plus rarement, les regroupements entre départements et régions en outre-mer ont provoqué des effets financiers désastreux. Par exemple, la Martinique et la Guyane ont été confrontées à une impasse budgétaire. Heureusement, elles ont pu profiter du fonds exceptionnel, créé par l'article 131 de la loi nº 2016-1918 du 29 décembre 2016 de finances rectificative pour 2016, pour surmonter leur situation financière particulièrement dégradée. Sur ce point, la distinction opérée par les deux enveloppes dudit fonds entre d'une part les départements de métropole et la Métropole de Lyon, et, d'autre part les départements d'outre-mer, les collectivités territoriales de Guyane et de Martinique, le département de Mayotte ainsi que les collectivités de Saint-Martin,

44. Pour comparer les exercices 2015 et 2016, la DGFiP a reconstitué *a posteriori* la situation financière des régions fusionnées afin de tenir compte de leurs nouveaux périmètres. *Ibidem*, p. 49.

45. *Ibidem*, p. 52.

46. La mutualisation des fonctions supports représentait une source non négligeable d'économie d'échelle.

47. Les sièges des anciennes régions ont été conservés alors qu'ils n'étaient pas adaptés pour accueillir les nouvelles assemblées pléthoriques. COUR DES COMPTES, *Les finances publiques locales*, *op. cit.*, p. 146.

48. COUR DES COMPTES, *Les finances publiques locales 2019, Fascicule 2 : Rapport sur la situation financière et la gestion des collectivités territoriales et de leurs établissements publics*, Paris, 2019, p. 77, 105 et s.

49. Les fusions offraient l'opportunité d'aligner le temps de travail sur la durée légale. *Ibidem*, p. 150.

de Saint-Barthélemy et de Saint-Pierre-et-Miquelon afin de tenir compte « de la situation particulière de certaines d'entre elles et des charges spécifiques auxquelles elles doivent faire face en raison de leur contexte économique et social et du poids de leurs dépenses liées aux allocations individuelles de solidarité » a été jugée conforme à la Constitution. Si conformément au principe d'égalité devant la loi, consacré par l'article 6 de la Déclaration des droits de l'homme et du citoyen du 26 août 1789, la loi « doit être la même pour tous, soit qu'elle protège, soit qu'elle punisse », le législateur peut régler de façon différente des situations différentes ou déroger à l'égalité pour des raisons d'intérêt général « pourvu que, dans l'un et l'autre cas, la différence de traitement qui en résulte soit en rapport direct avec l'objet de la loi qui l'établit »[50].

Les stratégies financières sont bien entendu différentes dans les collectivités d'outre-mer. Au-delà des enjeux démographiques et du développement insuffisant de l'intercommunalité,

> elles « présentent des caractéristiques propres aux petites économies insulaires : éloignement de la métropole où se trouvent les principaux partenaires commerciaux, accessibilité par les seules voies maritime et aérienne, géographie qui complique la circulation des marchandises, faible superficie induisant l'étroitesse des marchés, risques naturels élevés imposant parfois des normes et technologies particulières et coûteuses. La demande intérieure y est insuffisante pour permettre aux entreprises locales d'atteindre une taille critique. En 2015, les ménages d'outre-mer disposaient d'un revenu moyen disponible brut par habitant très inférieur à celui de l'Hexagone (73 % en moyenne du revenu moyen métropolitain hors Paris) »[51].

Par conséquent, les dépenses publiques sont considérables. En dépit des ressources tirées de l'octroi de mer et de la taxe spéciale sur les carburants[52], leurs charges de personnel excessives épuisent leurs budgets et rendent difficile l'autofinancement de leurs besoins d'équipements[53]. À titre d'illustration,

> « par rapport à leur niveau en métropole (45 euros par habitant), les charges de personnel représentent plus du double en Guadeloupe (123 euros) et Guyane (115 euros), et plus du triple à La Réunion (135 euros) et en Martinique (155 euros) »[54].

50. Cons. const. 8 déc. 2017, n° 2017-678 QPC, *Département de La Réunion*.

51. COUR DES COMPTES, *Les finances publiques locales*, *op. cit.*, p. 157-159.

52. À la lumière des comptes administratifs 2018, la taxe sur les carburants s'élève à 54 M€ pour la Guadeloupe, 48 M€ pour la Guyane, 83 M€ pour la Martinique, 142 M€ pour La Réunion et 23 M€ pour Mayotte, tandis que l'octroi de mer et la taxe additionnelle à l'octroi de mer représentent 83 M€ pour la Guadeloupe, 42 M€ pour la Guyane, 75 M€ pour la Martinique, 102 M€ pour La Réunion et 27 M€ pour Mayotte. RÉGIONS DE FRANCE, *Les chiffres clés des régions*, *op. cit.*, p. 46.

53. Cette surcharge est liée à la majoration des traitements et aux sureffectifs. *Ibidem*, p. 163, 175 et s.

54. *Ibidem*, p. 177.

La mission d'experts présidée par Alain Richard et Dominique Bur avait justement été chargée de réfléchir aux modalités d'une contractualisation financière entre l'État et les plus grandes collectivités territoriales pour rationaliser leurs charges de fonctionnement. Dans leurs conclusions intermédiaires de novembre 2017, ces experts préconisaient une prise en compte – bienvenue – des contraintes et des charges de chaque catégorie de collectivités territoriales avec un objectif d'évolution des dépenses réelles de fonctionnement pour l'année 2018, en valeur et à périmètre constant, de + 1,1 % pour le bloc communal, + 1,4 % pour les départements et + 1,2 % pour les régions et les collectivités uniques. Ils recommandaient, en outre, d'intégrer les budgets principaux et les budgets annexes, nets des dépenses de transfert, et de retrancher les atténuations de produits, les atténuations de charges et les remboursements de frais ou de charges de personnels refacturées entre le budget principal et les budgets annexes. Ils envisageaient, de surcroît, la signature des contrats avec les collectivités territoriales volontaires[55] avant le 30 juin 2018, mais suggéraient une reprise financière en 2019 ou en 2020 à partir de l'examen des comptes 2019 si l'année 2018 servait de phase expérimentale. Ils conseillaient, par ailleurs, à l'État de conclure des contrats individuels pour personnaliser les accords passés avec chaque collectivité territoriale et de tenir compte du poids financier des normes législatives notamment relatives à la fonction publique territoriale. Ils l'encourageaient enfin à instaurer un système de bonus/malus. Si les collectivités territoriales ne respectaient pas leurs engagements, elles subiraient une amputation des concours financiers ou de leurs ressources fiscales affectées. Au contraire, si elles tenaient bien compte du contrat, elles recevraient des dotations d'investissement. Dans ce dessein, la mission envisageait la création par le projet de loi de finances pour l'année 2019 d'une dotation d'investissement spécifique aux régions[56]. Cette solution présente l'avantage de compenser la suppression du fonds exceptionnel d'investissement à l'origine des relations conflictuelles entre le gouvernement et l'Association des Régions de France.

Sur la base de ces conclusions, la loi n° 2018-32 du 22 janvier 2018 de programmation des finances publiques pour les années 2018 à 2022 a fixé un objectif national d'évolution des dépenses réelles de fonctionnement des grandes collectivités territoriales et de leurs groupements de 1,2 % par an, appliqué sur la base des dépenses réelles de fonctionnement constatées en 2017, en valeur et à périmètre constant. Durant l'année 2018, sur les 322 collectivités territoriales

55. Si une collectivité territoriale refuse de passer un tel contrat avec l'État, elle sera tout de même soumise à l'objectif d'évolution annuelle des dépenses de fonctionnement de la catégorie à laquelle elle appartient. Conséquemment, elle pourra faire l'objet d'une reprise financière en cas d'écart sans obtenir de facilité en matière de dotations d'investissement si elle respecte la rationalisation de ses dépenses de fonctionnement.

56. A. RICHARD et D. BUR, *Rapport intermédiaire de la mission sur les enjeux de maîtrise de la dépense locale et des charges résultant des normes*, 2017, p. 1-33.

et intercommunalités concernées, 14 seulement ont dépassé le plafond autorisé ou négocié. Toutefois, 229 collectivités sur les 322 concernées – celles dont les dépenses de fonctionnement étaient supérieures à 60 millions d'euros – avaient signé un contrat, soit un taux de 71 % : 122 communes sur 145, 54 intercommunalités sur 62, 44 départements et 9 régions[57]. 17 collectivités s'étaient, au contraire, volontairement engagées dans la contractualisation. Ces chiffres s'expliquent par l'application du mécanisme de bonus/malus retenu. En cas de diminution conforme à l'objectif personnalisé ou national, les collectivités territoriales et les intercommunalités vertueuses obtiennent, en effet, une majoration de la dotation de soutien à l'investissement local si elles ont signé un contrat avec le préfet. Au contraire, en cas d'évolution supérieure, une reprise sur les 12es de fiscalité est opérée de 75 % de l'écart avec l'objectif dans la limite de 2 % des recettes réelles de fonctionnement en cas de contrat signé sinon le malus appliqué atteint 100 %[58].

Dès septembre 2019, la Cour des comptes avait préconisé d'ajuster le dispositif de contractualisation financière entre l'État et les collectivités territoriales dans la mesure où l'objectif de maîtrise des dépenses de fonctionnement semblait inatteignable[59]. Par la suite, toutes les collectivités territoriales ont dû assumer des dépenses imprévues pour protéger la santé publique. Par conséquent, la loi n° 2020-290 du 23 mars 2020 relative à l'urgence sanitaire pour faire face à l'épidémie de Covid-19 a suspendu pour l'exercice budgétaire 2020 le plafonnement à 1,2 % des dépenses réelles de fonctionnement. Pour autant, les chiffres de l'année 2019 s'avèrent encourageants.

> « Les dépenses de fonctionnement (22,5 milliards d'euros), fortement impactées par le transfert de la compétence transports en 2017 et 2018, retrouveraient une croissance limitée à 0,9 %. Les dépenses de personnel et les charges à caractère général garderaient cependant un rythme de progression relativement élevé (respectivement + 3,4 % et + 3,9 %) comparé à ceux des autres niveaux de collectivités, en raison de l'impact des compétences transférées récemment dont la montée en charge n'est pas totalement achevée. L'absorption dans les budgets des compétences transports, développement économique, formation professionnelle et apprentissage nécessite encore des adaptations en termes de ressources humaines et des dépenses administratives. Au contraire, les dépenses d'intervention, qui comprennent les participations aux organismes de transports, les subventions versées à des tiers, les dotations aux lycées..., se stabiliseraient à 14 milliards d'euros, aucun nouveau transfert important de compétences n'étant prévu en 2019[60]. »

---

57. Il s'agit de l'Auvergne - Rhône-Alpes, la Bretagne, les Hauts-de-France, la Bourgogne - Franche-Comté, le Centre-Val de Loire, le Grand-Est, la Guadeloupe, la Nouvelle-Aquitaine et La Réunion.

58. Art. 29 de la loi de programmation des finances publiques n° 2018-32 du 22 janv. 2018 et circulaire NOR INTB1806599J du 16 mars 2018.

59. COUR DES COMPTES, *Les finances publiques locales 2019*, Fascicule 2, *op. cit.*, p. 39 et s.

60. LA BANQUE POSTALE, « Les finances locales », *Note de conjoncture – Tendances 2019 par niveau de collectivités locales*, *op. cit.*, p. 12-13.

Les élus régionaux sont, toutefois, contraints de hiérarchiser leurs dépenses d'investissement.

B. La sélection des dépenses d'investissement

Les dépenses d'investissement des régions métropolitaines ont de manière globale baissé en 2016 « pour la première fois depuis cinq ans » avec une amputation de 368 millions d'euros, soit 4,4 % de moins. Cet affaiblissement s'explique par la forte contraction des subventions d'investissement versées aux organismes de droit privé, au bloc communal, aux organismes de transport et aux départements. Par contre, les dépenses d'équipement continuaient de progresser[61]. Certes, les chiffres 2017 témoignent d'une reprise timide des investissements de 0,3 milliard d'euros[62]. Les dépenses d'investissement pourraient augmenter de 3,7 %, mais il s'agirait d'un niveau bas d'où la nécessité de sélectionner, hiérarchiser ou reporter certains investissements. Les besoins d'investissement en matière de transport et d'établissements scolaires épuiseront inévitablement et rapidement les crédits d'investissement des régions, particulièrement en outre-mer.

Pour les régions métropolitaines, les transports surtout ferroviaires absorbaient d'ores et déjà un quart de leur budget. Or, depuis 2017, elles doivent assumer les transports non urbains de voyageurs et les transports scolaires à l'exception des élèves handicapés. Heureusement, depuis le 18 avril 2017, les régions définissent leur politique tarifaire pour le transport express régional (TER) et disposent de la faculté de choisir l'opérateur afin de faire jouer la concurrence entre la SNCF et d'autres sociétés pour l'exploitation de certaines lignes régionales. Les régions détiennent alors une certaine latitude pour réduire leurs dépenses. Une convention avait déjà été signée en 2017 entre l'État et six régions pour que dix-huit lignes à vocation régionale soient gérées localement avec des « trains d'équilibre du territoire » (TET).

Pour les régions et les collectivités régionales d'outre-mer, le sujet est encore plus préoccupant. Un retard conséquent des équipements publics ressort de l'étude d'impact de la loi n° 2017-256 du 28 février 2017 de programmation relative à l'égalité réelle en outre-mer. Cependant, les dépenses d'investissement des régions et des collectivités régionales ont augmenté, de 84 % entre 2013 et 2016, sous réserve de la Guadeloupe où elles ont chuté de 26 %[63].

Sur la base du rapport d'octobre 2017 de la Cour des comptes,

> « une telle situation tient au contexte économique, social et institutionnel [...], mais également à des défauts de gestion observés de façon récurrente au sein de ces collectivités, notamment à des charges de personnel trop importantes

61. COUR DES COMPTES, *Les finances publiques locales*, *op. cit.*, p. 55.
62. LA BANQUE POSTALE, « Les finances locales », *op. cit.*, p. 10.
63. COUR DES COMPTES, *Les finances publiques locales*, *op. cit.*, p. 191.

> qui obèrent les capacités d'autofinancement. Les difficultés de programmation des investissements qui en résultent affectent le niveau du service rendu, par exemple en matière de réseaux qui nécessitent des infrastructures locales en nombre et en qualité suffisants »[64].

De surcroît, le poids des dépenses d'investissement est encore plus élevé à cause de l'état du réseau routier de La Réunion qui achèvera sa nouvelle route du littoral en 2020 pour un montant de 1,6 milliard d'euros, des difficultés du transport aérien en Guyane et de l'urgente mise aux normes sismiques des établissements scolaires de la Guyane et de la Martinique. À cet égard, l'État français s'est engagé, dans le cadre d'un plan séisme Antilles, à lever 450 millions d'euros entre 2016 et 2020[65]. Dans un même souffle, les services de l'État devraient accompagner les régions et les collectivités régionales d'outre-mer en matière d'expertise et d'ingénierie pour piloter les projets d'investissement et améliorer leur gestion administrative et budgétaire[66]. Pour contrer les critiques formulées à l'encontre des crédits de la mission « outre-mer »[67] du projet de loi de finances pour 2018, Annick Girardin, ministre des Outre-mer, insiste sur la somme globale de 17 milliards d'euros réservée par l'État à l'outre-mer et sur la future prise en compte des négociations engagées depuis le 4 octobre 2017 dans le cadre des Assises de l'Outre-mer.

La situation financière de toutes les régions était préoccupante au regard de l'encours de leur dette qui ne cessait de croître : 32 % en plus entre 2012 et 2016[68]. Cependant, en 2018, les régions représentaient 19 % de la dette publique locale[69], et les chiffres de l'année 2019 étaient prometteurs jusqu'à ce que la crise sanitaire assombrisse l'avenir financier de toutes les catégories de collectivités territoriales. Au regard des résultats de l'année 2019,

> « Hors mouvements sur la dette, les recettes des régions et collectivités territoriales uniques augmentent plus vite que leurs dépenses pour la quatrième année consécutive. Cela leur permet de réduire une nouvelle fois leur besoin de financement, quasi nul en 2019 alors qu'il était de - 2 Md€ en 2014. Les remboursements de dette ont diminué de - 10,1 % tandis que les emprunts ont diminué de - 24,7 % : le flux net de dette est plus réduit que les années précédentes. Mais il est encore positif, ce qui se traduit à nouveau par une variation de fonds de roulement positive en 2019 (+ 0,1 Md€). L'encours de dette a augmenté en 2019 de + 0,7 %. La faiblesse de cette progression

64. *Ibidem*, p. 157-159.
65. *Ibidem*, p. 192, 194.
66. *Ibidem*, p. 213.
67. Ils devraient s'établir à 2,1 milliards d'euros en autorisations d'engagement et à 2,07 milliards d'euros en crédits de paiement. Cela représente 0,48 % du budget général soit une baisse de 0,01 % par rapport à 2017. N. DINDAR, *Avis n° 111 fait au nom de la commission des affaires sociales*, Sénat, 23 nov. 2017, p. 18.
68. COUR DES COMPTES, *Les finances publiques locales*, *op. cit.*, p. 57.
69. RÉGIONS DE FRANCE, *Les chiffres clés des régions*, *op. cit.*, p. 8.

constitue un fait marquant pour les finances régionales au regard des constats opérés les années précédentes (+ 3,1 % en 2018). Cette maîtrise de l'encours de dette, conjuguée à la forte augmentation de l'épargne brute (+12,4 %) améliore très significativement la capacité de désendettement des régions et collectivités territoriales uniques, qui s'abaisse à 4,3 ans. Plus aucune région ou collectivité territoriale unique n'a de capacité de désendettement supérieure à 12 ans depuis 2018. Seule La Réunion garde une capacité de désendettement supérieure à 8 ans en 2019, la collectivité territoriale unique de Martinique ayant amélioré sa situation à cet égard[70]. »

D'un point de vue stratégique, les régions doivent toujours maîtriser leurs dépenses de fonctionnement pour conforter leur autofinancement et ainsi avoir les ressources indispensables pour satisfaire leurs besoins d'équipements. De façon spécifique, les régions et les collectivités régionales d'outre-mer devraient réellement affecter l'octroi de mer et la taxe spéciale de consommation sur les carburants aux financements des investissements[71]. Dans la mesure où l'État érige les régions en moteur du développement économique pour relancer la croissance du pays, il doit également leur donner les moyens financiers de cette ambition sinon elles demeureront des colosses aux pieds d'argile[72] surtout en outre-mer. Il semble impertinent d'imaginer qu'il s'agisse d'un objectif inavoué pour éviter qu'une réelle régionalisation conduise à terme à de multiples demandes d'accession à la pleine souveraineté comme celle de la Nouvelle-Calédonie en France et celle de la Catalogne en Espagne.

Le Président de la République souhaitait, d'ailleurs, graver dans l'article 72 de la Constitution du 4 octobre 1958 un droit à la différenciation. Néanmoins, le projet de loi constitutionnelle pour une démocratie représentative, responsable et efficace déposé à l'Assemblée nationale le 9 mai 2018 a été abandonné. Il fut remplacé par le projet de loi constitutionnelle pour un renouveau de la vie démocratique, qui fut déposé à l'Assemblée nationale le 29 août 2019. Mais son inscription dans l'agenda parlementaire a été reportée aux calendes grecques à cause des obstacles juridiques et politiques auxquels le pouvoir exécutif était confronté pour réviser la Constitution. Conformément à l'étude du Conseil d'État[73] et dans la logique

70. OBSERVATOIRE DES FINANCES ET DE LA GESTION PUBLIQUE LOCALES, *Les finances des collectivités locales en 2020*, *op. cit.*, p. 42.

71. La taxe de consommation sur les carburants est « imputée en fonctionnement alors qu'elle est prioritairement destinée à financer les investissements liés aux réseaux routiers et aux infrastructures de transports ». *Ibidem*. p. 195.

72. R. PASQUIER, « Les régions dans la réforme territoriale. Des colosses aux pieds d'argile ? », *Cahiers français* 2016, nº 391, p. 20-25.

73. CE, *Les expérimentations : comment innover dans la conduite des politiques publiques ?* LDF, coll. « Les études du Conseil d'État », oct. 2019, p. 77.

de nos conclusions publiées en janvier 2020[74], la différenciation territoriale va être déployée à droit constitutionnel constant. Au cours du mois de juin 2020, le gouvernement a, en effet, annoncé le futur dépôt d'un projet de loi organique pour assouplir le principe d'expérimentation locale et conséquemment faciliter la différenciation territoriale. Les régions à l'instar des autres collectivités territoriales seraient habilitées à adapter les règles nationales[75] et à opter pour des transferts de compétences à la carte.

En revanche, le Sénat continue de plaider en faveur de la constitutionnalisation du principe de différenciation dans le cadre des 50 propositions pour le plein exercice des libertés locales, présentées par le président du Sénat, Gérard Larcher, le 2 juillet 2020 à la presse. Les sénateurs préconisent également, d'une part, d'attribuer aux régions un « bloc de compétences » en matière d'emploi, de formation professionnelle et d'enseignement supérieur, d'autre part, de conforter leurs prérogatives en matière de transition écologique, en outre, de confier au président de région la présidence de l'agence régionale de santé et enfin garantir l'autonomie financière. À cette fin, ils insistent principalement sur la nécessité d'insérer dans la norme suprême le principe selon lequel « qui décide paie », de réévaluer régulièrement les compensations financières des transferts de compétences et surtout d'adopter une définition *stricto sensu* des ressources propres à savoir des impositions de toute nature dont les collectivités territoriales fixent l'assiette, le taux ou le tarif[76].

Afin de lutter contre la crise économique consécutive à la crise sanitaire, Régions de France recommande dans le même esprit de confier aux régions le service public de l'emploi, de leur attribuer à nouveau la politique de l'apprentissage, de les ériger en chefs de file des politiques de la transition écologique, de développer leurs compétences en matière de mobilités et leur rôle dans l'organisation de la santé publique[77]… Or, l'exercice de nouvelles compétences exigera forcément une nouvelle adaptation des stratégies financières des régions !

(Actualisé le 11 juillet 2020)

---

74. M.-Ch. STECKEL-ASSOUÈRE, « Perspectives positives de la différenciation territoriale à droit constitutionnel constant », *Revue politique et parlementaire*, n° 1093, 2019, p. 178-192.

75. Elles pourraient pérenniser une expérimentation fructueuse même si celle-ci n'est pas généralisée sur l'ensemble du territoire. Par exemple, elles pourraient adapter le régime indemnitaire de leurs agents et les règles régissant les contrats de droit public.

76. SÉNAT, *Pour le plein exercice des libertés locales – 50 propositions du Sénat pour une nouvelle génération de la décentralisation*, 2 juill. 2020, p. 13, 16, 45 et s.

77. LA BANQUE POSTALE, *Collectivités locales et covid-19. De la gestion de crise à la relance économique*, *op. cit.*, p. 16.

L'ACTION EXTÉRIEURE DES COLLECTIVITÉS DÉCENTRALISÉES : UN RENFORT POUR LA PLANIFICATION TERRITORIALE

par

Nicolas KADA

Professeur agrégé de droit public
Université de Grenoble Alpes
Codirecteur du CRJ et du GRALE (GIS)

La coopération décentralisée n'est pas de ces notions qui sont les plus explicites. Elle nourrit en effet un certain mystère, que les praticiens comme les observateurs ne peuvent s'empêcher de regretter. Si l'on envisage sous ce nom générique toutes les formes de collaborations ou de relations existantes entre les collectivités territoriales françaises et leurs groupements avec des autorités locales d'autres États, elle s'intègre en réalité dans ce qu'il est d'usage de désigner comme l'action extérieure – ou internationale – des collectivités décentralisées. L'analogie n'est pas parfaite, l'action extérieure intégrant aussi des opérations unilatérales (comme en cas d'urgence ou d'aide humanitaire), mais le Code général des collectivités territoriales retient cette dénomination (CGCT, 1re partie, livre premier, titre unique, chapitre V) en la définissant de manière extensive. Ces précautions terminologiques préalables s'expliquent par la grande variété des collaborations existantes. Il peut en effet s'agir de coopérations dites de développement, généralement fondées sur des conventions (art. L. 1115-1 du CGCT), mais parfois motivées par une préoccupation humanitaire et hors de tout cadre conventionnel (art. L. 1115-1 al. 2 du CGCT). Il peut également s'agir de coopération transfrontalière (art. L. 1115-4-1 du CGCT) encouragée par le droit européen. Si ces coopérations s'appuient désormais le plus souvent sur des conventions ou sont assimilables à de la coopération transfrontalière ou territoriale, il subsiste toujours certaines actions plus informelles, héritées du jumelage ou animées par un objectif de prospection des entreprises étrangères par exemple.

Le décalage entre la pratique des collectivités et le régime juridique de l'action extérieure décentralisée a souvent été dénoncé. Le droit a notamment été fréquemment accusé de servir les seuls intérêts de l'État et d'entraver la libre administration des collectivités en ne prenant pas en compte la réalité de leur action internationale. Sans nier le fondement de ces critiques, il faut pourtant reconnaître que les quinze dernières années ont vu le droit de l'action extérieure profondément évoluer et se stabiliser, sous l'effet conjugué de plusieurs influences parfois contradictoires. Du fait des interventions répétées du droit du Conseil de l'Europe puis du droit de l'Union européenne notamment, mais aussi en raison d'un changement de position de l'État lui-même à l'égard de ces relations internationales des collectivités territoriales, le régime juridique est devenu à la fois plus complet, plus libéral et plus stable. « Aujourd'hui, l'État et les collectivités incarnent la diplomatie française »[1], écrivait déjà André Laignel, dans son rapport remis en janvier 2013 au ministère des Affaires étrangères. Si les influences extérieures ont ainsi incontestablement rendu ce droit plus complexe, les influences internes ont dans le même temps contribué à en sécuriser les pratiques. Le droit administratif français n'est donc pas resté insensible à ces évolutions, tant législatives que jurisprudentielles ou parfois simplement pratiques.

La progression régulière de l'encadrement juridique international et européen contraste quelque peu avec les hésitations et réticences nationales : le législateur comme le juge ont en effet semblé prudents face au développement de l'action internationale des collectivités territoriales, n'en stabilisant le régime juridique que récemment et recherchant toujours le même objectif : une plus grande sécurité juridique. À l'absence puis à l'instabilité des législations a donc succédé une relative sécurité du droit interne (I). À cette fluctuation des normes et aux dernières interrogations sur la compétence des collectivités territoriales répond désormais une offre stabilisée d'institutions de coopération en droit interne (II). Et cette stabilité du cadre juridique permet ainsi une vraie planification territoriale (III).

I. De l'instabilité à la sécurité

Longtemps silencieux face à une action internationale des collectivités territoriales pourtant bien réelle, le législateur est progressivement intervenu en complément d'une jurisprudence administrative de plus en plus prolixe. La quête d'une assise législative stable a ainsi permis une sécurisation croissante de l'activité de coopération décentralisée.

---

1. A. LAIGNEL, *Rapport sur l'action extérieure des collectivités territoriales française. Nouvelles approches, nouvelles ambitions* [consultable en ligne depuis févr. 2013].

A. La recherche de fondements législatifs adaptés

En se référant au principe constitutionnel d'indivisibilité de la République et au monopole du Président de la République qui en découle pour négocier et signer toute convention internationale, la moindre reconnaissance d'une compétence internationale dévolue aux collectivités territoriales a longtemps semblé exclue[2], sauf à être analysée comme un simple prolongement de la clause générale de compétence et donc nécessairement limitée par l'intérêt public local. Certes, on date traditionnellement d'un décret du 24 janvier 1956 le premier texte qui autorise une collectivité décentralisée – en l'occurrence la commune – à signer un accord avec une collectivité d'un autre État, mais il s'agit d'un texte isolé et à l'ambition très réduite, qui place déjà de telles coopérations pourtant modestes sous contrôle du ministère de l'Intérieur. En 1982, le législateur va accepter de reconnaître aux seules régions le droit de conclure des accords de coopération transfrontalière, mais avec l'autorisation du gouvernement. Le progrès est réduit, mais réel et le gouvernement va ensuite assouplir son contrôle, en procédant notamment par voie de circulaires[3]. Enfin, en ce qui concerne l'outre-mer, un droit exorbitant[4] plus libéral s'est progressivement mis en place dans le cadre de dispositions législatives et réglementaires spécifiques.

Mais il ne s'agit encore que de tâtonnements, loin des avancées majeures proposées par la loi d'orientation n° 92-125 du 6 février 1992 relative à l'administration territoriale de la République, dont le titre IV[5] est intégralement consacré à la coopération décentralisée. Est enfin reconnue explicitement la compétence extérieure des collectivités territoriales[6], même si des limites sont évidemment posées. Ce sont d'ailleurs ces limites que la jurisprudence va s'employer à préciser. Outre le respect des « engagements internationaux de la France », la coopération doit s'appuyer sur des conventions qui ne peuvent être conclues qu'avec des collectivités territoriales étrangères[7] et leurs groupements (art. 131-I, al. 1er de la loi n° 92-125), ce qui exclut

2. Cons. const. 19 juill. 1983, n° 83-160 DC, *Convention fiscale avec la Nouvelle-Calédonie*.

3. Circulaire n° 1789/SG du 26 mai 1983 relative à l'action extérieure des collectivités locales; Circulaire n° 2063/SG du 10 mai 1985 relative à l'action extérieure des collectivités locales; Circulaire n° 3242 du 12 mai 1987 relative aux relations internationales de la France et à l'action extérieure des régions et départements d'outre-mer.

4. Voir notamment : loi n° 82-1 171 du 31 déc. 1982 portant organisation des régions de Guadeloupe, de Guyane, de Martinique et de La Réunion; Circulaire du 12 mai 1987 relative aux relations internationales et à l'action extérieure des départements-régions d'outre-mer venant annexer la circulaire n° 2063/SG du 10 mai 1985 relative à l'action extérieure des collectivités locales; Loi n° 84-821 du 6 sept. 1984, portant statut du territoire de la Nouvelle-Calédonie.

5. Codifié à l'art. L. 1115-1 et s. du CGCT.

6. L'article 131 de la loi précisée indique ainsi que « les collectivités territoriales et leurs groupements peuvent conclure des conventions avec des collectivités territoriales étrangères et leurs groupements, dans les limites de leurs compétences et dans le respect des engagements internationaux de la France ».

7. « Autorités locales étrangères » depuis la loi n° 2007-147.

par conséquent les États au nom du respect de la souveraineté[8]. Ces conventions, en tant qu'actes administratifs de droit interne tels que les a qualifiés le Conseil d'État[9], sont en outre soumises au contrôle de légalité du préfet et l'obligation de leur transmission au représentant de l'État ouvre une possibilité de déféré préfectoral qui, seul, permet la pleine application de l'article 72 de la Constitution[10].

Ce régime juridique permet en outre au juge de vérifier l'existence d'un intérêt public local. Initialement restrictive, l'approche du juge a évidemment évolué face à la diversité des pratiques et le Conseil d'État a eu l'occasion d'apporter quelques précisions fort utiles à l'occasion de l'arrêt *Commune de Villeneuve-d'Ascq*[11] de 1995 avant que le gouvernement lui-même n'en reprenne les grandes lignes dans une circulaire interministérielle du 20 avril 2001. Exigeant notamment que l'action de coopération décentralisée, en s'inscrivant dans le cadre de l'exercice de la clause générale de compétence, réponde à un besoin de la population locale, le juge administratif se montre alors intransigeant… notamment lorsque la coopération s'inscrit dans le cadre d'une politique d'aide au développement ou d'urgence humanitaire. Certains jugements particulièrement sévères[12] n'étant fort heureusement pas généralisés[13], grâce aux premiers effets sensibles sur ce point de la loi du 2 février 2007.

Mais avant l'adoption même de cette loi, le droit de la coopération décentralisée s'était déjà sensiblement raffiné. Ainsi la loi n° 95-115 du 4 février 1995 d'orientation pour l'aménagement et le développement du territoire a-t-elle autorisé les collectivités territoriales françaises à participer au capital d'une personne morale d'un autre pays, en respectant des conditions précises[14], mais assouplies par la loi n° 99-533 du 25 juin 1999 d'orientation pour l'aménagement du territoire et la loi n° 2004-809 du 13 août 2004 relative aux responsabilités et libertés locales. De même, la loi n° 2005-95 du 9 février 2005 relative à la coopération internationale des collectivités territoriales et des agences de l'eau dans le domaine de l'alimentation en eau et de l'assainissement (communément dénommée « loi

8. Cons. const. 26 janv. 1995, n° 94-358 DC (*Rec. Cons. const.* 1995, p. 183).

9. CE avis 25 oct. 1994, n° 356281.

10. Cons. const. 9 avr. 1996, n° 96-373 DC (*Rec. Cons. const.* 1996, p. 43).

11. CE 28 juill. 1995, n° 129838, *JurisData* n° 1995-045591 (*Rec. CE* 1995, p. 324; *AJDA* 1995, p. 834, concl. R. Schwartz).

12. Deux jugements notamment ont marqué les esprits par leurs conséquences : TA Poitiers 18 nov. 2004, *Charbonneau contre département des Deux-Sèvres* (*AJDA* 2005, p. 486, note Y. Gounin) et TA Cergy-Pontoise 25 nov. 2004, *Préfet de la Seine-Saint-Denis*.

13. CAA Douai 13 mai 2004, *Éric Delcroix*, n° 02DA00929 et CAA Bordeaux 30 oct. 2007, *Département des Deux-Sèvres* (*AJDA* 2008, p. 198, note Y. Gounin; *JCP A* 2008, act. 40, note P. Combeau).

14. Les conditions requises sont une autorisation par décret (puis par simple arrêté préfectoral), une participation au capital de la personne qui ne dépasse pas 50 % et une soumission au contrôle de légalité du préfet. Voir à ce propos Cons. const. 26 janv. 1995, n° 94-358 DC.

Oudin ») a ainsi réglé la question du financement de la coopération décentralisée dans ces domaines techniques. Par la suite, la loi n° 2007-147 du 2 février 2007 relative à l'action extérieure des collectivités territoriales et de leurs groupements a bien davantage modifié en profondeur l'article L. 1115-1 du CGCT. Cette loi érige expressément la compétence internationale des collectivités territoriales comme une compétence à part entière, ce qui réduit sensiblement l'importance prise par l'exigence de satisfaire un intérêt public local dans le cadre de l'aide au développement. La signature d'une convention suffit désormais, convention dont le contenu et les aspects financiers deviennent cependant plus précis[15]. Cette exigence de convention est même suspendue en cas d'urgence humanitaire, tout au moins de manière temporaire.

Par la suite, la loi n° 2008-352 du 16 avril 2008 visant à renforcer la coopération transfrontalière, transnationale et interterritoriale permet à une collectivité décentralisée française de signer, dans certains cas, une convention avec un État étranger. Modifiant en ce sens l'article L. 1115-4 du CGCT, la loi précise en effet qu'une telle possibilité est désormais admise lorsque la convention a « vocation à permettre la création d'un groupement européen de coopération territoriale », sans lever toutes les incertitudes alors exprimées sur la constitutionnalité de ce nouveau dispositif.

La loi n° 2014-773 du 7 juillet 2014 d'orientation et de programmation relative à la politique de développement et de solidarité internationale est un texte qui ne vise pas spécifiquement les collectivités territoriales, mais qui entend encadrer l'ensemble de la politique de développement et de solidarité de la France. En ce sens, elle modifie l'article L. 1115-1 du CGCT qui dispose désormais que

> « dans le respect des engagements internationaux de la France, les collectivités territoriales et leurs groupements peuvent mettre en œuvre ou soutenir toute action internationale annuelle ou pluriannuelle de coopération, d'aide au développement ou à caractère humanitaire. À cette fin, les collectivités territoriales et leurs groupements peuvent, le cas échéant, conclure des conventions avec des autorités locales étrangères. Ces conventions précisent l'objet des actions envisagées et le montant prévisionnel des engagements financiers [...] ».

Outre la loi n° 2015-991 du 7 août 2015 portant nouvelle organisation de la République (dite « NOTRe ») qui remet en cause la clause générale de compétence des départements et régions, la loi n° 2016-1657 du 5 décembre 2016 dite « loi Letchimy » complète de nouveau le droit de l'action extérieure des collectivités territoriales. Adopté à l'unanimité à l'Assemblée nationale et au Sénat, ce texte comporte à la fois un article qui s'applique à toutes les collectivités françaises, leur permettant dans certains cas de passer des conventions avec des États étrangers, et

---

15. Hors champ d'application de l'art. L. 1115-1 du CGCT, la notion d'intérêt local demeure cependant essentielle (CAA Paris 1er déc. 2009, *Région Île-de-France*, n° 08PA04754, *JurisData*, n° 2009-018599).

des dispositions relatives à la coopération régionale des collectivités d'outre-mer, dans leurs voisinages respectifs. Certes, les conventions avec des États souverains, lorsqu'elles sont possibles, sont toujours soumises à l'accord préalable des autorités étatiques afin de préserver la cohérence de l'action diplomatique de la France. Mais la loi harmonise également et élargit le champ géographique des coopérations régionales menées dans l'océan Indien, la Caraïbe et autour du plateau guyanais. Les collectivités d'outre-mer peuvent désormais toutes orienter leurs actions extérieures vers les pays voisins dans le cadre de programmes-cadres de coopération régionale, adhérer dans certains cas à des banques régionales de développement et participer à leur capital, ou encore affecter des agents territoriaux auprès des représentations diplomatiques de la France[16].

B. La quête d'une plus grande sécurité juridique

L'influence externe, loin d'ébranler le dispositif normatif interne, l'a donc contraint à s'ouvrir tout en veillant à être davantage sécurisé. Le seul recours aux conventions de coopération illustre parfaitement cette double injonction de libéralisation et sécurisation des pratiques en vigueur dans ce domaine. C'est ainsi que l'article L. 1115-1 du Code général des collectivités territoriales consacre la convention de coopération décentralisée comme élément fondamental de la compétence reconnue aux collectivités territoriales en matière de relations internationales.

Certes, la nature juridique de cet instrument conventionnel a soulevé de nombreuses interrogations. Ces conventions doivent échapper à une soumission totale et exclusive au seul droit international et demeurer des actes de droit interne, selon une position largement partagée par la doctrine et affirmée dès 1994 par le Conseil d'État[17]. Qualifiées en outre de contrats administratifs, elles bénéficient cependant d'un régime jurisprudentiel bienveillant au regard de leur dimension internationale tout en relevant du droit administratif et de la compétence du juge administratif. Ainsi les tiers à la convention peuvent-ils saisir ce juge d'un recours pour excès de pouvoir contre les actes détachables de la convention (telle que la délibération initiale par exemple), mais la possibilité d'un recours en appréciation de légalité contre la convention elle-même semble plus difficile à mettre en œuvre, car ouverte à ce jour seulement aux « candidats évincés » dans le cadre d'un marché public[18] : il s'agit là d'une condition totalement inadaptée à la coopération décentralisée. En revanche, les collectivités signataires de la convention peuvent saisir le juge administratif d'un recours en déclaration de nullité suivi, le cas échéant, d'un

---

16. Par des conventions établies selon les règles fixées par le décret 2017-1060 du 10 mai 2017 (*JO* du 11 mai) relatif à la mise à disposition d'agents de la Guadeloupe, Guyane, Martinique, Mayotte et Réunion auprès d'une ambassade de France.

17. CE avis 25 oct. 1994, n° 356381.

18. Jurisprudence *Tropic* : CE Ass. 16 juill. 2007, n° 291545 (*JurisData* n° 2007-072199 ; *Rec. CE* 2007, p. 360, concl. Casas).

recours en responsabilité extracontractuelle. Enfin, le préfet peut également décider, dans le cadre de son contrôle de légalité, de déférer ces conventions (soumises à obligation de transmission) devant les juridictions administratives.

Or, la difficulté peut provenir de l'application, prévue par des dispositions conventionnelles, d'un droit étranger. Sur ce point, la jurisprudence a progressivement évolué. Le juge a ainsi admis, à partir des années 1960, l'existence de dispositions de droit étranger justifiant des dérogations à l'application du droit français[19]… avant d'accepter en 1999[20] une non-soumission totale de certaines conventions au droit français et donc à la compétence du juge national. Dans un tel cas, pour que celle-ci soit maintenue, il faut que la convention le précise explicitement[21]. Mais il est également possible que de telles conventions soient soumises au droit international privé, dans les cas certes restreints où l'on peut faire application des mécanismes prévus par le règlement CE n° 44/2001 du 22 décembre 2000 relatif à la compétence judiciaire. Enfin, en cas de conflit de lois, on peut également faire application du règlement CE n° 593/2008 du 17 juin 2008 sur la loi applicable aux obligations contractuelles qui dispose que, dans le cas où les parties n'ont pas expressément choisi une loi applicable, le contrat est alors régi, en vertu du principe de proximité, par la loi du pays avec lequel il est le plus lié.

Mais la sécurisation de la coopération décentralisée n'emprunte pas que la seule voie normative. L'État a enfin compris qu'il lui fallait accompagner et réguler cette coopération, au lieu d'entretenir une méfiance traditionnelle à son encontre. Ainsi, le délégué à l'action extérieure des collectivités territoriales (DAECT) institué par circulaire[22] en 1983 est nommé par décret en Conseil des ministres et dépend du ministère des Affaires étrangères. Son rôle a sensiblement évolué durant ces trente années d'existence vers une fonction de médiateur et facilitateur, en lien étroit avec la personnalité des personnes qui remplissent cette fonction. Par ailleurs, l'État s'est doté d'une Commission nationale de la coopération décentralisée (CNCD) avec la loi ATR du 6 février 1992, en dépit d'une première expérience peu concluante et des fortes réserves émises par le Sénat à son encontre. Chargée par la loi de tenir à jour un état de la coopération décentralisée et de formuler toute proposition tendant à son renforcement, elle est composée de représentants de l'État et de représentants de collectivités territoriales. Elle est présidée par le Premier ministre et son secrétariat est assuré par le DAECT ; installée en 1996, son bilan au terme d'une

---

19. CE 8 mai 1968, *Époux Fourny*, *Rec. CE* 1968, p. 289.
20. CE 19 nov. 1999, *Tégos*, n° 183648 (*JurisData* n° 1999-051496 ; *Rec. CE* 1999, p. 356 ; *RFDA* 2000, p. 833, concl. J. Arrighi de Casanova).
21. Pour preuve, l'arrêt CE 30 mars 2005, *SCP de médecins Reichheld et Sturtzer*, n° 262964, concernant une convention entre deux personnes publiques française et allemande, *JurisData* n° 2005-068228 ; *Rec. CE* 2005, p. 129 ; *AJDA* 2005, p. 1844, note M. Audit.
22. Circulaire n° 1789 du 26 mai 1983 relative à l'action extérieure des collectivités locales.

décennie était cependant en demi-teinte tant ses réunions restaient finalement rares et son fonctionnement alourdi par sa composition. La réforme[23] de cette structure (allègement de sa composition et instauration d'un bureau) à partir de 2006 a néanmoins permis quelques sensibles améliorations et un dialogue plus constructif entre l'État et les collectivités territoriales en matière de coopération décentralisée.

Au carrefour du droit administratif et du droit constitutionnel, du droit national et du droit européen, du droit et de la politique, l'action internationale – ou extérieure – des collectivités territoriales s'assimile donc à une notion juridique en manque d'unité, mais aussi à une politique publique en mal de reconnaissance. Liée à la souveraineté, à la frontière, à la citoyenneté et au service public, la coopération décentralisée doit également composer avec des contraintes d'ordre budgétaire et les nécessités d'un contrôle démocratique. Ces injonctions, parfois contradictoires, ont ainsi longtemps façonné un régime juridique désormais relativement stabilisé.

II. De la compétence à l'institutionnalisation

Dans ce contexte de recherche d'une plus grande sécurité juridique, l'institutionnalisation de la coopération est rapidement apparue comme une démarche bienvenue. Mais le recours à des instruments de coopération performants a d'abord nécessité d'éclaircir la question de la légalité de la compétence de chaque niveau de collectivités territoriales en la matière.

A. Une compétence à part entière ?

« Les formulations retenues par la loi Thiollière puis, encore plus largement, par la loi Canfin font basculer l'AECT d'une simple modalité de mise en œuvre des compétences internes des collectivités à une compétence proprement dite dans toutes les hypothèses dans lesquelles elles sont autorisées à intervenir »[24] explique Romain Bourrel. La loi de 2007 précitée avait permis aux collectivités d'intervenir par le biais d'une convention sans avoir à démontrer de manière explicite l'intérêt public local de leur action : celui-ci était en effet présumé dans le cadre de leurs compétences d'attribution. Elles pouvaient de surcroît également intervenir en cas d'urgence, sans nécessairement conclure dans ce cas une convention. La loi de 2007 avait donc modifié la nature de l'article L. 1115-1 du CGCT en consacrant l'intervention internationale des collectivités au rang de compétence d'attribution pleine et entière, permettant ainsi de dépasser l'obstacle de la clause générale de compétence qui exigeait de faire la preuve de l'existence d'un intérêt public local, c'est-à-dire direct pour les populations locales et non suspect de partialité.

23. Décret n° 2006-529 du 9 mai 2006.

24. R. Bourrel, « L'action extérieure des collectivités territoriales » *in* N. Kada *et al.*, *Dictionnaire encyclopédique de la décentralisation*, Berger-Levrault, 2017, p. 29.

Grandement facilitée dès 2007, l'action internationale des collectivités territoriales l'est encore davantage avec la loi de 2014 qui leur permet d'agir dans toutes les hypothèses sans nécessairement conclure de convention. Communes, départements, régions… tous les niveaux décentralisés bénéficient donc depuis lors d'une compétence d'attribution relativement large en matière internationale, même si la loi Canfin ne signifie pas pour autant le refus de tout contrôle de la part du juge administratif de l'existence d'un intérêt public local. Cette exigence subsiste alors dans certains cas[25]. Mais la suppression de la clause générale de compétence pour les régions et les départements par la loi n° 2015-991 du 7 août 2015 portant nouvelle organisation territoriale de la République a ravivé les interrogations. Est-ce que cette nouvelle réforme territoriale allait remettre en cause l'action extérieure des collectivités décentralisées ? En réalité, la loi de 2014 ayant expressément consacré l'action internationale des collectivités territoriales comme constituant une de leurs compétences, seule une mention contraire dans la loi de 2015 aurait pu les priver de toute capacité juridique d'intervention.

Lors de la Commission nationale de la coopération décentralisée (CNCD) du 4 juillet 2016, la secrétaire d'État chargée des Collectivités territoriales a néanmoins clarifié les conséquences de la loi NOTRe sur la capacité de toutes les collectivités territoriales françaises à agir à l'international, quelles que soient leurs compétences sur le territoire national. En effet, certaines collectivités, notamment les départements, s'étaient interrogées à la suite d'une réponse ministérielle ambiguë à une question écrite[26]. Pour la secrétaire d'État, il n'y a aucune hésitation : la nouvelle répartition des attributions en droit interne résultant de la loi NOTRe et la suppression de la clause générale de compétence pour les départements et les régions ne sauraient empêcher toutes les catégories de collectivités de poursuivre ou d'entreprendre des actions à l'international, même en dehors des sphères de compétence exclusive ou partagée qui leur sont assignées par la loi.

Une fois cette question de la compétence enfin tranchée de manière durable, quels outils sont-ils mis à disposition des collectivités territoriales par le droit interne ? En quoi le droit administratif permet-il d'organiser concrètement l'action extérieure des collectivités décentralisées ?

B. Une institutionnalisation variable

Les instruments offerts aux collectivités qui souhaitent entreprendre des actions extérieures ont évolué ces dernières années. Au-delà des outils issus du droit européen tels que le groupement européen de coopération territoriale (GECT) abordés dans d'autres contributions de ce même ouvrage, la convention demeure

25. L. DUTHEILLET DE LAMOTHE et G. ODINET, « Première pierre pour une basilique », *AJDA* 2016, n° 13, p. 712.
26. Question écrite n° 08444 de Mme Frédérique Espagnac, Sénat.

bien évidemment l'instrument privilégié : les collectivités peuvent se fonder sur l'article L. 1115-1 du CGCT issu de la loi du 7 juillet 2014 en concluant, le cas échéant, une convention; elles peuvent également fonder leur action sur les articles L. 1115-1-1 et L. 1115-2 pour intervenir dans des domaines spécifiques (eau, électricité, déchets ménagers, etc.). Mais le droit interne français offre désormais aux collectivités et à leurs groupements plusieurs instruments institutionnels susceptibles de répondre à leurs attentes.

Longtemps construite sur la base d'associations selon le modèle de la loi du 1er juillet 1901, l'action internationale des collectivités repose encore parfois sur cet outil[27]. Personne morale traditionnelle régie par le droit privé, l'association peut en effet accueillir parmi ses membres des partenaires étrangers et demeure ainsi une forme classique d'administration en tant que délégataire de la gestion d'un service public. Elle offre de surcroît une souplesse de gestion reconnue, bien qu'elle ne soit pas toujours adaptée à de telles coopérations internationales.

Le groupement d'intérêt public (GIP) est une autre possibilité à laquelle ont recours les collectivités décentralisées françaises. Personne morale de droit public *sui generis*[28], le GIP a été conçu pour regrouper des personnes morales de droit public ou de droit privé autour d'un projet commun, le GIP est institué par une convention approuvée par l'État et doté d'une autonomie administrative et financière, selon un dispositif encadré depuis 2011 par le législateur[29]. Érigé par la loi ATR du 6 février 1992 en instrument de la coopération décentralisée, il ne peut néanmoins être créé que pour une période déterminée avec des collectivités appartenant à des États membres de l'Union européenne et dans un champ restreint de coopération interrégionale et transfrontalière. L'État demeure par ailleurs très présent au sein du GIP, tant lors de sa création que par la reconnaissance d'un droit de visite, d'un droit d'information et même d'un droit de veto au préfet de région ou à son représentant. Dès lors, la formule n'a que peu séduit les collectivités qui lui ont très tôt préféré la formule du groupement européen de coopération territoriale. La loi n° 2008-352 du 16 avril 2008 a donc abrogé ce dispositif, sans toutefois remettre en cause les GIP déjà créés.

Il est également possible pour une collectivité territoriale et/ou un groupement de recourir à une société d'économie mixte locale (SEML) en accueillant en son sein une participation publique étrangère. Personne morale constituée sous forme de société anonyme, dotée d'un capital en actions, la SEML peut être librement créée pour réaliser les opérations autorisées dans le cadre de leur objet social.

27. Par exemple, le Pôle européen de développement (PED) créé en 1996 (frontière franco-belgo-luxembourgeoise).
28. Trib. confl. 14 févr. 2000, *GIP-HIS c/Verdier*, req. n° 3170, *Lebon*, p. 748.
29. Loi n° 2011-525 du 17 mai 2011 de simplification et d'amélioration de la qualité du droit, *JORF* 18 mai 2011, p. 8537.

Conformément à l'article 1522-1 du CGCT prévoit néanmoins que les collectivités étrangères et leurs groupements ne peuvent dans ce cas détenir, séparément ou à plusieurs, plus de la moitié du capital et des voix dans les organes délibérants. En outre, si les collectivités étrangères concernées ne relèvent pas d'un État membre de l'Union européenne, un accord interétatique est nécessaire au préalable. À ces deux réserves près, le recours à une SEML permet donc d'abriter des capitaux étrangers pour réaliser des opérations d'intérêt public : aménagement, construction ou exploitation d'un service d'intérêt commun. Leur statut a été largement refondu par le législateur au fil du temps, mais la formule demeure encore faiblement séduite tant les exemples de participation de collectivités étrangères à des SEML restent encore relativement rares.

Dans des cas (nécessairement plus restreints) de coopération transfrontalière, les collectivités françaises peuvent également avoir recours au district européen. Ce dispositif, créé par l'article 187 de la loi n° 2004-809 du 13 août 2004 relative aux libertés et responsabilités locales[30] permet en effet aux collectivités territoriales et à leurs groupements d'instituer, avec leurs homologues étrangers, un groupement local de coopération transfrontalière dénommé district européen, qui sera ainsi doté de la personnalité morale et de l'autonomie financière. L'objectif est alors de satisfaire des missions qui présentent un intérêt pour chacune des personnes publiques participantes et/ou de créer et gérer des services publics et les équipements afférents. En pratique, ces districts européens appliquent les règles des syndicats mixtes ouverts[31]. Selon Romain Bourrel, un tel dispositif présente

> « deux inconvénients majeurs. D'une part, la création d'un syndicat mixte entraîne le transfert des compétences des collectivités et les moyens de gérer lesdites compétences vers la nouvelle entité créée. D'autre part, le district européen doit avoir son siège sur le territoire français, mais pourrait gérer des services et équipements situés de l'autre côté d'une frontière »[32].

Enfin, le droit français a autorisé les collectivités et leurs groupements à adhérer à un organisme public étranger ou de participer au capital d'une personne morale étrangère. Selon l'art. L. 1115-4 du CGCT en effet, cette possibilité n'est néanmoins concevable que dans les limites des compétences des collectivités concernées et dans le respect des engagements internationaux de la France. D'autres conditions doivent impérativement être respectées : une autorisation préalable par arrêté du représentant de l'État dans la région, un total de la participation au capital d'une même personne morale de droit étranger des collectivités territoriales françaises et de leurs groupements ne pouvant dépasser les 50 % et une convention soumise au

30. Voir art. L. 1115-4-1 du CGCT.
31. Voir art. L. 5721 et s. du CGCT.
32. *BO cit.*, p. 32.

contrôle de légalité. Les exemples sont finalement à ce jour encore peu nombreux, toujours à proximité de la frontière franco-espagnole : l'un au Pays basque et l'autre en Catalogne.

III. La planification territoriale relancée

Ce qui peut apparaître évident dans les outre-mers constitue également une réalité en métropole : les territoires ultramarins sont certes particulièrement visés par la loi du 5 décembre 2016, mais celle-ci ne fait que mettre en lumière des enjeux de développement qui intéressent toutes les collectivités décentralisées françaises.

A. Un terrain d'application privilégié : les outre-mers

La loi du 5 décembre 2016 dite « Letchimy »[33] résulte d'une volonté politique forte et répond aux engagements pris par le Président de la République lors de son déplacement aux Antilles au mois de mai 2015. Adoptée à l'unanimité par les députés et les sénateurs, elle révèle un vrai consensus autour des enjeux de développement territorial en coopération avec les autres États et collectivités présentes à proximité. C'est une avancée notable pour les territoires ultramarins, mais plus largement pour l'ensemble des collectivités décentralisées, puisqu'elle renouvelle sensiblement les bases juridiques de toute intervention des collectivités ultramarines dans l'action diplomatique de la France. Certes, cela répond d'abord aux intérêts propres des collectivités concernées, mais satisfait également l'État puisqu'il s'agit, en parallèle, de promouvoir le développement de la francophonie. Les territoires ultramarins deviennent ainsi des « avant-postes » et des « ambassadeurs » de la France et de l'Europe en différents points du globe.

L'insertion des départements et collectivités d'outre-mer au sein de leur environnement régional est une préoccupation certes récente, mais désormais bien identifiée. Elle n'en demeure pas moins essentielle pour des régions ultrapériphériques aussi éloignées de l'Hexagone. Si la loi d'orientation pour l'outre-mer du 13 décembre 2000 en avait déjà posé les fondements et la loi de juillet 2011 relative aux collectivités territoriales de Guyane et de Martinique avait reconnu un rôle plus important à ces collectivités, cela paraissait encore insuffisant. Depuis 2011, les régions et départements peuvent notamment adhérer (en tant que membres associés) à des organisations internationales *via* le Conseil interministériel pour l'outre-mer : ce sont ainsi près d'une soixantaine d'actions de coopération conduites en près de cinq ans par les départements et régions d'outre-mer avec leurs pays voisins, dont plus d'une trentaine par les collectivités de Martinique, de Guadeloupe et de Guyane.

33. Loi n° 2016-1657 du 5 déc. 2016 relative à l'action extérieure des collectivités territoriales et à la coopération des outre-mer dans leur environnement régional.

Mais la consolidation de la coopération régionale répond également aux intérêts communs des collectivités d'outre-mer et de leurs pays voisins. Il est de l'intérêt de toutes les parties, ainsi que de celui de la France et, plus largement, de l'Union européenne, de pouvoir organiser une coopération étroite sur des domaines aussi variés que les transports, la sécurité civile, l'environnement, l'énergie, les services à la personne, la culture ou l'économie. Pourtant, le législateur français déplorait que l'insertion des collectivités françaises d'outre-mer dans leur environnement régional ne reste encore trop limitée. La loi et la circulaire du 3 mai 2017 qui en donne une explication détaillent ainsi de nouvelles procédures d'intervention. Le texte compte à la fois des dispositions générales, s'appliquant à l'ensemble des collectivités et groupements régis par le Code général des collectivités territoriales et des dispositions particulières aux outre-mer.

La loi comporte ainsi un article qui s'applique à toutes les collectivités françaises, leur permettant dans certains cas de passer des conventions avec des États étrangers, et des dispositions relatives à la coopération régionale des collectivités d'outre-mer, dans leurs voisinages respectifs. Les conventions avec des États souverains, lorsqu'elles sont possibles, sont toujours soumises à l'accord préalable des autorités de la République dans le cadre d'une procédure qui sauvegarde la cohérence de l'action diplomatique de la France. En outre, la loi harmonise et élargit le champ géographique des coopérations régionales menées dans l'océan Indien, la Caraïbe et autour de la Guyane. Les collectivités d'outre-mer peuvent également désormais situer leurs actions extérieures vers les pays voisins dans le cadre de programmes-cadres de coopération régionale, donnant ainsi une perspective à moyen terme aux actions entreprises. De plus, dans certains cas, elles peuvent adhérer à des banques régionales de développement et participer à leur capital. Enfin, elles peuvent affecter des agents territoriaux auprès des représentations diplomatiques de la France, par des conventions établies selon les règles fixées par décret en Conseil d'État.

B. Une promotion de la planification territoriale

En 2018, près de 5 000 collectivités territoriales françaises (régions, départements, communes et structures intercommunales) mènent au total plus de 12 000 projets de coopération à l'international dans plus de 140 pays différents. L'action internationale des collectivités territoriales ne concerne donc pas que les outre-mers, et le lien avec la planification territoriale se retrouve dans toutes les collectivités décentralisées. Changeant de nature et de sens en près d'un demi-siècle, l'action internationale a ainsi quitté le registre du simple échange culturel pour revêtir celui du marketing territorial et de la paradiplomatie.

L'action internationale constitue incontestablement un des éléments forts de transformation de la gouvernance territoriale, alors que la mondialisation des échanges et l'interdépendance économique croissante élargissent le champ d'activité des autorités locales. Le revers de cette évolution est bien évidemment que les collectivités se trouvent elles-mêmes confrontées à des défis contradictoires de compétitivité et de solidarité. Ainsi, en Europe, de nouvelles inégalités territoriales se développent, au profit des régions et des villes les plus riches. On parle parfois de nouveau paradigme, à savoir que l'attractivité territoriale semble désormais l'emporter sur les questions d'aménagement du territoire. Dans ce contexte, l'intégration européenne s'apparente en partie à une nouvelle structure d'opportunités, fournissant des ressources inédites aux acteurs territoriaux pour renforcer leurs positions vis-à-vis des administrations centrales : les collectivités décentralisées deviennent ainsi des alliées de poids pour la Commission européenne face aux États. La politique régionale dans les années 1970, la réforme des fonds structurels à la fin des années 1980, la politique de cohésion désormais comme les outils de type Interreg ou l'institutionnalisation du Comité des Régions permettent ainsi à la Commission européenne d'impliquer sans cesse davantage les collectivités territoriales dans le processus d'intégration européenne.

La politique étrangère, champ d'action qualifié traditionnellement de régalien, est ainsi devenue de fait une compétence partagée entre l'État et les collectivités territoriales. Sous l'influence des évolutions précédemment décrites, l'action internationale des collectivités territoriales a changé de nature et se fond désormais dans des stratégies globales de projection et d'attractivité territoriale. La planification territoriale intègre les différents instruments de l'action, au nom du marketing politique bien sûr, mais aussi dans une vraie réflexion de développement stratégique… d'autant plus cruciale que la métropole et *a fortiori* la capitale sont éloignées du territoire. L'action internationale des collectivités territoriales s'est toujours inscrite dans une perspective solidaire. Toutefois, elle est aujourd'hui devenue stratégique pour permettre à chaque territoire d'exister à l'international et de s'ouvrir à des pratiques différentes sur des sujets aussi universels que les échanges commerciaux, le réchauffement climatique ou encore la lutte contre les trafics de toute sorte…

Alors que la planification territoriale stratégique fait un retour remarqué dans de nombreux pays et régions du monde, l'action internationale des collectivités décentralisées apparaît donc comme un élément essentiel de cette nouvelle planification. Pourtant, selon Christophe Demazière et Xavier Desjardins, cette planification constitue toujours une

> « triple illusion : elle ne donne pas à voir le territoire, mais une mise en récit de celui-ci, elle n'est pas un moment d'élaboration d'une stratégie, mais un exercice tactique d'articulation de stratégies diverses, elle “planifie” moins qu'elle tente d'orienter, de guider, d'inciter, voire de justifier les dynamiques territoriales. Mais elle paraît toujours nécessaire, car elle répond à des fonctions très diverses : elle peut conforter des institutions nouvelles, rassurer les investisseurs publics et privés, favoriser la mise en cohérence de politiques

publiques au nom d'idéaux, parfois peu définis, comme le développement durable ou la cohésion sociale »[34].

Le retour de la planification territoriale a également surpris, car il ne s'est pas accompagné, comme on pouvait s'y attendre, d'une réaffirmation du rôle de l'État. Au contraire même, ce renouveau de la planification territoriale s'est réalisé dans un contexte de décentralisation approfondie et de mondialisation généralisée. C'est dans ce contexte que l'action internationale des collectivités décentralisées, traduite en outils juridiques efficaces, prend tout son sens, permettant aux différents acteurs d'une même zone géographique de se doter d'un projet de développement commun.

34. Ch. DEMAZIÈRE et X. DESJARDINS, « La planification territoriale stratégique : une illusion nécessaire ? », *Revue Internationale d'Urbanisme (Riurba)* 2016, n° 2.

L'APPORT TRÈS LIMITÉ POUR L'OUTRE-MER DE LA LOI NOTRe AU RENFORCEMENT DES RESPONSABILITÉS RÉGIONALES EN MATIÈRE DE PLANIFICATION DE L'AMÉNAGEMENT DU TERRITOIRE

par

Dominique BLANCHET

Maître de conférences HDR de droit public
CREDDI, Université des Antilles

La loi n° 2015-991 du 7 août 2015 « portant nouvelle organisation territoriale de la République » (NOTRe)[1] s'ouvre par un titre Ier qui s'intitule « Des régions renforcées ». Ce titre comporte un chapitre unique intitulé « Le renforcement des responsabilités régionales ». Ce renforcement est réel. Il s'est traduit par de nouvelles attributions à la région, notamment en matière de planification. C'est ainsi qu'en vertu de l'article 3 de la loi NOTRe, « la région élabore un schéma régional de développement économique, d'innovation et d'internationalisation ». L'article 8 de la loi prévoit pour sa part, l'élaboration par la région d'un plan régional de prévention et de gestion des déchets (PRPGD). Les dispositions de ces articles 3 et 8 étant applicables aux régions d'outre-mer, elles ont donc, à l'instar des régions métropolitaines, à élaborer le schéma et le plan ainsi prévus. Toujours pour renforcer les responsabilités régionales, la loi NOTRe, dans le prolongement de la loi du 27 janvier 2014 « de modernisation de l'action publique territoriale et d'affirmation des métropoles » (MAPTAM), qui fait de la région la collectivité

1. *JORF* 8 août 2015, texte n° 1.

chef de file dans le domaine de l'aménagement, a créé le schéma régional d'aménagement, de développement durable et d'égalité des territoires (SRADDET) dont elle confie, bien sûr, l'élaboration à la région.

La création du SRADDET, dont le régime est en partie fixé par les dispositions de l'article 10 de la loi NOTRe, est présentée comme une avancée importante dans la reconnaissance par le législateur d'un véritable pouvoir normatif à la région. Il est par exemple précisé dans l'étude d'impact de la loi NOTRe que « l'objectif est de mettre en place un SRADT rénové, prescriptif afin d'assurer l'intégration dans les documents d'urbanisme des orientations stratégiques définies à l'échelle régionale [...] »[2]. « Le bilan modeste du schéma régional d'aménagement et de développement du territoire (SRADT) en raison de son absence d'opposabilité aux schémas et plans infrarégionaux relevant de la compétence des autres échelons locaux » est souligné par les auteurs du rapport sénatorial pour justifier « son remplacement par le schéma régional d'aménagement et de développement durable du territoire dont les dispositions seraient opposables aux schémas et plans d'urbanisme infrarégionaux »[3]. Lors de la discussion sur l'article 6 du projet de loi, le sénateur Michel Delebarre indiquait que

> « le législateur a prévu que la région organisera les modalités de l'action commune de l'ensemble des collectivités en matière d'aménagement du territoire [...]. Pour permettre à la région d'assurer ce rôle [...] le projet de loi NOTRe propose, à juste titre, de renforcer le dispositif existant en faisant du SRADDT un schéma intégrateur et en renforçant des éléments prescriptifs »[4].

Au nombre des enjeux fondamentaux de simplification auxquels le SRADDET doit répondre, figure, selon le rapport au Président de la République relatif à l'ordonnance n° 2016-1028 du 27 juillet 2016, « la clarification du rôle des collectivités territoriales en octroyant à la région un rôle majeur en matière d'aménagement

---

2. Voir « Projet de loi portant nouvelle organisation territoriale de la République : étude d'impact », 17 juin 2014, p. 44.
3. Voir Sénat, *Rapport fait au nom de la commission des lois constitutionnelles, de la législation, du suffrage universel, du règlement et d'administration générale sur le projet de loi portant nouvelle organisation territoriale de la République*, par MM. Jean-Jacques Hyest et René Vandierendonck, n° 174, 2014-2015, p. 23-24.
4. Voir Sénat, « Compte-rendu intégral des débats », séance du 16 janv. 2015.

du territoire, en la dotant d'un document de planification prescriptif »[5]. D'après Julien Martin, « c'est une nouvelle ère qui s'ouvre pour les successeurs des SRADT inaugurant en la généralisant, une planification contraignante au niveau régional »[6].

Il reste, aux termes de l'article L. 4251-1 du Code général des collectivités territoriales (CGCT) dans sa rédaction issue de l'article 10 de la loi NOTRe, que ces dispositions relatives au SRADDET ne sont applicables ni à la région Île-de-France, ni aux régions d'outre-mer, ni aux collectivités territoriales à statut particulier exerçant les compétences d'une région. Sans doute, le gouvernement[7] a-t-il considéré que l'inapplicabilité à ces collectivités se justifiait par le fait qu'elles étaient déjà dotées de leur propre document de planification[8]. Il n'en demeure pas moins que pour la Guadeloupe, la Guyane, la Martinique, La Réunion et aussi Mayotte, le renforcement des responsabilités en matière de planification de l'aménagement n'est pas réalisé avec la loi NOTRe. Elle n'a pas touché, sinon marginalement ou indirectement, au régime du schéma d'aménagement régional (SAR). Aussi, pour les régions de Guadeloupe et de La Réunion et pour les collectivités territoriales de Martinique et de Guyane exerçant les compétences des régions, de même que pour Mayotte, les responsabilités restent réduites et strictement encadrées dans l'élaboration du schéma d'aménagement régional (I). Les responsabilités des collectivités ultramarines apparaissent par ailleurs d'autant plus réduites que la portée normative du schéma d'aménagement régional demeure restreinte (II).

I. Des responsabilités régionales restant réduites et strictement encadrées dans l'élaboration du schéma d'aménagement régional

Aucun SAR ne pourrait, en l'état actuel du droit, être établi sans l'intervention des autorités étatiques. Outre les autorités déconcentrées, les autorités centrales de l'État sont au cœur du dispositif décisionnel relatif à l'établissement des

---

5. Voir « Rapport au Président de la République relatif à l'ordonnance du 27 juill. 2016 relative aux mesures de coordination rendues nécessaires par l'intégration dans le schéma régional d'aménagement, de développement durable et d'égalité des territoires, des schémas régionaux sectoriels mentionnés à l'article 13 de la loi n° 2015-991 du 7 août 2015 portant nouvelle organisation territoriale de la République », *JORF* 28 juill. 2016, texte n° 28.

6. Voir J. MARTIN, « Une nouvelle normativité pour les SRADDET dans le respect de la décentralisation » *in* collectif GRIDAUH, *La planification territoriale stratégique : entre droit souple et droit dur, Études en l'honneur de Jean-Pierre Lebreton*, Les Cahiers du GRIDAUH, n° 29, LDf, 2015, p. 227.

7. L'exclusion de l'applicabilité à ces collectivités des dispositions relatives au SRADDET figurait dans le texte initial, à savoir le projet de loi n° 636 (2013-2014), à son art. 6.

8. Un schéma d'aménagement régional (SAR) pour les régions de Guadeloupe et de La Réunion ainsi que pour les collectivités territoriales de Martinique et de la Guyane, un plan d'aménagement et de développement durable appelé à devenir un SAR pour le département de Mayotte, un schéma directeur de la région Île-de-France (SDRIF) pour la région Île-de-France et un plan d'aménagement et de développement durable pour la Corse.

SAR. L'élaboration et l'adaptation des SAR sont sous contrôle étroit de l'État (A). Il en est ainsi en raison notamment de la soumission des SAR à un nombre important de normes et de documents (B).

A. L'élaboration et l'adaptation des schémas d'aménagement régionaux sous contrôle étroit de l'État

La loi NOTRe définit une procédure d'élaboration du SRADDET différente de celle qui existe pour les SAR. Son article 10, dans ses dispositions codifiées à l'article L. 4251-7 du CGCT prévoit que le SRADDET qui

> « est adopté par délibération du conseil régional [...] est approuvé par arrêté du représentant de l'État dans la région [...] qui s'assure du respect par le conseil régional de la procédure d'élaboration prévue [...], de la prise en compte des informations prévues à l'article L. 4251-5 et de sa conformité aux lois et règlements en vigueur et aux intérêts nationaux ».

C'est d'ailleurs, selon ces mêmes modalités que le SRADDET peut être révisé aux termes de l'article L. 4251-9 III du CGCT. Le pouvoir d'approbation ainsi confié au préfet de région résulte d'un amendement de la commission des lois du Sénat qui a modifié l'article L. 4251-5 VII issu du projet de loi prévoyant que « le schéma est approuvé par arrêté du représentant de l'État dans la région » et qui apparaissait comme étant trop discrétionnaire[9]. Ce caractère a donc été nettement atténué, y compris par la rédaction donnée à l'alinéa 3 de l'article L. 4251-7 du CGCT qui réserve la possibilité d'une non-approbation qu'en cas de non-conformité du schéma, en tout ou partie, aux lois et règlements en vigueur ou aux intérêts nationaux.

C'est au contraire, un large pouvoir discrétionnaire qui est conféré à l'État par les articles L. 4433-7, L. 4433-9, L. 4433-10 et R. 4433-3 et suivants du CGCT relatifs à l'élaboration et à l'adaptation des SAR. Les compétences d'élaboration et de révision du SAR sont certes partagées entre l'État et les autorités régionales, mais la décision finale, à savoir l'approbation, revient à l'État, qui plus est, à ses autorités centrales[10]. En effet, les SAR sont aujourd'hui encore, et depuis la loi n° 84-747 du 2 août 1984 « relative aux compétences des régions de Guadeloupe, de Guyane,

---

9. À ce sujet, le rapporteur de la commission des lois du Sénat, M. Jean-Jacques Hyest, précisait, lors de la discussion de l'art. 6 du projet de loi, « qu'il ne s'agit pas pour le préfet d'émettre un quelconque jugement sur l'opportunité de tel ou tel projet », voir Sénat, « Compte-rendu intégral des débats », séance du 16 janv. 2015.

10. Les autorités centrales sont très présentes dans l'élaboration et la révision des SAR. L'autorité compétente pour l'évaluation environnementale de ces derniers est, en vertu de l'art. R. 104-21 1° du Code de l'urbanisme, la formation d'autorité environnementale du conseil général de l'environnement et du développement durable (CGEDD). Cette autorité est aussi compétente pour l'évaluation environnementale des SRADDET. Par contre, c'est la mission régionale du CGEDD qui est compétente pour l'évaluation environnementale du plan d'aménagement et de développement durable de la Corse.

de Martinique et de La Réunion » qui les a créés, approuvés par décret en Conseil d'État conformément à l'alinéa 4 de l'article L. 4433-9 du CGCT. L'alinéa 5 de cet article a même institué un pouvoir de substitution de l'État au conseil régional qui n'a pas son équivalent pour le SRADDET[11]. L'État est par ailleurs obligatoirement associé à l'élaboration et à la révision du SAR. Son chapitre particulier valant schéma de mise en valeur de la mer (SMVM) est même soumis, pour son adoption, à l'accord du représentant de l'État. Cette mesure résultant de l'article R. 4433-7 du CGCT n'est, en revanche, pas prévue pour le SMVM du PADDUC[12]. L'État a en outre les moyens d'assurer la mise en conformité du SAR avec les normes supérieures soit existantes, soit qui seraient adoptées postérieurement à son approbation. Cette procédure de mise en conformité trouve son fondement à l'article L. 4433-10 du CGCT. Il peut d'ailleurs être mis en œuvre, sans délai, en cas d'urgence constatée par décret en conseil des ministres.

L'État dispose en quelque sorte d'un pouvoir de s'opposer au projet du conseil régional. Et c'est un pouvoir qu'il a eu l'occasion d'utiliser à plusieurs reprises[13]. Depuis la loi Grenelle 2, est, de plus, instituée, à l'article L. 4433-7 alinéa 5 du CGCT, une procédure de modification des SAR par décret en Conseil d'État qui trouve à s'appliquer lorsqu'il n'est pas porté atteinte à leur économie générale. Une procédure de modification est également fixée pour le SRADDET. Elle ne peut cependant être mise en œuvre, selon les dispositions de l'article L. 4251-9 du CGCT issues de l'article la loi NOTRe, que lorsqu'il n'est pas porté atteinte à son économie générale et que sur proposition du président du conseil régional. Les modifications sont alors adoptées par le conseil régional et le schéma modifié est transmis par le président du conseil régional au représentant de l'État pour approbation dans les conditions prévues à l'article L. 4251-7 du CGCT.

Des limites sérieuses ont été posées à la décentralisation des compétences d'élaboration et d'adaptation des SAR que la loi NOTRe n'a pas levées. Certes, elle a été conçue davantage en tant que loi de modernisation de l'organisation territoriale de la République que comme une loi d'approfondissement de la décentralisation[14].

---

11. Voir également art. R. 4433-14 du CGCT. Ce pouvoir de substitution s'applique en cas de non-adoption du SAR dans le délai de trente mois à compter du 1er janv. 1993. Il a été mis en œuvre pour le SAR initial de la Guadeloupe. La date limite ainsi fixée pour son adoption par le conseil régional ayant expiré, celui-ci n'était donc plus légalement compétent pour l'élaborer, depuis le 1er juill. 1995. Le SAR a alors été établi sous l'autorité du préfet.

12. Les dispositions des art. L. 143-9, L. 143-19, L. 143-23 et R. 143-6 du Code de l'urbanisme sur l'accord du représentant de l'État concernent le SMVM du schéma de cohérence territoriale que l'art. L. 4424-10 III du CGCT distingue clairement du SMVM du PADDUC.

13. S'agissant du SAR de la Martinique et de celui de la Guyane ; voir notamment D. BLANCHET, « Les schémas d'aménagement des régions d'outre-mer », *Droit de l'aménagement, de l'urbanisme et de l'habitat (DAUH)*, éd. Le Moniteur, 2013, p. 43, spec. p. 45 et 46.

14. Voir sur ce point, Sénat, « Rapport n° 174… », précité p. 16 et s.

Cela étant, son adoption même selon la procédure accélérée, aurait pu être saisie, y compris par les parlementaires ultramarins, comme une occasion pour faire évoluer les dispositions relatives au SAR, dans le sens d'une affirmation plus forte de la présence des autorités décentralisées. Il n'en a rien été, et l'objectif de renforcement des responsabilités régionales affiché par cette loi n'a pas été inscrit dans le régime du SAR qui est alors à différencier du SRADDET et plus nettement encore du plan d'aménagement et de développement durable de la Corse (PADDUC).

La loi NOTRe, en tant qu'elle porte renforcement des responsabilités régionales n'a pas eu à s'intéresser au PADDUC, car l'essentiel avait déjà été fait dans le domaine de l'aménagement du territoire au profit des autorités corses par la loi nº 2011-1749 du 5 décembre 2011 « relative au plan d'aménagement et de développement durable de la Corse ». Cette loi a entièrement décentralisé les procédures d'élaboration et d'adaptation du PADDUC[15]. L'élaboration du PADDUC est confiée par le législateur à la collectivité territoriale de Corse[16]. Il en va de même de sa révision et de sa modification telles que prévues par les articles L. 4424-13 et L. 4424-14 du CGCT. La procédure d'élaboration du PADDUC n'est d'ailleurs qu'en partie fixée par les autorités nationales ; l'article L. 4424-13 II du code prévoyant que des « délibérations de l'assemblée de Corse précisent la procédure d'élaboration prévue au présent article ». De même, ce sont des délibérations de l'assemblée de Corse qui, aux termes du III de l'article L. 4424-14 du CGCT, « précisent les procédures de modification et de révision prévues à cet article ». On sait aussi que le président du conseil exécutif de Corse exerce les compétences attribuées au préfet par les articles R. 123-7, R. 123-8, R. 123-13, R. 123-14, R. 123-18 et R. 123-20 à R. 123-23 du Code de l'environnement s'agissant de l'enquête publique à laquelle est soumis le projet de plan d'aménagement et de développement durable[17]. Le SAR, au contraire, est élaboré selon une procédure déterminée par la loi[18] et par décret en Conseil d'État[19]. La liberté n'est même pas laissée, en outre-mer, aux autorités

15. Ainsi que le précisent H. Coulombié et T. Gilliocq, « Le PADDUC représente un cas unique de décentralisation complète d'un document régional d'aménagement et d'orientation puisque, les autres documents comparables relèvent d'une approbation par l'État qu'il s'agisse du schéma directeur de la région Île-de-France ou des schémas d'aménagement des régions d'outre-mer » ; voir « PADDUC : retour à la case Corse », *Construction-Urbanisme*, nº 3, mars 2012, p. 10.

16. Voir art. L. 4424-9 et L. 4424-13 du CGCT.

17. Conformément à l'art. R. 4424-7 du CGCT.

18. Aux termes de l'art. L. 4433-9 du CGCT.

19. Ainsi que le prévoit l'alinéa 1er de l'art. L. 4433-9 du CGCT. Les dispositions du décret relatif à la procédure d'élaboration du SAR sont codifiées aux art. R. 4433-1 et s. du CGCT.

régionales de fixer les modalités d'élaboration de leur SAR. Elle existe pourtant avec la loi NOTRe au bénéfice des conseils régionaux de métropole pour l'élaboration de leur SRADDET[20].

Le domaine de la planification de l'aménagement a fait l'objet d'un large transfert d'attributions au profit des autorités corses. Elles sont dès lors, à la différence, des autorités ultramarines, nettement moins dépendantes des autorités centrales. Une plus grande liberté leur est encore laissée quant à la détermination du contenu du PADDUC qu'elles sont chargées d'élaborer.

> « Par une délibération particulière et motivée de l'assemblée de Corse, le PADDUC peut fixer, pour l'application de l'article L. 121-23 du Code de l'urbanisme, une liste complémentaire à la liste des espaces terrestres et marins, sites et paysages remarquables ou caractéristiques du patrimoine naturel et culturel du littoral et des milieux nécessaires au maintien des équilibres biologiques à préserver ».

La délibération qui « définit également la localisation desdits espaces, sites et paysages tient lieu du décret prévu à l'article L. 121-23 précité »[21].

Cette possibilité découle du I de l'article L. 4424-12 du CGCT. Celui-ci est complété par un II donnant la faculté à

> « l'Assemblée de Corse, par une délibération particulière et motivée de déterminer, grâce au PADDUC, les espaces situés dans la bande littorale définie à l'article L. 121-16 du Code de l'urbanisme dans lesquels peuvent être autorisés, dans les conditions que le plan précise et indépendamment des dérogations prévues à l'article L. 121-17 du même code, des aménagements légers et des constructions non permanentes destinés à l'accueil du public »[22].

Deux autres facultés sont encore reconnues au PADDUC par l'article L. 4424-11 du CGCT. C'est ainsi qu'il « peut préciser les modalités d'application, adaptées aux particularités géographiques locales, du chapitre Ier du titre II du livre Ier du Code de l'urbanisme sur les zones littorales et du chapitre II du titre II du livre Ier du même code sur les zones de montagne ». De plus, le plan « peut, compte tenu du caractère stratégique au regard des enjeux de préservation ou de développement présenté par certains espaces géographiques limités, définir leur périmètre, fixer leur vocation et comporter des dispositions relatives à l'occupation des sols propres auxdits espaces ». Il s'agit de dispositions qui sont assorties, le cas échéant de documents cartographiques dont l'objet et l'échelle sont déterminés par l'Assemblée

---

20. L'art. L. 4251-4 du CGCT dispose : « Les modalités d'élaboration du schéma régional d'aménagement, de développement durable et d'égalité des territoires sont prévues par délibération du conseil régional à l'issue d'un débat au sein de la conférence territoriale de l'action publique. »
21. Le législateur confère ainsi à l'Assemblée de Corse, un pouvoir réglementaire s'exerçant par substitution au pouvoir réglementaire central.
22. Ces dispositions autorisent en quelque sorte l'Assemblée de Corse, à apporter des dérogations supplémentaires à celles fixées par le législateur.

de Corse. La détermination de l'échelle des cartes du PADDUC et des documents qu'il intègre semble, puisque le législateur ou le gouvernement par décret ne fixe aucune échelle de carte, relever de la compétence exclusive de l'Assemblée de Corse[23]. Cette compétence est établie aux articles L. 4424-9 I pour la carte de destination générale des sols, L. 4424-10 pour les documents intégrés au PADDUC sous la forme de chapitres individualisés et L. 4424-11 du CGCT[24]. En revanche, c'est un décret qui fixe l'échelle du 1/100 000 pour les documents graphiques du SAR[25]. La seule liberté laissée aux autorités locales consiste à utiliser une ou des échelles plus réduites pour des zones de faible densité de la Guyane ou encore à fixer une échelle différente pour les cartes du SMVM[26]. Autant dire que la marge de manœuvre des autorités régionales en outre-mer en matière de planification de l'aménagement de leur territoire est loin d'être comparable à celle des autorités corses. Celle-ci se trouve encore limitée par le fait que les SAR sont soumis à un nombre important de normes et de documents.

B. La soumission des schémas d'aménagement régionaux à un nombre important de normes et de documents

La soumission à des normes supérieures n'est pas établie à l'identique pour les documents de la planification régionale que sont le SRADDET, le SAR, le PADDUC ou encore le schéma directeur de la région Île-de-France (SDRIF). Au vu des dispositions du CGCT, du Code de l'urbanisme et du Code de l'environnement, elle apparaît plus contraignante pour le SAR que pour le SRADDET ou le PADDUC. Le SAR, conformément à l'article L. 4433-8 du CGCT[27], doit respecter :

1. les dispositions particulières au littoral et aux zones de montagne prévues aux chapitres Ier et II du titre II du livre Ier du Code de l'urbanisme ainsi que les dispositions particulières aux zones de bruit des aérodromes prévues à l'article L. 112-3 du même code ;

23. L'indication a ici son importance. L'Assemblée de Corse peut par conséquent, grâce au choix des échelles, limiter les effets d'échelle, gagner en précision et consolider la portée normative du PADDUC et des documents qui y sont insérés. Une limite est néanmoins apportée à sa compétence, car le choix des échelles doit se faire, comme le prévoit l'art. L. 4424-9 I alinéa 5 du CGCT, dans le respect de la libre administration des communes et du principe de non-tutelle d'une collectivité sur une autre.
24. La question de leur constitutionnalité a été posée pour les art. L. 4424-9 I et L. 4424-11 II. Cette question a été renvoyée par le Conseil d'État (voir CE 14 sept. 2016, *Commune de Coti-Chiavari*, req. n° 400684) au Conseil constitutionnel qui les a déclarés conformes à la Constitution (voir Cons. const. 25 nov. 2016, *Commune de Coti-Chiavari*, n° 2016-597 QPC, *JORF* 27 nov. 2016, cons. 10).
25. Voir art. R. 4433-1 *in fine* du CGCT. C'est également un décret qui fixe l'échelle de la carte synthétique du SRADDET au 1/150 000 (voir art. R. 4251-3 issu du décret du 3 août 2016 « relatif au schéma régional d'aménagement, de développement durable et d'égalité des territoires »).
26. Voir art. R. 4433-2 du CGCT.
27. Selon la rédaction qu'en donne le CGCT consultable sur le site *legifrance.gouv.fr*.

2. les servitudes d'utilité publique et les dispositions nécessaires à la mise en œuvre d'opérations d'intérêt national ;
3. La législation en matière de protection des sites et des paysages ainsi qu'en matière de protection des monuments classés ou inscrits ;
4. Les dispositions prévues par les articles L. 111-1, L. 111-2 et L. 112-1 à L. 112-3 du Code rural et de la pêche maritime.

Il est donc posé, pour les SAR, une obligation de conformité dont le champ d'application est beaucoup plus large que celui de l'obligation de conformité faite au SRADDET et au PADDUC. En effet, aux termes de l'article L. 4251-2 du CGCT, « les objectifs et les règles générales du SRADDET respectent les règles d'aménagement et d'urbanisme à caractère obligatoire prévues au livre Ier du Code de l'urbanisme ainsi que les servitudes d'utilité publique affectant l'utilisation des sols ». On pourra noter dans un premier temps que l'obligation de conformité est faite aux objectifs et aux règles générales du SRADDET alors qu'elle est établie pour l'ensemble du SAR. Il apparaît dans un second temps que des législations autres que celles de l'urbanisme, telles que celles relatives à la protection des sites, des paysages et des monuments classés ou inscrits ainsi que celles relatives à l'agriculture et à la pêche maritime s'imposent, dans ce rapport de conformité, au SAR quand les objectifs et règles générales du SRADDET ne respectent que les règles générales en matière d'aménagement et d'urbanisme à caractère obligatoire[28]. Par ailleurs le CGCT, à son article L. 4433-8, impose au SAR d'être conforme aux dispositions nécessaires à la mise en œuvre d'opérations d'intérêt national tandis que son article L. 4251-2 3° ne prévoit qu'une prise en compte des opérations d'intérêt national pour les objectifs et les règles générales du SRADDET.

S'agissant de l'obligation de conformité aux servitudes d'utilité publique, elle semble être, du fait de la rédaction différente des articles L. 4433-8 et L. 4251-2 1° du CGCT, plus générale pour les SAR que pour le SRADDET[29]. De plus, c'est une obligation de conformité qui est discutable. Jean-Pierre Lebreton et Henri Jacquot ont regretté la présence des servitudes d'utilité publique dans la liste des normes applicables par exemple au SDRIF alors que cette exigence de conformité a été supprimée pour le plan local d'urbanisme (PLU) et n'a jamais concerné les

28. La notion de règles générales en matière d'aménagement et d'urbanisme à caractère obligatoire regroupe un ensemble de règles du livre Ier du Code de l'urbanisme dont le respect paraît s'imposer au SAR.

29. Les objectifs et les règles générales du SRADDET respectent les servitudes d'utilité publique affectant l'utilisation des sols. Le SAR, lui, doit respecter les servitudes d'utilité publique. L'absence de précision de l'art. L. 4433-8 2° peut être interprétée comme imposant au SAR le respect de toutes les servitudes d'utilité publique.

schémas directeurs et les schémas de cohérence territoriale (SCoT)[30]. L'obligation de conformité aux servitudes d'utilité publique a disparu pour le PADDUC qui, d'après l'article L. 4424-9 I du CGCT, « définit une stratégie de développement durable du territoire qui respecte les principes énoncés à l'article L. 101-2 du Code de l'urbanisme ». Assez curieusement encore, une obligation de conformité à la stratégie bas-carbone mentionnée à l'article L. 222-1-B du Code de l'environnement pourrait peser sur le SAR en vertu de l'article 206 de la loi du 17 août 2015 « relative à la transition énergétique pour la croissance verte »[31] alors que l'article L. 4251-2 3° f) du CGCT n'impose qu'une prise en compte de cette stratégie par le SRADDET.

La loi NOTRe n'a donc pas été l'occasion de lever un certain nombre de contraintes qui compliquent l'élaboration et l'évolution des SAR et qui n'existent pas pour d'autres documents de planification de niveau régional. Il faut voir qu'à l'obligation de conformité qui est effective pour le SAR[32], s'ajoute pour le document ultramarin une double exigence de compatibilité et de prise en compte. Est clairement posée pour le SAR, une obligation de compatibilité avec les objectifs et les orientations fondamentales du plan de gestion des risques d'inondation. Celle-ci résulte de l'article L. 4433-7 alinéa 5 du CGCT, lequel code établit d'ailleurs, à ses articles L. 4251-2 2° b) et L. 4424-9 II alinéa 2 une obligation similaire respectivement pour le SRADDET et le PADDUC. Un dispositif de mise en compatibilité est même prévu pour le SAR qui, en plus, et à l'instar du PADDUC, mais à la différence paraît-il du SRADDET[33], doit être compatible avec les dispositions de ce plan définies en application des 1° et 3° de l'article L. 566-7 du Code de l'environnement. Quant à l'exigence de compatibilité avec les objectifs de qualité et de quantité des eaux définis par les schémas directeurs d'aménagement et de gestion des eaux (SDAGE), laquelle est posée expressément par l'article L. 4251-2 du CGCT pour le SRADDET, elle pourrait très bien se fonder sur les articles L. 212-1 XI et L. 212-5-2 du Code de l'environnement pour le SAR dont le SMVM doit être compatible avec les documents stratégiques de bassin maritime[34].

---

30. Voir J.-P. LEBRETON et H. JACQUOT, « Les contraintes normatives pesant sur le SDRIF », *in* J.-P. LEBRETON, J.-P. BROUANT et Y. JÉGOUZO (dir.), « La révision du schéma directeur de la région Île-de-France ; approche juridique », Étude du GRIDAUH pour le compte de l'IAURIF, 2008, p. 44.
31. L'art. 206 de la loi ayant complété l'art. L. 4433-8 du CGCT par un 4°.
32. Une mise en conformité du SAR avec les règles supérieures est prévue à l'art. L. 4433-10 du CGCT. Il n'y a pas de dispositif similaire pour le SRADDET et pour le PADDUC qui, selon l'art. L. 4424-15 du CGCT, est concerné par une procédure de modification en vue de permettre la réalisation d'un projet d'intérêt général ou d'une opération d'intérêt national.
33. Par une interprétation restrictive de l'art. L. 4251-2 2° b) du CGCT.
34. Cette obligation de compatibilité découle de l'art. 123 de la loi n° 2016- 1087 du 8 août 2016 « pour la reconquête de la biodiversité, de la nature et des paysages ».

Pour ce qui est de l'exigence de prise en compte ou de prise en considération qui n'est pas dépourvue de portée juridique[35], elle ne doit pas, compte tenu de la rédaction des dispositions du CGCT, être considérée comme étant plus réduite pour le SAR que pour le SRADDET. Sans doute, ce code ne mentionne pour le SAR qu'une obligation de « prendre en compte les programmes de l'État » (art. L. 4433-8 dernier alinéa) et une obligation de prendre en considération « les plans et les programmes avec lesquels l'articulation du schéma est présentée dans le rapport » (art. R. 4433-1 1°) alors qu'il énumère à son article L. 4251-2 3° les cas, au nombre de sept, d'obligation de prise en compte faite au SRADDET. Cela dit, il n'y a pas pour le SAR de différence à établir entre les programmes de l'État quand pour le SRADDET l'obligation de prise en compte concerne précisément « les projets d'intérêt général et les opérations d'intérêt national répondant aux conditions fixées aux articles L. 102-1 et L. 102-12 du Code de l'urbanisme ». De plus, les plans et programmes visés à l'article L. 4433-7 1° du CGCT sont ceux d'une très grande diversité mentionnés à l'article L. 122-4 du Code de l'environnement, lequel ne les identifie pas clairement. Aussi, on trouve dans le rapport de présentation du SAR révisé de la Guadeloupe de juin 2011, une liste de vingt-deux documents, plans et schémas ainsi pris en considération alors même qu'ils ne font pas tous partie de ceux avec lesquels l'articulation du SAR doit être présentée[36].

On relèvera encore que l'obligation de prise en compte des opérations d'intérêt national faite au SRADDET et au PADDUC respectivement par les articles L. 4251-2 3° a) et L. 4424-9 II du CGCT paraît être une obligation de conformité pour le SAR qui doit les respecter au titre de l'article L. 4433-8 2° du même code. Il en serait de même de l'obligation de prise en compte pour le PADDUC des risques naturels et technologiques posée par l'article L. 4424-9 II précité qui semble devoir se transformer en obligation de conformité pour le SAR dès lors que ces risques font l'objet de plans de prévention ayant valeur de servitudes d'utilité publique alors visées par cet article L. 4433-8 2°. Enfin, l'exigence de prise en compte ou de prise en considération a des fondements extérieurs au CGCT. En vertu de l'article L. 371-4 II du Code de l'environnement, « le SAR prend en compte les orientations nationales pour la préservation et la remise en bon état des continuités écologiques » tout comme le SRADDET et le PADDUC. Par ailleurs, au titre de l'article L. 621-5 du Code minier, une obligation de prendre en compte le schéma départemental d'orientation minière existe pour le SAR de la Guyane.

---

35. À ce sujet, voir H. JACQUOT, « La notion de prise en compte d'un document de planification spatiale : enfin une définition jurisprudentielle », *DAUH*, 2005, p. 71. Le non-respect d'une obligation de prise en compte ou de prise en considération par le SAR, qui ignorerait l'acte ou la situation dont il doit être tenu compte, est susceptible d'être sanctionné par le juge.

36. Il n'y a pour ces documents, aucune indication du fondement de l'obligation de prise en considération par le SAR ; voir « SAR de Guadeloupe », juin 2011, partie I, « État initial et diagnostic », p. 18.

Aux contraintes existantes lors de la création du SAR, se sont donc ajoutées de nombreuses autres pour les autorités régionales chargées de les élaborer et de les faire évoluer. Il n'y a pas eu avec la loi NOTRe de renforcement des responsabilités des autorités ultramarines en matière d'aménagement du territoire. Ces responsabilités sont limitées et cela est d'autant plus vrai que la portée normative des SAR est, aujourd'hui encore, restreinte.

II. Une portée normative du SAR demeurant restreinte

Par comparaison à d'autres documents de planification régionale, le SAR, en l'état actuel de son régime juridique, n'apparaît pas comme un instrument adéquat pour réaliser la mission consistant à promouvoir l'aménagement de leur territoire que le législateur assigne aux autorités régionales en outre-mer. Son opposabilité directe est prévue pour certains documents, mais pas pour les autorisations individuelles (A). Cette opposabilité aux documents d'urbanisme a par ailleurs un champ matériel limité (B).

A. L'opposabilité directe du SAR prévue pour certains documents, mais exclue pour les autorisations individuelles

L'inopposabilité des schémas régionaux d'aménagement et de développement durable du territoire (SRADDT) prédécesseurs du SRADDET a fait l'objet de vives critiques de la part de la doctrine. Corinne Manson rappelle que « l'absence d'opposabilité des SRADDT, notamment justifiée par la nature générale et prospective du schéma est souvent présentée comme une insuffisance »[37]. Le professeur Marcou écrivait pour sa part que « rien ne s'oppose en droit, et à Constitution constante, à ce que la loi attribue une portée réglementaire au Sradt »[38]. Ces critiques du simple caractère prospectif des SRADDT ont donc été entendues par le législateur en 2015. En effet, la volonté exprimée avec la loi NOTRe de doter la région d'un véritable pouvoir normatif, s'est traduite par la reconnaissance d'un caractère prescriptif au SRADDET. Un pas important est donc franchi en faveur des régions concernées par ce schéma. Ce dernier atteint un niveau d'opposabilité comparable à celui qui existait avant la loi NOTRe pour le SDRIF et pour les SAR et qui existe encore pour les schémas francilien et ultramarins après 2015.

SDRIF, SAR et SRADDET sont tous, aujourd'hui, opposables, dans un rapport juridique de compatibilité, aux SCoT, et en l'absence de SCoT, aux PLU, aux cartes communales et aux documents en tenant lieu. Dans le CGCT, l'obligation de compatibilité des documents locaux d'urbanisme avec le SRADDET et le SAR figure respectivement aux articles L. 4251-3 et L. 4433-8 dernier alinéa. Elle découle

37. Voir C. MANSON, « Les schémas régionaux d'aménagement et de développement durable du territoire (Sraddt) », *DAUH*, 2013, p. 41.
38. Voir G. MARCOU, « Les trente ans de la région : et demain ? », *AJDA* 2012, p. 746.

également des articles L. 131-1 et L. 131-7 du Code de l'urbanisme pour ce qui est notamment du SRADDET, du SAR et du SDRIF. Il est alors évident que la loi NOTRe qui a accru la portée normative du document de planification de l'aménagement devant couvrir les régions métropolitaines hors Île-de-France, n'a quasiment rien apporté au renforcement de l'opposabilité du SDRIF et surtout des SAR. Dans sa rédaction résultant de l'article 10 de la loi NOTRe, l'article L. 4251-3 du CGCT fixe une double obligation, pour les plans de déplacements urbains (PDU), les plans climat-énergie territoriaux et les chartes des parcs naturels régionaux, de prise en compte des objectifs du SRADDET et de compatibilité avec les règles générales du fascicule de ce schéma. Rien de tel n'est par contre prévu au profit des SAR par le CGCT qui, en plus, détermine une procédure de mise en compatibilité avec les règles du SRADDET, de l'ensemble des documents inférieurs concernés[39]. Il y a sans doute, s'agissant des SAR, une lacune dans le CGCT que la loi NOTRe n'a pas comblé. Cette loi n'a pas permis non plus de corriger quelques contradictions existant entre législations[40]. Elle ne reconnaît pas par ailleurs au SAR une portée normative identique à celle du PADDUC.

Il est certain que le SAR n'est pas un document dépourvu de tout effet quant à l'utilisation des sols et à la réalisation d'opérations d'aménagement. On sait que le document ultramarin a valeur de SCoT afin d'écarter la règle de l'urbanisation limitée[41]. En outre, c'est parce que le SMVM du SAR aura identifié les secteurs occupés par une urbanisation diffuse que des opérations d'aménagement seront possibles dans la zone des cinquante pas géométriques[42]. Le SAR emporte encore des effets sur l'institution du droit de préemption dans les espaces naturels sensibles. L'article 110 de la loi du 8 août 2016 « pour la reconquête de la biodiversité, de la nature et des paysages » ajoute un quatrième alinéa à l'article L. 215-2 du Code de l'urbanisme ouvrant la possibilité d'une délimitation de zones de préemption dans les espaces, sites et paysages, à condition qu'ils aient été préalablement identifiés

39. Cette mise en compatibilité intervient, aux termes de l'art. L. 4251-3 dernier alinéa du CGCT, lors de la première révision qui suit l'approbation du schéma. La procédure de mise en compatibilité des SCoT, des PLU, des cartes communales et des documents en tenant lieu, avec le SAR se trouve à l'art. L. 131-3 (qui intéresse aussi le SRADDET) et à l'art. L. 131-7 alinéa 2 du C. urb. Cette mise en compatibilité prévue par le C. urb. ne s'applique pas d'ailleurs spécifiquement au cas du SAR.

40. Aux termes de l'art. L. 331-15 II du Code de l'environnement, « la charte du parc national doit être compatible avec le schéma d'aménagement régional ». Or, l'art. L. 331-4 dudit code semble donner à la charte d'un parc national valeur de servitude d'utilité publique dont le respect s'impose au SAR en vertu de l'art. L. 4433-8 du CGCT.

41. Au même titre que le SDRIF et le PADDUC si l'on se réfère au dernier alinéa de l'art. L. 142-4 du C. urb.

42. Suivant les dispositions de l'art. L. 121-40 du C. urb.

par le SAR. Dans tous les cas toutefois, c'est de façon indirecte que le SAR peut avoir des incidences quant à l'utilisation des sols. Sa portée normative est par conséquent moins contraignante que celle du PADDUC.

En plus de s'imposer, comme les SAR, aux SCoT et en leur absence aux PLU, cartes communales et aux documents d'urbanisme en tenant lieu, le PADDUC, pour ses dispositions qui précisent les modalités d'application adaptées aux particularités géographiques locales, des lois « Littoral » et « Montagne », est directement opposable, ainsi que le prévoit l'article L. 4424-11 du CGCT,

> « à toute personne publique ou privée pour l'exécution de tous travaux, constructions, défrichements, plantations, aménagements, installations et travaux divers, la création de lotissements, l'ouverture de terrains de camping ou de stationnement de caravanes, l'établissement de clôtures, la réalisation de remontées mécaniques et l'aménagement de pistes, l'ouverture de carrières, la recherche et l'exploitation des minerais et les installations classées pour la protection de l'environnement »[43].

Qui plus est, le II de ce même article précise que

> « les dispositions du PADDUC relatives à l'occupation du sol propres à certains espaces géographiques limités ayant un caractère stratégique au regard des enjeux de préservation ou de développement qu'ils présentent et dont le plan délimite le périmètre et fixe la vocation, sont, en l'absence de SCoT, de PLU, de schéma de secteur, de carte communale ou de document en tenant lieu, opposables aux tiers dans le cadre des procédures de déclaration et de demande d'autorisation prévues au Code de l'urbanisme ».

Des dispositions prévoyant une opposabilité directe du SAR sont, en revanche aujourd'hui, inexistantes.

Les SAR n'ont pas retrouvé avec la loi NOTRe, certains effets directs comparables à ceux du PADDUC et à ceux des directives territoriales d'aménagement (DTA) qu'ils avaient jusqu'à l'entrée en vigueur de la loi « Grenelle 2 » du 12 juillet 2010[44]. Ils ne sont plus opposables directement aux autorisations d'utilisation et d'occupation des sols, comme l'a rappelé le Conseil d'État dans son arrêt du 21 mai 2014 *Société centrale des carrières*[45]. La loi NOTRe aurait pu rétablir le fondement textuel de l'opposabilité directe des SAR aux autorisations individuelles d'occupation et d'utilisation des sols. Elle ne l'a pas fait, alors que curieusement,

43. Comme indiqué aux art. L. 121-3 et L. 122-2 du C. urb.

44. L'art. 13 V de la loi n° 2010-788 du 12 juill. 2010 « portant engagement national pour l'environnement » a supprimé les dispositions du dernier alinéa de l'article L. 4433-8 du CGCT qui attribuait aux SAR « les mêmes effets que les directives territoriales d'aménagement définies en application de l'article L. 111-1-1 du Code de l'urbanisme ».

45. Pour une analyse plus détaillée de cet arrêt, voir D. BLANCHET, « L'opposabilité directe exclue en l'absence de fondement textuel et la portée limitée discutable des schémas d'aménagement des régions d'outre-mer », *Construction-urbanisme* juin 2015, n° 6, p. 9 et s.

l'article 7 II de l'ordonnance n° 2012-787 du 31 mai 2012 « portant extension et adaptation à Mayotte du Code de l'urbanisme » fonde cette opposabilité directe pour le plan d'aménagement et de développement durable de Mayotte (PADDUM), document assimilé au SAR[46] qui doit d'ailleurs le remplacer. À l'évidence, la portée normative du SAR reste restreinte. Elle l'est d'autant plus que l'opposabilité du SAR a un champ matériel réduit.

B. L'opposabilité du SAR limitée par un champ matériel réduit

L'opposabilité, dans un rapport de compatibilité, du SAR aux SCoT et en leur absence aux PLU, aux cartes communales et aux documents en tenant lieu, ne peut jouer efficacement qu'en tant que les dispositions du SAR concernent matériellement, c'est-à-dire par la matière visée, les dispositions de ces documents d'urbanisme inférieurs. En clair, s'il n'est pas prévu, pour le SAR, qu'il fixe des orientations, des objectifs et des principes en matière d'habitat, il peut difficilement, dans ce domaine, s'imposer aux SCoT, aux PLU et aux cartes communales pour leurs dispositions qui y sont relatives. Tel est bien le cas pour le SAR puisque parmi les matières visées à l'article L. 4433-7 du CGCT ne figure pas l'habitat ou même le logement, à la différence de ce qui existe pour le SRADDET[47] et le PADDUC[48]. La même observation peut être faite s'agissant de l'implantation commerciale à laquelle le SAR n'a pas à s'intéresser directement contrairement au PADDUC qui, lui, « définit les principes de localisation des activités commerciales »[49].

La compatibilité aux objectifs, principes et orientations du SAR d'un programme local de l'habitat (PLH) intégré ou non à un PLU, de même que celle de dispositions relatives à l'aménagement commercial contenues dans le document d'orientation et d'objectifs (DOO) d'un SCoT, ne paraît pas pouvoir s'établir, matériellement, sans grande difficulté. Le champ d'application du SAR aurait pu s'élargir, avec la loi NOTRe, à ces domaines importants que sont l'aménagement commercial et l'habitat. C'est une plus grande effectivité qui aurait pu ainsi être donnée aux dispositions de l'article L. 4433-1 du CGCT applicables spécifiquement à l'outre-mer et qu'elle a complété[50]. Ce champ d'application s'est d'ailleurs élargi au fur et à mesure de l'évolution des législations notamment en matière d'environnement. Le SAR valant SMVM peut, sur le fondement de l'article 159 de la loi du 8 août

---

46. En vertu de l'art. L. 4433-7 du CGCT, Mayotte fait partie des collectivités ultramarines qui sont dotées d'un SAR.
47. Voir art. L. 4251-1 du CGCT.
48. Voir art. L. 4424-9 du CGCT.
49. Voir art. L. 4424-9 du CGCT.
50. La loi NOTRe, en son art. 1er 3°, donne aussi à la région compétence pour « promouvoir le soutien à l'accès au logement et à l'amélioration de l'habitat, le soutien à la politique de la ville et à la rénovation urbaine [...] ».

2016 « pour la reconquête de la biodiversité, de la nature et des paysages »[51], fixer, lorsque la région comporte des territoires littoraux, des objectifs de moyen et long termes en matière de gestion du trait de côte. L'article 206 de la loi du 17 août 2015 « relative à la transition énergétique pour la croissance verte » avait déjà enrichi le champ des orientations et des objectifs que le SAR établit. Grâce à la nouvelle rédaction qu'il a donnée à l'article L. 4433-7 du CGCT, « le SAR fixe les orientations fondamentales à moyen terme en matière de développement durable, d'atténuation et d'adaptation aux effets du changement climatique, d'économies d'énergie, de qualité de l'air, de valorisation du potentiel d'énergies renouvelables ». Mieux, le SAR, maintenant aussi, « détermine les objectifs et les seuils à atteindre en matière d'énergies renouvelables et d'économies d'énergie ».

Si le législateur a permis au SAR de déterminer des seuils[52], il aurait pu lui assigner comme objectif, à l'instar du SDRIF, « de maîtriser la croissance urbaine et démographique et l'utilisation de l'espace tout en garantissant le rayonnement international de la région »[53]. Rien ne l'empêchait par ailleurs de prévoir que le SAR, puisse tout comme le PADDUC, d'une part comporter « des dispositions relatives aux sites et paysages à préserver » et d'autre part fixer « des objectifs du développement économique, social et culturel, ainsi que des orientations fondamentales en matière de pêche et d'aquaculture »[54]. La faculté aurait pu également être reconnue aux collectivités ultramarines d'élargir, par voie de délibération, le champ d'application matériel de leur SAR. En métropole, le conseil régional, par délibération, « détermine en dehors des domaines énumérés au deuxième alinéa de l'article L. 4251-1 du CGCT, les domaines contribuant à l'aménagement du territoire, dans lesquels le SRADDET peut fixer des objectifs en application du quatrième alinéa du même article L. 4251-1 »[55].

L'opposabilité matérielle du SAR est limitée et elle l'est d'autant plus que la loi NOTRe n'a pas fait de lui un schéma intégrateur et transversal comparable au SRADDET, voire au PADDUC. Le SRADDET est conçu comme un super schéma

---

51. Devenu l'art. L. 321-14 du Code de l'environnement.
52. La détermination de seuils par le SAR peut renforcer son caractère prescriptif à l'égard des documents qui doivent lui être compatibles. Il faut cependant veiller à ce que le rapport de compatibilité ne soit de fait transformé en rapport de conformité, ce qui porterait alors atteinte à la libre administration des collectivités territoriales et au principe de non-tutelle d'une collectivité sur une autre ; voir à ce sujet la jurisprudence du Conseil d'État sur le SDRIF, CE 5 mars 1991, avis n° 349324, EDCE 1991, p. 391 ; CE 6 nov. 2000, *Commune d'Emerainville*, req. n° 210695.
53. Voir art. L. 123-1 du C. urb.
54. Selon l'art. L. 4424-9 I du CGCT. On sait pourtant que l'art. L. 4433-1 de ce code attribue compétence aux régions d'outre-mer pour « promouvoir le développement économique social et culturel ».
55. Voir art. L. 4251-4 du CGCT.

par le fait qu'il intègre de nombreux schémas sectoriels et thématiques[56] et peut se substituer à d'autres documents sectoriels qui seront alors abrogés[57]. La forte capacité intégrative et le caractère transversal peuvent donner à la planification régionale plus de cohérence. L'un des enjeux fondamentaux de simplification auquel le SRADDET doit répondre est « la rationalisation du nombre de documents existants en prévoyant l'insertion en son sein, de plusieurs schémas sectoriels, afin de permettre une meilleure coordination des politiques publiques régionales concourant à l'aménagement du territoire »[58]. Lorsque le SRADDET intègre ou remplace un document sectoriel ou thématique, il reprend les éléments essentiels du contenu de ce document et s'approprie *ipso facto* sa normativité. La faible capacité intégrative du SAR, limitée au schéma de mise en valeur de la mer (SMVM), au schéma régional de cohérence écologique (SRCE) et au schéma régional du climat, de l'air et de l'énergie (SRCAE), ne permet pas l'élargissement de sa portée normative, à la mesure de celle du SRADDET ou encore du PADDUC. La PADDUC vaut SMVM, schéma régional des infrastructures de transport (SRIT), schéma régional de l'intermodalité (SRI) et SRCE. Ses dispositions relatives à chacun de ces schémas sont regroupées dans des chapitres individualisés, assorties, le cas échéant, de documents cartographiques. Et, il faut le rappeler, il s'agit de documents cartographiques dont l'objet et l'échelle sont déterminés par une délibération de l'Assemblée de Corse.

Grande loi peut-être en matière d'aménagement du territoire, la loi NOTRe ne l'est cependant pas pour les régions d'outre-mer et les collectivités ultramarines exerçant les compétences des régions. Avec elle, le SRADDET, dont vont pouvoir se doter les régions métropolitaines à l'exception de l'Île-de-France, se voit reconnaître une véritable portée prescriptive, tandis que le SAR des collectivités ultramarines a conservé sa faible portée normative. Autant dire qu'en l'état actuel du droit, le SAR, à la différence du SRADDET et surtout du PADDUC, d'une part ne répond pas correctement au choix consistant à faire de la région la collectivité chef de file en matière d'aménagement du territoire, et d'autre part n'est pas adapté à l'exercice de la compétence dévolue aux régions d'outre-mer, par l'article

56. Schéma régional des infrastructures de transport (SRIT), schéma régional de l'intermodalité (SRI), schéma régional du climat, de l'air et de l'énergie (SRCAE), plan régional de prévention et de gestion des déchets (PRPGD) et schéma régional de cohérence écologique (SRCE).

57. Tels que par exemple le schéma prévisionnel de formation des collèges et des lycées, le schéma régional de l'enseignement supérieur, le schéma régional de développement du tourisme et des loisirs, le plan régional de l'agriculture durable.

58. Souligné par le « Rapport au Président de la République relatif à l'ordonnance n° 2016-1028 du 27 juill. 2016 relative aux mesures de coordination rendues nécessaires par l'intégration dans le schéma régional d'aménagement, de développement durable et d'égalité des territoires, des schémas régionaux sectoriels mentionnés à l'article 13 de la loi n° 2015-991 du 7 août 2015 portant nouvelle organisation territoriale de la République », *JORF* 28 juill. 2016, texte n° 28.

L. 4433-1 du CGCT, de promouvoir le développement économique et social ainsi que l'aménagement du territoire. Une rénovation de son régime apparaît donc nécessaire pour que la décentralisation en matière d'aménagement du territoire ne reste pas inachevée dans ces collectivités ultramarines. Elle peut d'ailleurs être mise en œuvre sans réforme constitutionnelle. La question qui peut se poser est simplement de savoir si cette adaptation du régime du SAR doit être l'œuvre du législateur ou au contraire celle des collectivités ultramarines par l'utilisation du pouvoir normatif qu'elles tiennent de l'article 73 de la Constitution.

LA RÉGIONALISATION À L'ÈRE NUMÉRIQUE

par

Henri OBERDORFF

Professeur émérite agrégé de droit public
Université de Grenoble Alpes

Depuis la loi portant sur la nouvelle organisation territoriale de la République (NOTRe) de 2015, les régions se sont vu confier de nouvelles compétences. Ces compétences exclusives sont : le développement économique et l'innovation, la gestion des programmes européens, la formation professionnelle, l'apprentissage et l'alternance, l'enseignement secondaire et supérieur, l'aménagement du territoire et l'environnement, les transports. Les compétences partagées avec les autres collectivités sont : le tourisme pour lequel la région est désignée chef de file; la culture; le sport; la promotion des langues régionales; l'éducation populaire; la lutte contre la fracture numérique et l'aménagement numérique. Une grande restructuration est intervenue avec l'apparition, en métropole, de grandes régions par le regroupement de plusieurs anciennes régions.

Pourtant, les régions restent encore un peu des inconnues, si on en croit un récent sondage commandé par l'Association des Régions de France en septembre 2017, avant son congrès. Il en ressort qu'il est demandé majoritairement aux régions d'intervenir en matière économique et de transport et aussi d'expérimenter de nouvelles politiques, car elles constitueraient le bon niveau pour cela. « Oser l'expérimentation régionale » est l'un des slogans du Congrès des Régions de France de 2017. Si on observe justement de manière précise les politiques régionales, on peut constater cette volonté politique d'ouvrir des chantiers novateurs, car il semble que les régions sont moins contraintes que les autres collectivités territoriales par les fameux services votés avec peu de marge de manœuvre politique pour des choix novateurs. Le domaine du numérique au niveau des régions semble un exemple particulièrement probant.

À l'heure de l'avènement de la République numérique, avec la loi du 7 octobre 2016, il est donc très important d'observer les transformations induites par le numérique sur les différentes administrations décentralisées, notamment les régions. Qu'en est-il des régions à l'ère numérique ? « Cet avènement du numérique induit de nombreux changements non seulement dans le fonctionnement des administrations, mais aussi de nouvelles pratiques dans les modes de communication avec les administrés. L'administration numérique se présente comme une remarquable opportunité de modernisation du fonctionnement général des administrations dont on n'a pas encore totalement mesuré tous les effets[1]. » Le rapport du Conseil d'État de 2017 sur la question de la puissance publique et les plateformes numériques et donc la nécessité « d'ubériser » l'État[2], comme le dit un essai, avant que les autres ne s'en chargent[3].

L'administration des territoires, donc les régions, ne pouvait pas être en dehors de cette transformation numérique, bien au contraire. En effet, elle a besoin d'une meilleure communication interne et externe du fait du nouveau découpage géographique des régions, notamment en métropole. Cela suppose aussi un renforcement du dialogue entre les différentes administrations, notamment un dialogue renforcé entre l'État et les collectivités territoriales. Le numérique se révèle un outil très performant pour accompagner ces évolutions territoriales.

Il s'agit, ici, de relever les spécificités des apports du numérique pour les administrations régionales. Au-delà des aspects techniques de la numérisation de l'action publique, on peut se demander si l'introduction forte du numérique dans ces administrations n'introduit pas des aspects théoriques plus déterminants. Certains, pour plagier et transférer la notion de *« smart city »*, parlent de *« smart régions »*, ou de régions intelligentes.

Par exemple, la région PACA a délibéré sur sa stratégie de « smart région ». Ici, nous sommes sur le territoire de l'*e-guadeloupe*. Compte tenu des nouvelles possibilités offertes par le numérique, on semble assister à une transformation de la conception même de l'administration. L'administration décentralisée aborde une nouvelle phase de son existence grâce au numérique, y compris pour les territoires outre-mer. Un nouveau vocabulaire fleurit comme : l'administration sans papier,

1. H. OBERDORFF, « Numérique », *in* N. KADA, R. PASQUIER, C. COURTECUISSE et V. AUBELLE (dir.) *Dictionnaire encyclopédique de la décentralisation*, Berger Levrault, 2017, p. 747.

2. CE, étude annuelle, *Puissance publique et plateformes numériques : accompagner l'« ubérisation »*, LDf, 2017

3. C. BERTHOLET et L. LÉTOURNEAU, *Ubérisons l'État avant que d'autres ne s'en chargent*, Armand Colin, 2017.

l'administration numérique, la cyberadministration, l'*e-administration*. De manière plus globale, une nouvelle logique de plateforme est à l'œuvre pour l'ensemble des administrations sous l'influence du numérique. « De nombreuses initiatives ont déjà été prises pour faire évoluer l'État organisé en silo vers un "État-plateforme" qui met à disposition du public des ressources permettant le développement de services[4]. »Les régions devraient aussi s'inspirer de ces suggestions du Conseil d'État.

On peut donc dire qu'on assiste à une forme de renouveau de la décentralisation régionale grâce au numérique par une communication facilitée avec les administrés comme les autres administrations, mais aussi au travers d'une démocratie valorisée permettant des expériences novatrices (I).

Cela suppose, en même temps, que les régions deviennent vraiment actrices de cette ère numérique, des sortes de « smart régions », en s'occupant effectivement de l'aménagement numérique, mais aussi par des innovations prometteuses dans de nombreux domaines tout en veillant à une régulation de qualité. La région intelligente ne peut se résumer à un algorithme régional, mais aller plus vers une logique de plateforme numérique régionale (II).

I. Un renouveau de la décentralisation régionale à l'ère numérique

Les collectivités territoriales, notamment les régions, développent des politiques spécifiques pour mettre leurs territoires et leurs administrations à l'heure d'Internet et du numérique. Le dialogue administration-administrés prend de nouvelles formes. L'utilisation des services en ligne installe l'administration numérique dans le quotidien des Français. L'information administrative numérique est largement utilisée. La loi de 2016 pour une République numérique valorise cette évolution par l'ouverture et l'accès aux données publiques. Elle promeut l'amplification de l'accès au numérique sur tous les territoires et veut en faciliter les usages.

A. Une communication facilitée avec les citoyens et avec les autres partenaires, y compris administratifs

La communication institutionnelle est dorénavant très largement numérique aussi bien pour les administrations de l'État que celles des collectivités territoriales. On a assisté ces dernières années à une multiplication des sites internet dédiés à cette communication, évidemment aussi pour les régions. Ces sites permettent aux citoyens de s'informer sur leurs régions, leurs travaux et leurs politiques. Cela permet aussi de regarder facilement les autres régions pour les comparer et puiser de nouvelles idées. Le numérique facilite les échanges de bonnes pratiques. Par ailleurs, pour la France en général, un portail généraliste[5] facilite cet accès aux

4. Rapport 2017 du Conseil d'État, p. 18.

5. *https://www.service-public.fr/*, ce site est maintenant lié à celui de *https://franceconnect.gouv.fr/* qui facilite l'accès aux services en ligne.

différents sites des administrations avec un annuaire de l'administration et des services publics, avec une entrée spécifique pour les administrations et les services publics de proximité. Par ce biais, chaque citoyen peut accéder aisément aux sites administratifs de son choix après quelques clics. Ce portail a reçu 285 millions de visites en 2015[6]. Les régions développent aussi l'idée d'annuaires spécialisés, comme le montre le site de la région Guadeloupe[7].

La connaissance du droit français, de ses codes et des principales jurisprudences est aussi largement facilitée par le site spécialisé : *www.legifrance.gouv.fr*. Cet accès direct au droit est aussi un changement très profond du rapport au droit pour les citoyens et les administrés, quel que soit l'endroit où ils se trouvent sur le territoire[8]. Quel changement pour les régions d'outre-mer, de ce point de vue ! L'accès au Code général des collectivités territoriales se réalise en quelques clics. Le *Journal officiel de la République française* n'a plus qu'un aspect numérique. Ce changement de support permet de mieux concrétiser encore l'adage du droit français « Nul n'est censé ignorer la loi ». Mais, il est aussi possible de prendre connaissance des activités de sa région en regardant, soit en direct les séances plénières du conseil régional, par exemple comme pour la région Auvergne-Rhône-Alpes, soit en recherchant plus précisément des délibérations des conseils régionaux comme sur le site de la région Provence-Alpes-Côte d'Azur.

Les administrés ne cherchent pas seulement à mieux comprendre les administrations en s'informant sur leurs sites dédiés, mais souhaitent aussi pouvoir communiquer avec elles en saisissant l'administration concernée par voie électronique. Le numérique permet le développement de téléservices. La Cour des comptes considère d'ailleurs qu'il semble indispensable de faire progressivement du numérique le mode d'accès de droit commun pour les démarches administratives[9]. Elle s'appuie sur les résultats d'un sondage effectué en 2015 sur « Les Français et la transformation numérique de l'État » qui estiment à 75 % qu'il est prioritaire que l'État, mais aussi les collectivités territoriales utilisent de plus en plus Internet et le numérique.

De plus en plus souvent, l'administration numérique partage le quotidien des Français. Ainsi, 18 millions de contribuables ont effectué, en 2016, leur déclaration de revenus en ligne[10]. La moitié des Français à l'étranger effectuent une demande

6. Chiffres présentés dans le rapport d'activité pour 2015 de la direction de l'information légale et administrative (DILA) : *http://www.dila.premier-ministre.gouv.fr/IMG/pdf/rapport_activite_2015_bat_02.pdf*.

7. *http://www.regionguadeloupe.fr/accueil/#*.

8. S. TURGIS, « L'accès au droit par internet », *AJDA* 2015, p. 142.

9. COUR DES COMPTES, *Relations aux usagers et modernisation de l'État, vers une généralisation des services publics numériques*, janv. 2016, p. 80.

10. *https://www.economie.gouv.fr/campagne-2016-dimpot-sur-revenu-23-declarants-en-ligne*.

d'acte civil par Internet. On peut citer, pêle-mêle, quelques-unes de ces innovations administratives comme : la publication ou la notification électronique de décisions ; l'inscription aux concours et la diffusion des résultats par Internet ; l'échange de données informatisées dans le domaine fiscal et douanier ; la mise à disposition sur le réseau internet de documents, de formulaires ; la possibilité de calculer, déclarer et payer l'impôt sur le revenu en ligne avec des formulaires, dits « formulaires intelligents » ; la dématérialisation des procédures de passation des marchés publics. On retrouve toutes ces possibilités sur les sites des régions.

Ainsi, un portail « *e-guadeloupe.com* est dédié à l'achat public dématérialisé en Guadeloupe. Ce dernier constitue un outil important de modernisation de l'accès à la commande publique (gain de temps, économies en termes de copies et de frais d'envoi, etc.) pour les entreprises »[11].

L'administration numérique et ses téléservices changent plus profondément qu'on ne pense, parfois, la relation entre les administrés et l'administration. Cette modernisation des rapports peut induire des formes de dépersonnalisation pour ne pas dire de déshumanisation des relations. Mais, cela a aussi des conséquences en matière territoriale. Les questions de distance et de localisation n'ont plus la même importance pour l'action publique ou une importance différente. En effet, l'administré dialogue plus avec des machines ou avec des plateformes publiques dont il ne connaît pas vraiment la localisation géographique physique réelle comme si la numérisation entraînait une libération de la notion de territoire administratif, une forme de déterritorialisation de l'action publique. En même temps, pour que cela fonctionne, pour tous les administrés, il faut un accès suffisant au numérique, quelle que soit son adresse géographique[12]. Quel changement pour l'Outre-mer !

De manière générale, le dialogue entre les administrations est facilité par les nouvelles technologies de l'information et par les outils numériques au sens large. Les récents changements territoriaux, notamment au niveau des circonscriptions régionales, rendent indispensable un renforcement du dialogue territorial afin de surmonter les éloignements découlant du nouveau découpage. Cela concerne aussi bien les relations entre les administrations d'État qu'entre elles et les collectivités territoriales. Il s'agit de s'adapter aux nouvelles échelles territoriales. Le numérique devient alors un outil incontournable pour parvenir à cette adaptation territoriale.

Les exemples concrets ne manquent pas pour cette transformation des dialogues entre administrations. Le recours à la visioconférence allège les déplacements entre les administrations, réduit les coûts, mais permet aussi de transformer les pratiques de travail.

11. *http://www.regionguadeloupe.fr/des-aides-des-services/les-e-services/marches-publics/#*.
12. I. REY-LEFEBVRE, « Le numérique, un levier pour les territoires isolés », *Le Monde* 12 janv. 2017.

« Le courrier électronique très direct et très rapide, sans formalisme et hiérarchie, est généralisé entre les administrations centrales ou entre l'administration centrale et les administrations territoriales. La mutualisation des actions de l'État et de celles des collectivités territoriales dans ce domaine est une nouvelle réalité aussi bien pour les réseaux que pour les services mis à la disposition des citoyens. L'interopérabilité des transmissions d'informations par voie d'échange électronique entre administrations est très largement améliorée[13]. »

« Les politiques territoriales font le plus souvent appel à de multiples partenariats au sein de l'État entre services déconcentrés (régionaux et départementaux) et opérateurs ou en dehors de l'État avec les collectivités territoriales ou les acteurs économiques et sociaux. Que ce soit pour la mise en œuvre de politiques contractuelles ou la gestion de procédures de contrôle ou d'autorisation, de conseil ou d'aide, presque toutes les interventions de l'État comportent une dimension d'échanges avec les acteurs du territoire. La modernisation des modes de travail est donc autant une condition d'exercice qu'une question de légitimité pour l'action de l'État vis-à-vis de ses interlocuteurs locaux[14]. »

Cette approche partenariale des politiques publiques sur le territoire est facilitée là aussi par les moyens numériques.

B. Une démocratie régionale valorisée avec les cybercitoyens

Une nouvelle étape de la transition numérique des administrations vient d'être franchie avec l'ouverture des données et la politique de l'*open data*. Plusieurs lois ont permis une évolution d'une logique de la demande de données publiques à celle de l'offre : l'article 4 de la loi du 6 août 2015 concernant l'ouverture des données de transport ; l'article 106 de la loi du 7 août 2015 concernant la transparence des données des collectivités territoriales ; la loi du 28 décembre 2015 relative à la gratuité et aux modalités de la réutilisation des informations du secteur public qui transpose la directive 2013/37/UE du 26 juin 2013 ; l'article 193 de la loi du 26 janvier 2016 de modernisation de notre système de santé qui établit un nouveau cadre de mise à disposition des données de santé ; la loi du 7 octobre 2016 pour une République numérique qui organise la circulation des données, donc l'ouverture de l'accès aux données publiques.

Par exemple, la région des Pays de la Loire indique sur son site que :

« La mise à disposition des données numériques (Open Data) est à la fois un enjeu important et une opportunité majeure pour les collectivités locales. En choisissant d'ouvrir leurs données, celles-ci mettent à disposition les informations collectées et produites pour remplir leurs missions d'intérêt public sous une forme exploitable par tous. Un geste simple, qui favorise et dynamise les initiatives économiques et citoyennes sur leur territoire. Elle

13. H. Oberdorff et N. Kada, *Les institutions administratives*, Sirey, 8e éd., 2016, p. 285.

14. IGF, rapport : *La transition numérique de l'administration territoriale de l'État*, avr. 2016, p. 12.

souhaite renforcer la dynamique territoriale et la transparence de l'action régionale. L'ouverture des données de la Région représente une véritable évolution de la relation avec les citoyens. Celle-ci permet de promouvoir le territoire à partir des informations diffusées, de renforcer l'innovation et de valoriser la dynamique ligérienne. Par la diffusion de plus de 380 jeux de données illustrant 13 thématiques, la Région fournit en toute transparence des outils qui facilitent les projets d'associations, de journalistes, de chercheurs, d'étudiants, de *start-up* et de citoyens… »

Cette ouverture de l'accès aux données publiques est une nouvelle obligation qui apparaît dans le Code des relations entre le public et l'administration avec la loi de 2016 sur la République numérique.

Cet accès facilité aux données publiques pour les citoyens a progressivement d'autres conséquences qu'on ne pouvait imaginer dans un premier temps. « Si la transparence apparaît comme un droit essentiel qu'il convient d'organiser et de protéger, les logiques d'actions transparentes et ouvertes permettent également la mise en place au sein de l'État d'un ensemble de stratégies, de méthodes et de pratiques qui, en suscitant et accueillant la contribution des citoyens, renforcent et légitiment l'action publique[15]. »

On assiste, grâce à la transition numérique des administrations et de leur rapport avec les administrés, à des mutations de la place de ces derniers dans l'action publique. En effet, les citoyens aspirent de plus en plus à se réapproprier le destin de leur territoire ou de leur collectivité. Cela se réalise par une

> « plus grande participation aux débats et aux décisions publiques, avec le passage à une démocratie plus délibérative et participative. La décision devient légitime, car procédant de la délibération publique entre les citoyens qui confrontent des visions différentes du bien commun. Les budgets participatifs en sont une illustration. Les grandes consultations, les jurys citoyens ou encore les plateformes collaboratives permettant aux citoyens de faire des propositions sont d'autres façons d'associer la société à la prise de décision[16]. »

De son côté, la région Centre-Val de Loire a proposé de fonder sa stratégie régionale pour le numérique (2017-2020) sur le dialogue citoyen de la manière suivante :

> « Nourrie par ces apports citoyens, elle constituera un document de référence proposant un *corpus* de valeurs, définissant une perspective de développement social, sociétal et économique, précisant une liste de projets structurants sur les thèmes majeurs relevant de la responsabilité de la Région, et organisant une animation des communautés et une gouvernance ouverte. Nous vous invitons tous à participer largement au travers de ce site de concertation, individuellement, collectivement, ou en organisant des débats locaux autour

---

15. H. VERDIER et S. VERGNOLLE, « L'État et la politique d'ouverture en France », *AJDA* 2016, p. 96.
16. Y. ALGAN et T. CAZENAVE, *L'État en mode start-up*, Eyrolles, 2016, p. 33.

d'acteurs institutionnels, d'associations, d'entreprises et de citoyens. Vos apports feront la richesse de la future stratégie régionale des usages et services numériques. Vous pouvez à tout moment réagir aux contributions en ligne et apporter vos propres éléments. Ensemble, nous construisons l'avenir de notre Région numérique ! »

Évidemment entre les souhaits politiques et leur réalisation, il y a parfois des écarts, mais nous sommes au début de ces mutations de la démocratie régionale.

II. Si les régions deviennent vraiment des actrices politiques de cette ère numérique

Le numérique facilite un nouvel âge de l'action publique. L'administration adopte progressivement les codes de l'Internet : *start-up*, web social, agilité, modes de conception collaborative, *open data*, hackathon[17]. Comme le souligne le directeur interministériel du numérique et du système d'information et de communication de l'État, par ailleurs, administrateur général des données de l'État :

> « Il ne faudrait pas pour autant sous-estimer le changement de modèle qui est en train de s'opérer. La route est encore longue, avec la révolution numérique, c'est la notion même de puissance publique qui est redéfinie. Sa mission devient de plus en plus de créer ces biens communs qui permettent à toutes les initiatives de contribuer à l'intérêt général, de diffuser de la capacité d'action, de réguler par les ressources. Sa légitimité sera d'organiser les conditions de l'utilisation de ces biens communs et sa souveraineté dépendra de sa capacité à les conserver dans le champ public[18]. »

Cela suppose que les régions deviennent vraiment aussi des actrices de ces mutations administratives à l'ère numérique. C'est le cas si on en croit leur site internet respectif.

A. Par la couverture numérique des territoires

La Loi sur la République numérique pousse les collectivités territoriales à s'organiser pour établir des schémas directeurs territoriaux d'aménagement numérique pour aboutir à une bonne couverture numérique des territoires. C'est l'article L. 1425-2 du Code général des collectivités territoriales qui le prévoit :

> « Les schémas directeurs territoriaux d'aménagement numérique recensent les infrastructures et réseaux de communications électroniques existants, identifient les zones qu'ils desservent et présentent une stratégie de développement de ces réseaux, concernant prioritairement les réseaux à très haut débit fixe et mobile, y compris satellitaires, permettant d'assurer la couverture du territoire concerné. Ces schémas, qui ont une valeur indicative, visent à

17. Il s'agit de lancer un défi entre des groupes de personnes pour le développement le plus efficace d'une idée.

18. H. VERDIER, « Une action publique ouverte à la contribution », *in* Y. ALGAN et T. CAZENAVE (dir.), *L'État en mode start-up*, Eyrolles, 2016, p. 70.

favoriser la cohérence des initiatives publiques et leur bonne articulation avec l'investissement privé. Ils peuvent comporter une stratégie de développement des usages et services numériques. Cette stratégie vise à favoriser l'équilibre de l'offre de services numériques sur le territoire ainsi que la mise en place de ressources mutualisées, publiques et privées, y compris en matière de médiation numérique. Lorsque le territoire couvert par un schéma directeur territorial d'aménagement numérique comprend des zones de montagne, au sens de la loi n° 85-30 du 9 janvier 1985 relative au développement et à la protection de la montagne, l'élaboration de cette stratégie est obligatoire. Un schéma directeur territorial d'aménagement numérique recouvre le territoire d'un ou plusieurs départements ou d'une région. Sur un même territoire, le schéma directeur est unique. Il est établi à l'initiative des collectivités territoriales, par les départements ou la région concernés ou par un syndicat mixte ou syndicat de communes, existant ou créé à cet effet, dont le périmètre recouvre l'intégralité du territoire couvert par le schéma, en prenant notamment en compte les informations prévues à l'article L. 37-7 du Code des postes et des communications électroniques. »

Sans être juridiquement chef de file, il semble que les régions ont pris en réalité cette fonction de conception d'un « schéma directeur territorial d'aménagement numérique ».

S'il y a un aspect technique, l'idée forte est de généraliser l'accès au réseau pour tous. Toutes les régions se préoccupent de cette exigence de la couverture numérique de leur territoire.

Pour répondre à l'explosion des usages numériques, la région Normandie veille à offrir l'accès à tous à une infrastructure performante sur l'ensemble du territoire, notamment par le déploiement du très haut débit fixe (fibre optique) et mobile (4G, 5G). L'aménagement numérique des territoires répond à des enjeux considérables en termes d'attractivité, de cohésion sociale et d'innovation. La région des Pays de la Loire se considère comme coordonnatrice des différents acteurs du territoire pour le développement numérique régional et déploiement du très haut débit. La région Occitanie veut aussi généraliser, au travers d'un plan spécifique, le très haut débit, afin d'aboutir à une transformation numérique des territoires.

La question des moyens financiers des régions se pose alors pour accompagner ces transformations numériques des territoires. En effet, si les lois de 2015 ont apporté des transformations aux compétences des régions et les ont restructurées, elles n'ont pas vraiment apporté de nouveautés sur le plan des moyens financiers des régions. Les moyens des régions françaises demeurent modestes à tel point qu'on a pu écrire que « la région est un pilote désargenté du territoire »[19]. Des chiffres le confirment, sur le total du volume budgétaire des collectivités territoriales

19. G. CHAVRIER, « Quel avenir pour la région dans l'organisation territoriale française ? », *AJDA* 2008, p. 1659.

et de leurs groupements de 218 milliards d'euros pour 2015, le bloc communal représente représentent 120 milliards, les départements 70 milliards et les régions seulement 28 milliards[20]. En personnel, les régions emploient 81 900 personnes pendant que les communes en emploient 1,24 million et les départements 358 000. Ces différences restent très significatives. Les récentes baisses des dotations ne sont pas la voie de l'amélioration des moyens si on en juge par la rupture des discussions entre l'État et les régions en septembre 2017.

Ainsi pour la région des Pays de la Loire,

> « le développement numérique régional et le déploiement du très haut débit sur l'ensemble du territoire à l'horizon 2020 s'inscrivent dans une démarche de concertation entre l'Europe, l'État et les collectivités des Pays de la Loire. Leur financement s'appuie sur deux dispositifs : le programme de financements européen FEDER, mis œuvre par la Région, avec un axe dédié au développement numérique du territoire; le contrat de plan État-Région 2014-2020 avec une révision de la stratégie de cohérence régionale d'Aménagement numérique du territoire en Pays de la Loire. Ces nouvelles orientations permettent de coordonner les financements nationaux et locaux sur le territoire et sont le fruit d'une concertation active de l'ensemble des collectivités des Pays de la Loire par la Région[21]. »

Les financements européens viennent souvent compléter les financements nationaux et régionaux dans ce domaine.

La loi de 2016 sur la République numérique se préoccupe, à juste raison de la question de l'accès au numérique non seulement sur l'ensemble du territoire, mais aussi à tous les publics y compris les personnes vulnérables[22]. Cela suppose de développer les accès et lutter contre la fracture numérique. Sur cette question, le Conseil d'État fait aussi des propositions :

> « Proposition n° 18 : proposer au Commissariat général à l'égalité des territoires de définir une méthodologie pour que les opportunités ouvertes par le développement des plateformes numériques soient intégrées dans la conception et la mise en œuvre de politique de lutte contre les inégalités territoriales et le développement des capacités des territoires. »

C'est l'un des objectifs de la région Guadeloupe en allant d'ici 2020 vers une couverture de 80 % du territoire qui est aujourd'hui de 52 % des foyers guadeloupéens pour une connexion internet fixe. Le « cyberbus » de Guadeloupe a aussi pour fonction d'augmenter l'accès à Internet.

---

20. DGLC, *Les collectivités locales en chiffres*, 2016.

21. Voir le site de la région : *https://orcn.fr/2017/12/20/pays-de-la-loire-region-la-plus-dynamique-filiere-numerique/*.

22. L. Cluzel-Métayer, « La loi pour une République numérique : l'écosystème de la donnée saisie par le droit », *AJDA* 2017, p. 240.

Pour la région Nouvelle-Aquitaine, il faut aller vers un égal accès de tous aux services outils et usages numériques. Pour la région Centre-Val de Loire, le numérique doit être un facteur d'égalité d'accès aux services publics, de santé, ou de formation. Au-delà de la stricte fracture numérique, au sens technique, il s'agit aussi d'aller, pour la région Normandie, vers un accompagnement à l'accès aux nouveaux moyens, aux données et aux services.

Avec une approche plus globale, il s'agit aussi de « booster la région » sur le plan du numérique, comme le font les régions Hauts-de-France et Auvergne-Rhône-Alpes au travers d'un partenariat avec Facebook pour démultiplier l'impact positif du numérique, avec l'économie, l'attractivité de la région, l'emploi et la formation ainsi que la connexion de la région avec ses habitants. Le passage par un réseau social vise à faciliter les relations des citoyens avec leur région. Mettre les élus sur Facebook doit pouvoir faciliter le dialogue direct avec les citoyens.

B. Par des innovations prometteuses, mais respectueuses des libertés fondamentales

Les régions ayant « une compétence spécifique en ce qui concerne le développement économique, social, sanitaire, culturel et scientifique » en vertu de l'article L. 4221-1 du CGCL, il est logique qu'elles se préoccupent beaucoup des retombées économiques du numérique. Il s'agit donc pour toutes les régions de voir le numérique en fonction de la création d'emplois, y compris de nouveaux types de métiers, comme la région Auvergne-Rhône-Alpes les évoque sur son site :

> « Un passeport vers les métiers de demain : chef de projet web, développeur/développeuse web et mobile, développeur/développeuse full-stack, administrateur/administratrice de systèmes et réseaux, gestionnaire d'infrastructures, webdesigner/webdesigneuse, management et communication digitale, expert en transformation numérique. »

Elle évoque même l'idée de « Silicon Valley à l'européenne ».

> « Consciente de ses retombées bénéfiques, la région Guadeloupe s'est fixé pour ambition de développer l'économie numérique. Pour ce faire, la collectivité régionale s'appuie sur son plan de développement de l'économie numérique (PDEN). Ce document majeur a été élaboré à partir d'une étude sectorielle réalisée en 2008 auprès des professionnels locaux et de la consultation de différents acteurs publics. Le PDEN dégage onze actions pour renforcer et développer le secteur des TIC en Guadeloupe : Constituer un annuaire qualifié des entreprises du secteur TIC ; Proposer des actions collectives au bénéfice des entreprises du secteur ; Élargir les segments TIC couverts par les entreprises du secteur TIC ; Mettre en place un service de veille technologique et des usages ; Organiser un séminaire dédié à l'innovation ; Lancer un appel à projets régional dédié à l'innovation au sein du secteur TIC ; Répertorier les formations existantes au plan régional relevant du secteur TIC ; Accompagner le développement de nouvelles formations ; Cartographier les aides et dispositifs existants pour les acteurs du secteur TIC ; Accompagner et valoriser

> le projet de pépinière TIC et soutenir l'incubation de projets TIC ; Créer un portail web sur le secteur TIC en Guadeloupe[23]. »

Les régions tissent un lien étroit entre le développement régional du numérique et un effort particulier est fait en termes de nouvelles formules de formation et d'éducation.

C'est, par exemple, le cas avec le campus numérique porté par la région Auvergne-Rhône-Alpes avec des formations initiales et continues de niveaux Bac à Bac +5, pour former aux métiers du numérique comme : développeur web et mobile, développeur full-stack, expert en sécurité digitale, management stratégique de l'information, maîtrise des usages pour la transition numérique. La région s'est aussi rapprochée de l'innovation pédagogique de l'École 42 initiée par Xavier Niel en créant un partenariat à Lyon. Cela a donné naissance à l'expérience de l'école 101.

> « C'est une formation en informatique entièrement gratuite, ouverte à tous et accessible aux 18-30 ans. Sa pédagogie, c'est le peer-to-peer learning : un fonctionnement participatif qui permet aux apprenants de libérer toute leur créativité grâce à l'apprentissage par projets. Pour former en grand nombre les talents de demain, l'école met à disposition une infrastructure sur le Campus Région du Numérique. Le 101, c'est une des réponses des acteurs du territoire impliqués dans le numérique et la transformation digitale à ce que devrait être l'école de demain[24]. »

En région Occitanie, on voit apparaître aussi une école régionale numérique pour la préparation à de nouveaux métiers ou les lycées encouragés à se placer à l'ère numérique. La région attribue le « l@bel numérique lycée » suivant le dynamisme numérique des établissements.

D'autres initiatives apparaissent, avec développement de laboratoires d'innovations territoriales, surtout du côté des collectivités territoriales, donc des régions[25].

> « Les laboratoires d'innovations territoriales constituent à la fois un lieu et une nouvelle structure de travail. Il s'agit de créer un terreau propice à l'innovation en partageant et en valorisant la créativité, les idées et les compétences des agents de l'administration territoriale de l'État, en association avec d'autres parties prenantes. Ces laboratoires impliqueront un périmètre

---

23. *http://www.regionguadeloupe.fr/fileadmin/Site_Region_Guadeloupe/Des_actions_et_des_priorites/Pour_notre_economie/1_-_6._PDEN.pdf.*

24. *https://www.le-101.fr/.*

25. On peut citer : le laboratoire d'innovation publique du conseil régional Provence-Alpes-Côte d'Azur ; le laboratoire d'innovation publique du conseil régional Alsace-Champagne-Ardenne Lorraine ; l'équipe Innovation publique du conseil régional des Pays de Loire ; la mission innovation du conseil départemental du Val-d'Oise ; le lab Pôle emploi ; IGN Fab ; CDC Lab (au sein de la Caisse des dépôts et consignations) ; le DILAb (au sein de la DILA) ; programme « Futurs publics », animé par le SGMAP.

plus large d'acteurs parties prenantes (opérateurs, collectivités, associations, usagers, etc.) le cas échéant selon un processus progressif »[26].

De son côté, l'État facilite les initiatives citoyennes par un site dédié, *France Connect*, qui permet aux citoyens de devenir des fournisseurs de services connectés[27]. Dans le cadre de la préparation de la Loi sur la République numérique, on a, ainsi, assisté à une contribution citoyenne coordonnée par le Conseil national numérique[28]. Cela a eu un réel impact sur plusieurs dispositions du projet de loi.

La région Occitanie a adopté une feuille de route pour la filière numérique. Elle a l'ambition de devenir la première « Fab Région » de France. Elle soutient déjà huit *Fab Labs* territoriaux, lauréats d'un premier appel à projets, et lancera encore de nouveaux appels à candidatures.

Les régions, tout en souhaitant développer la couverture numérique et donner accès au plus grand nombre aux services numériques, ont aussi le souci de l'éthique et des valeurs à préserver dans les usages du numérique. Cela rejoint les préoccupations de respect des droits fondamentaux, y compris dans cet espace, qui nous sont chers. On le voit, soit au travers de la volonté de former les citoyens numériques de demain, soit de mettre en place une stratégie des usages du numérique. Deux exemples sont frappants.

La région des Hauts-de-France s'est engagée, de son côté, dans la prévention des risques d'Internet auprès des lycéens des Hauts-de-France. En effet, elle est partie du constat que les 15-25 ans consacrent en moyenne plus de trois heures par jour sur leur Smartphone, leur tablette ou leur ordinateur. Ces jeunes ne mesurent pas forcément les risques d'un mauvais usage d'Internet et des réseaux sociaux. La région a souhaité sensibiliser les jeunes lycéens aux risques d'Internet sur les cyberintimidations (chantage, intimidation, ventes abusives, etc.). Elle a financé, en 2017, un projet « Moi, citoyen à l'ère numérique » initié par le service intercommunal d'aide aux victimes et de médiation pénale (Siavic) de Roubaix. Ce service intervient dans les lycées des Hauts-de-France pour faire découvrir aux jeunes, de manière ludique, l'univers du numérique, les aider à protéger leurs données et à construire leurs *e-identité* et *e-réputation*. Il incite les lycéens à réfléchir sur les notions de désinformation, de manipulation ou de fausses informations. Pour Jean-François Masselis, directeur du Siavic « on leur montre l'envers du décor, à travers des exemples concrets, des vidéos de jeunes qui leur ressemblent »[29].

---

26. IGF, rapport (déjà cité) : *La transition numérique de l'administration territoriale de l'État*, avr. 2016, p. 33.
27. *https://partenaires.franceconnect.gouv.fr/*.
28. Par l'intermédiaire d'une plateforme dédiée : *Contribuez.cnnumérique.fr*.
29. *http://www.siavic.com/nos-actions/sensibilisation-aupres-des-jeunes/*.

De son côté, la région Centre-Val de Loire veut avoir une stratégie régionale des usages et services numériques respectueuse d'une certaine éthique et protectrice de valeurs fondamentales. Pour cette région,

> « le numérique doit être un facteur de liberté d'expression et d'accès à l'information, amplifiant aujourd'hui notre capacité à croiser les regards et les points de vue afin d'enrichir notre représentation du monde dans sa complexité, de favoriser l'acceptation des différences, le vivre ensemble. Le numérique doit être un facteur d'égalité d'accès aux services publics, de santé, de formation dans une logique de continuité territoriale, bien que l'humain doive rester au centre de ces secteurs, des relais numériques peuvent permettre d'éviter des déplacements lorsqu'une démarche ou un apprentissage peut être, pour tout ou partie, réalisé à distance. Les technologies dans notre quotidien doivent favoriser la fraternité, la solidarité inter et intragénérationnelle, afin de consolider, à travers les usages et outils, le vivre ensemble numérique. Le numérique doit respecter la confidentialité, l'intimité, la sécurité des citoyens. Face aux risques de diffusion frauduleuse ou non souhaitée d'informations personnelles, les systèmes numériques doivent prévenir et pouvoir corriger les actes malveillants »[30].

Nous sommes face à une approche globale du numérique, tout à fait pertinente pour que les régions gardent une forme de contrôle de ces transformations afin d'éviter une « ubérisation » privée de l'administration publique si les réseaux sociaux prennent trop de place. « Mais la transformation numérique des services publics suppose aussi la transformation du modèle de collaboration entre public et privé et des modes de régulation du second par le premier »[31].

Les régions sont entrées dans l'ère numérique, d'une part en voulant donner accès au plus grand nombre aux réseaux et aux services, y compris aux leurs, d'autre part pour faciliter l'éclosion de nouveaux emplois liés à ces nouveaux métiers. Mais le numérique n'est pas qu'une révolution technique, mais aussi une révolution culturelle touchant toutes les administrations. En effet, le numérique et ses usages permettent des transformations de l'action publique sur les territoires régionaux, entre autres, en facilitant la transparence, en rendant possible la coconstruction des politiques régionales et en faisant apparaître un renouveau démocratique. De nouvelles modalités de l'action régionale se profilent à l'ère numérique, avec l'idée de plateforme numérique régionale c'est peut-être cela la région intelligente ou agile ou « smart région ».

---

30. Région Centre-Val de Loire, « Stratégie numérique régionale : usages et services (2017-2020) », Délibération de l'Assemblée plénière DAP n° 17.02.10.
31. C. PUTOIS, « Repenser les services publics à l'heure du numérique », *Le Monde* 17 févr. 2018.

LES RISQUES DE CONTENTIEUX DANS LA CONTRACTUALISATION DE L'ACTION PUBLIQUE LOCALE

par

Damien SIMON

Docteur en droit public
Avocat au barreau de Bordeaux
Président de l'Institut de Droit Public
Membre de l'Association française des avocats conseils des collectivités territoriales (AFAC)

De l'énoncé du titre de cet exposé naît immédiatement un *leitmotiv*, aujourd'hui très connu de tous les observateurs du droit des collectivités territoriales ou plus généralement de la chose publique locale : celui du développement incessant de la contractualisation de l'action publique. « La contractualisation est désormais partout, elle s'infiltre ou s'impose dans toutes les relations qui s'instaurent entre les personnes publiques, territoriales et non territoriales ». Ce n'est pas moi, mais le professeur Jean-Marie Pontier qui le dit[1].

De l'énoncé du titre de cet exposé naît immédiatement le paradoxe. Alors que l'on nous promettait, au travers de la contractualisation, un nouveau monde, un nouveau type de relations. Alors que l'on nous promettait du contractuel, c'est-à-dire de la liberté de contracter ou de ne pas contracter, de la liberté de fixer le contenu même de la norme juridique à laquelle on a librement consenti, en lieu et place de l'inégalitaire, de la prérogative de puissance publique, telle qu'elle peut se concrétiser au travers de la décision exécutoire. Alors que l'on nous promettait un monde désormais apaisé, au service de la satisfaction de l'intérêt général. Du

1. J.-M. PONTIER, « La redéfinition des compétences : à la recherche de la cohérence », *RDP* 2015, p. 1241.

consensuel. Voici que resurgit le contentieux, c'est-à-dire la procédure destinée à faire juger un litige par un tribunal. *Prime facie* donc le conflit. Avant que ne naisse de ce Janus qu'est le procès l'impossible entendement.

De l'énoncé du titre de cet exposé naît surtout, très immédiatement, une indispensable humilité. Et un certain effroi.

Le sujet est immense. Même pris dans le seul cadre de la région. La contractualisation va au-delà du contrat, renvoyant à une « politique juridique privilégiant le recours à des instruments de type contractuel, c'est-à-dire ayant l'apparence de contrats sans en avoir nécessairement [toujours] toutes les caractéristiques juridiques »[2]. L'action publique locale, pour sa part, peut s'entendre au sens large du terme : il peut s'agir, naturellement, de l'action menée par les collectivités territoriales et les établissements publics de coopération intercommunale, mais également de celle dans laquelle interviennent des structures de l'État territorial. Si ce n'est de l'action dont les personnes de droit privé se font les acteurs seconds ou les relais.

Le sujet est surtout « in-traitable ». Vivant dans une région où sévit un automne assez pluvieux et un hiver toujours trop long, j'ai nécessairement une vision idéalisée des tropiques. Lorsque le sujet m'a été adressé, j'ai donc immédiatement pensé soleil, plage, bains de mer, plongée, rhum et biguine. Remerciant les organisateurs de ce colloque pour cette belle carte postale. Le désenchantement est venu ensuite. Lorsque sorti d'une torpeur, très hexagonale, je me suis dit que l'on me demandait, ni plus ni moins, de juger de la probabilité d'actions en justice, là où les déterminants peuvent être tout sauf rationnels et juridiques. Le soleil oui, mais celui de la Madame que l'on me demandait de devenir. Jugeant, dans les astres, de la probabilité d'une action en justice.

Il n'empêche, la question à laquelle je suis invité à répondre aujourd'hui pourrait être résumée ainsi : à l'heure où l'on observe une contractualisation sans cesse renouvelée de l'action publique locale, à laquelle la loi NOTRe est tout sauf étrangère, faut-il envisager, en parallèle, un accroissement des risques de contentieux ?

L'hypothèse sera éprouvée au regard de la dernière cartographie de la contractualisation (1), des raisons qui sous-tendent son développement (2), des effets institutionnels et politiques qu'elle produit (3), des (in)certitudes juridiques qui l'entourent (4).

L'analyse permettra de dessiner les traits d'un contentieux de la contractualisation de l'action publique locale. En cela, je remercie les organisateurs de ce colloque qui, en plus de la belle carte postale tropicale, ont dégagé un très beau sujet d'études, que je me contenterai seulement d'effleurer.

---

2. B. HUGLO, *La contractualisation des relations entre l'État et les collectivités territoriales*, Thèse Université Panthéon-Assas (Paris-II), 2014, p. 12.

I. Une brève cartographie de la contractualisation de l'action publique locale

Une brève cartographie de la contractualisation de l'action publique locale tout d'abord. Partant du principe que les espaces et que l'espace de la contractualisation ne sont pas étrangers à un accroissement des risques de contentieux.

L'« engouement pour le procédé contractuel »[3], on le sait, ne date pas d'hier. La preuve en est que la précédente formule est empruntée à un bel article rédigé par le professeur Jean-Claude Douence… il y a plus de quarante ans. En conséquence de quoi l'on peut se dire que la généralisation de ce procédé n'a finalement pas été jusqu'à présent le vecteur d'un contentieux particulièrement foisonnant. À tout le moins tel que les revues juridiques offrent à le voir et la question de la commande publique mise à part.

On laissera à d'autres le soin de dresser un panorama complet de la contractualisation de l'action publique. La chose prendrait bien trop de temps. Songeons seulement que le terme « contrat » est utilisé à 37 reprises dans la loi NOTRe, que le terme « convention » y est utilisé 123 fois, et que la contractualisation ne résume pas au seul emploi de ces deux mots.

Empruntant la classification du professeur Marcou[4], l'on notera plutôt que la contractualisation embrasse aujourd'hui trois grands domaines.

En premier lieu, la contractualisation se concrétise au travers des « contrats » ayant pour objet une prestation. Que l'exécution de celle-ci soit confiée par une personne publique à une personne privée ou par une personne publique à une autre personne publique. La chose est parfaitement connue dès lors que l'on s'intéresse, un tant soit peu, à la commande publique. Elle dépasse de loin le thème de ce colloque, nous n'y reviendrons donc pas.

En deuxième lieu, la contractualisation se manifeste au travers des « contrats » ayant pour objet la programmation de l'action publique. Les contrats de plan État-Région sont très connus. Mais l'on découvre par exemple aujourd'hui, au détour de la loi NOTRe, les schémas régionaux de développement économique, d'innovation et d'internationalisation, dont la mise en œuvre peut faire l'objet de conventions entre la région et un ou plusieurs établissements publics de coopération intercommunale à fiscalité propre compétents. La convention régionale pluriannuelle de coordination de l'emploi, de l'orientation et de la formation signée par le président du conseil régional et le représentant de l'État dans la région avec de nombreuses autres structures. La convention qui peut être signée par la région et un ou plusieurs

3. J.-Cl. DOUENCE, « Les conventions entre personnes publiques », *Mélanges Stassinopoulos*, LGDJ, 1974, p. 113.
4. G. MARCOU, « Les contrats entre l'État et les collectivités territoriales », *AJDA* 2003, p. 982.

EPCI à fiscalité propre, un pôle d'équilibre territorial et rural ou une collectivité à statut particulier pour la mise en œuvre du schéma régional d'aménagement, de développement durable et d'égalité des territoires...

En troisième lieu, la contractualisation se manifeste au travers de « contrats » ayant pour objet de permettre un exercice optimum des compétences. L'on retrouve ainsi, dans la loi NOTRe, la promotion de l'exercice de compétences par voie conventionnelle... en parallèle à la mise en place d'un principe de spécialisation des compétences. L'on sait ainsi que la « région a la responsabilité de l'organisation et du fonctionnement [des transports scolaires] » (art. L. 3111-7 du CGCT). Mais l'on sait aussi, pour ne prendre qu'un exemple, que « si elles n'ont pas décidé de la prendre en charge elles-mêmes, la région ou l'autorité compétente pour l'organisation des transports urbains peuvent confier par convention, dans les conditions prévues à l'article L. 1111-8 du Code général des collectivités territoriales, tout ou partie de l'organisation des transports scolaires au département [...] à des communes » ou à un tas d'autres personnes (art. L. 3111-9 du CGCT). Alors, nous y reviendrons, que le principe (général) posé par l'article L. 1111-8 du Code général des collectivités territoriales demeure. Et alors, dans le même temps, qu'à côté des délégations de compétences entre collectivités ou entre collectivités et intercommunalités, l'on trouve des délégations de l'État vers les collectivités ou intercommunalités, qu'elles passent par la mise en œuvre du dispositif général posé à l'article L. 1111-8-1 du CGCT ou qu'il s'agisse de dispositifs plus sectoriels, par exemple de celui prévu par l'article L. 5217-2 II du CGCT intéressant la délégation aux métropoles de l'attribution de certaines aides au logement. Alors que les conventions territoriales d'exercice concerté d'une compétence (CTEC) demeurent elles aussi (art. L. 1111-9-1 V du CGCT). Et alors que l'on n'oubliera pas les contrats de toutes sortes qu'impliquent les transferts de compétences (transfert de services, mises à disposition de personnels, etc.). Pas plus que les contrats de coopération.

Ce trop rapide aperçu de la contractualisation permet déjà de mettre en lumière quelques idées générales témoignant d'un risque de contentieux accru.

L'on constatera, tout d'abord, qu'au travers du processus de généralisation en cours la contractualisation quitte définitivement le statut dérogatoire qui était le sien. Certes, la chose est apparemment connue, cadencée pourrions-nous même dire. Mais ce phénomène récurrent revêt une importance certaine dans la mesure où le contrat reste vécu, dans le champ doctrinal, universitaire et professionnel des publicistes, comme la chose des privatistes, et dans la mesure où une banalisation textuelle du concept ira à mon avis nécessairement de concert avec une meilleure appropriation contentieuse de la part de ceux qui saisissent les juridictions administratives. Je pense en effet, pour parler comme MM. Vincent Forray et

Sébastien Pimont[5], que « la compréhension du droit repose sur une projection des préconceptions de chaque juriste sur les énoncés à décrire » et que « la communauté des juristes apparaît comme une instance de formalisation du droit ». Ou lorsque l'institutionnalisation du contrat, née de la contractualisation, met fin aux réticences de ceux qui font le contentieux.

L'on notera, ensuite, que les risques de contentieux pourront naître d'une banalisation vécue dans la diversité. Si l'on prend par exemple la question des « contrats » ayant pour objet de permettre un exercice optimum des compétences, alors qu'elles sont le plus souvent facultatives, les délégations seront parfois rendues factuellement obligatoires. Sauf à perdre toute maîtrise du dispositif au détriment de l'État. Mais il y a bien plus, puisqu'un même dispositif peut inviter à la détermination de contenus distincts. Ainsi, comme le rappellent les dispositions de l'article L. 5217-2 du CGCT, les conventions passées[6] entre le département et la métropole pour l'exercice des compétences peuvent renvoyer, soit à un « transfert » par lequel la compétence est exercée « en lieu et place du département », soit à une « délégation » où la compétence est exercée « au nom et pour le compte du département ».

On le voit donc aussi, les risques de contentieux naîtront de ce que la banalisation va de pair avec une spécialisation, si ce n'est une hyperspécialisation, des dispositifs, auxquels est accolée une législation *ad hoc*. Si l'on entend maîtriser les choses, l'on ne fera bientôt plus du droit des collectivités locales, maintenant que le droit a perdu « l'essentiel de son caractère commun »[7] pour reprendre la formule du professeur Nicolas Kada, mais du droit des transports des collectivités locales ou du droit de l'action économique des collectivités locales. Les risques de contentieux naîtront de ce que la banalisation va de pair avec une complexité accrue de dispositifs dont la mise en œuvre sera assurée par les services opérationnels, en lieu et place des services juridiques. Les conditions posées par le législateur compliquant partout le schéma. Le problème naissant alors, dans le même temps, on l'a vu, de ce que la banalisation conduit à traiter au travers de la contractualisation des domaines à haut risque de contentieux. Ou lorsque vient s'ajouter ou se surajouter à la commande publique et à la matière économique la question, de la compétence c'est-à-dire de l'aptitude même à intervenir.

---

5. V. FORRAY et S. PIMONT, *Décrire le droit et le transformer – Essai sur la décriture du* droit, Dalloz, coll. « Méthodes de droit », 2017, p. 279 et s.
6. L'on songe ici aux conventions qui seront passées entre le département et la métropole pour l'exercice des huit compétences listées à l'art. L. 5217-2 du CGCT.
7. N. KADA, « Vers un droit (peu) commun », *AJDA* 2014.

II. Des raisons sous-tendant le développement de la contractualisation de l'action publique locale

Mais au-delà de cette rapide cartographie, les raisons sous-tendant le développement de la contractualisation de l'action publique peuvent être à l'origine de risques contentieux. En ce sens qu'une explication des logiques sous-jacentes aux dispositifs permettra aussi de comprendre pourquoi nous risquons « d'avoir du contentieux »[8].

Ainsi que le relevait le vice-président du Conseil d'État, Denoix de Saint Marc[9], au sujet des raisons du développement de l'administration contractuelle, « la plus fondamentale est sans doute la remise en cause de la prééminence de l'État central agissant par la voie du commandement et de la contrainte, qui accompagne un puissant mouvement de décentralisation » ; alors que la « complexité [des] structures administratives » peut être placée à un deuxième plan et que la troisième cause « est à rechercher dans la difficulté de mener à bien des politiques publiques ». Sans entendre remettre en question cette belle synthèse, derrière laquelle l'on voit d'ores et déjà poindre des risques de contentieux, j'insisterai aujourd'hui sur deux raisons expliquant, parmi d'autres, le développement de la contractualisation de l'action publique locale.

La survalorisation de modèles de substitution en premier lieu. On le sait, la réflexion a changé de terrain. Elle prend de nouveaux modèles. Elle revient sur certains clivages majeurs. La chose n'est pas nouvelle, mais le phénomène comporte, à n'en pas douter, deux aspects majeurs, excluant toute idée de simple radotage compulsif. D'une part, les entreprises intellectuelles de disqualification des modèles classiques ont été accompagnées presque systématiquement de la (sur)valorisation d'autres paradigmes, de la mythification de nouveaux archétypes, de « nouvelles idéologies » pour parler comme le professeur Jacques Chevallier[10]. D'autre part, cette survalorisation traduit une profonde mutation culturelle, un brouillage des pistes, en ce que désormais l'on ne va plus hésiter à jeter des ponts entre deux rives : le « public » et le « privé ».

Ainsi, l'État et les collectivités cessent tout d'abord d'être pensés en opposition avec l'entreprise, dans laquelle on vient au contraire chercher une nouvelle légitimité. Autrement dit, au culte de l'État providence se substitue l'apologie du marché, la promotion de la logique de l'entreprise, comme nouvelles idéologies dominantes. Les collectivités sont aujourd'hui plongées dans le grand bain de la

---

8. Pour parler comme le professeur Fabrice Melleray, l'on n'oubliera pas que « le droit administratif est fondamentalement un droit politique, au sens où ses différentes règles, des plus essentielles à certaines d'apparence plus anodine, reposent, plus ou moins directement, sur un substrat idéologique » : F. MELLERAY, « L'exorbitance du droit administratif en question(s) », *AJDA* 2003, p. 1961.
9. R. DENOIX DE SAINT MARC, « La question de l'administration contractuelle », *AJDA* 2003, p. 970.
10. J. CHEVALLIER, *Sciences administratives*, Puf, p. 215.

concurrence, tenues de s'aligner sur les modes de gestion du secteur privé, de se plier aux disciplines du marché et de la rentabilité économique, d'agir au total comme des opérateurs privés ordinaires en intériorisant leurs contraintes et en formant dès lors, au besoin, les recours contentieux utiles à la défense de leurs intérêts économiques, que le cocontractant soit une personne privée (hypothèse classique) ou une personne publique (hypothèse plus nouvelle). D'autant que dans le même temps la baisse des dépenses publiques devient l'alpha et l'oméga de toute politique publique.

Pas de surprise donc à ce que dans ce contexte idéologique le contrat, cette figure emblématique de la postmodernité, supposée appartenir en propre au secteur privé, prise alors dans une acception « puriste » et « romantique »[11] que valorisent les thèses du libéralisme économique[12], en bref le tout contrat, soit largement valorisé au détriment du légal et réglementaire. Avec la logique individualiste et contentieuse qui, quoi qu'on en dise, l'accompagne nécessairement, dans la mesure où la contractualisation « présuppose que soit prise en compte l'existence d'acteurs autonomes »[13]. La mutation étant loin d'être négligeable quand on sait l'importance capitale qu'accorde traditionnellement la pensée juridique à ce modèle. Le contrat renvoyant, comme la loi, à un débat idéologique sur la nature des liens sociaux. Aujourd'hui indiscutablement pensés, sinon de manière conflictuelle, à tout le moins, et les deux choses sont liées, en termes (*prime facie*) de liberté et d'égalité. La mutation est loin d'être négligeable quand on sait que les contrats invitent, derrière la stricte orthodoxie juridique, à penser les compétences non plus en termes d'obligations qui sont faites, mais en termes de droits dont les collectivités pourraient avoir le libre exercice.

En second lieu, le bricolage politique comme outil de gestion de la complexité explique le développement de la contractualisation de l'action publique. Étant entendu que le terme de « bricolage » vise moins à jeter l'opprobre sur le personnel politique, qu'à insister sur le fait que les ajustements sont potentiellement source de contentieux. Comme le fait le terme « complexité ». Ainsi, « le discours officiel (de l'État) est clair : la répartition des compétences locales souffre de mille maux »[14]. Le responsable est tout trouvé : la clause générale de compétence qu'il convient

11. D. DE BECHILLON, *Qu'est-ce qu'une règle de droit ?*, éd. Odile Jacob, 1997, p. 50.
12. Voir ici F. TERRE, P. SIMLER et Y. LEQUETTE, *Droit civil. Les obligations*, Dalloz, coll. « Droit privé », p. 30.
13. J. CHEVALLIER, « Loi et contrat dans l'action publique », *Cahiers du Conseil Constitutionnel*, mars 2005, n° 17.
14. N. FERREIRA, « La loi NOTRe : l'enchevêtrement des compétences, suite et… fin ? », *AJCT* 2016, p. 79.

de supprimer[15]. Mais derrière ce discours de simplification volontairement très réducteur que l'on peut relier à la « sorte de fascination »[16] qu'exerce le principe de spécialisation des compétences locales, se cache nécessairement la contractualisation comme outil de gestion d'une complexité très moderne. Cette complexité qui naît « d'un système territorial fondé sur la décentralisation », dans la mesure où comme le rappelle le professeur Jean-François Brisson, « dans un système décentralisé il est pratiquement impossible de démêler ce qui relève de l'intérêt national ou de l'intérêt local et de l'intérêt local dans ses multiples déclinaisons »[17]. Cette complexité qui naît d'une irréductible réalité où l'on ne saurait concrètement interdire à la commune de créer de l'emploi sur son territoire, même si la région est chargée du développement économique ; où l'on ne saurait indéfiniment distinguer le développement économique de la promotion du tourisme ou de l'éducation. Cette complexité qui naît des nécessités de l'action publique, de la diversité des territoires, de la multiplication des opérateurs légitimes, du politique. Cette complexité qui naît de la « juxtaposition d'égoïsmes politiques "souverains" » pour reprendre les termes, désenchantés diront certains, lucides diront d'autres, du professeur Bertrand Faure[18]. Nul doute alors que derrière, tant la défense d'intérêts propres de collectivités galvanisées par le principe de libre administration, que la passion très française de l'égalité entendue comme uniformité, les risques de contentieux sont partout en embuscade.

III. Des effets institutionnels et politiques de la contractualisation de l'action publique locale

Mais les risques de contentieux tiennent également, dans le même temps, des conséquences institutionnelles et politiques de la contractualisation de l'action publique locale. Ce sera le troisième point de notre analyse.

En premier lieu, la contractualisation de l'action publique, qui s'étend aujourd'hui jusque dans la répartition des compétences, débouche nécessairement sur une prise en compte accrue des spécificités, un développement tous azimuts des solutions particulières et des arrangements locaux, une souplesse dans l'ordre légal, une diversification institutionnelle sans fin, une décentralisation à la carte, une répartition des compétences aussi instable que complexe et multilatérale… Où le concret, le pragmatisme, cette fausse réalité, cette fausse objectivité viennent artificiellement servir de point d'ordonnancement. Une construction par le bas et réellement décentralisée de l'ordonnancement juridique. Où les normes constitutionnelles

15. Voir, sur le lien entre ces deux problématiques : A. Duranthon, « À propos d'un cheval de Troie : le Conseil constitutionnel et la suppression de la clause de compétence générale », *Constitutions* 2016, p. 677.
16. J.-F. Brisson, « Clarification des compétences et coordination des acteurs », *AJDA* 2014, p. 605.
17. J.-F. Brisson, *id.*
18. B. Faure, « Le droit des collectivités territoriales "malade de ses normes" », *RFDA* 2014, p. 467.

se bornent pour l'essentiel à autoriser et à poser des seuils. Où les lois reçoivent application au travers de dispositifs contractuels éparpillés établis par les élus locaux et non plus au travers de ces réglementations secondes que sont les décrets d'applications. Où l'ajustement devient le principe. Où le contractuel reste une constante de la régulation des compétences, alors que le législateur est plus que jamais changeant. Invitant à une régulation juridictionnelle du dispositif par les juges, du fond, en lieu et place d'une juridicisation législative et réglementaire. La contractualisation de l'action publique amène donc, structurellement, au développement d'un droit fragmentaire. Celui, très concret, que fabriquent d'abord les autorités décentralisées et déconcentrées. « Une poussière de normes à haut degré de concrétisation » pour parler comme Bertrand Faure[19]. Celui, toujours très concret, que construisent ensuite les juridictions administratives devenues un nouvel organe de régulation, chargées de résoudre des conflits toujours plus nombreux, autant que d'apporter une introuvable unité ou, si l'on préfère, une unité juridictionnelle en lieu et place d'une intégration législative, maintenant que les règles conventionnelles sont devenues des règles premières d'encadrement. Ou lorsque l'adoption d'une construction contractuelle invite nécessairement à des modes plus souples de contrôle, plus complexes et témoignant nécessairement (on pense aux juges du fond) d'une diversité ou d'un pluralisme premier. Ou lorsque l'État unitaire décentralisé se retrouve, plus que jamais, derrière les oripeaux contentieux. Et le modèle ou la propension à une régulation institutionnelle, ici, viendra d'en haut, puisque l'indétermination des normes constitutionnelles invite nécessairement à s'en remettre au juge constitutionnel et à son contentieux.

En second lieu, la contractualisation de l'action publique offre à voir une habilitation législative qui conditionne ou plus exactement qui autorise partout une activité décisionnelle des collectivités. Elle contribue, en cela, à « l'accélération d'un mouvement de fond d'une ampleur considérable », très bien décrit par le professeur Bertrand Faure en ces termes : « Le droit des collectivités territoriales se transforme dans ses problèmes et ses solutions : il s'agit moins de régler les relations entre l'État et les personnes non étatiques que d'assurer la coexistence de ces dernières enchevêtrées dans leur territoire, leurs intérêts, leurs stratégies[20]. » Si bien que maintenant que les arrangements locaux remplacent les collectivités qui s'administrent librement dans les conditions prévues par la loi. Maintenant que le principe de libre administration et l'interdiction des tutelles offrent à voir de multiples sujets de droits, égaux et juxtaposés, qui entretiennent partout des relations auto-institutionnalisées, qui sont d'abord liées par des règles auto-instituées. Maintenant que les intérêts et les stratégies locales constituent la matière première de la norme juridique contractuelle. Maintenant que la coordination est

19. B. FAURE, « Le droit des collectivités territoriales "malade de ses normes" », *RFDA* 2014, p. 467.
20. B. FAURE, *id.*

l'indispensable pendant d'une parcellisation des compétences ou plus généralement d'une décentralisation. Maintenant que le droit des collectivités locales devient plus que jamais un droit des relations entre collectivités. Maintenant que les contrats entre personnes publiques offrent à voir des centres d'intérêt et non pas un centre d'accomplissement de missions[21]. Le contentieux occupe nécessairement une place centrale au sein d'un système politico-institutionnel et d'un ordonnancement juridique profondément renouvelés.

IV. Des (in)certitudes juridiques accompagnant la contractualisation de l'action publique locale

Enfin, quatrième point de notre analyse, le risque contentieux de la contractualisation de l'action publique locale tient aux (in)certitudes juridiques qui l'accompagnent.

Soit que celles-ci aient été levées, qu'une publicité très doctrinale ou très juridique en ait été faite et que le contentieux se soit banalisé. Songeons par exemple au contentieux de la responsabilité entre personnes publiques qui s'est banalisé depuis une grosse dizaine d'années. On sait ainsi que la responsabilité contractuelle de l'État peut être engagée pour ne pas avoir pourvu tous les emplois transférés, les conventions conclues en vue du partage des services étant analysées comme de véritables contrats[22]. On sait encore que lorsque des travaux sont confiés aux services de l'État, la convention conclue est un contrat de louage d'ouvrage dont l'inexécution ou la mauvaise exécution est susceptible d'engager sa responsabilité dans les conditions de droit commun[23]. On sait aussi que si l'État met fin unilatéralement à ses engagements contractuels pour un motif d'intérêt général, ses cocontractants sont en droit d'obtenir réparation du préjudice, même en l'absence de faute, dès lors qu'aucune stipulation n'y fait obstacle[24]. On sait que la collectivité créancière peut saisir directement le juge en cas de créances interadministratives[25].

Soit que les incertitudes, partout, demeurent.

D'abord parce que sous forme de pendant à ce qui vient d'être énoncé, tous les actes participant de la contractualisation de l'action publique locale ne sauraient être considérés comme d'authentiques contrats, générateurs d'obligations juridiques subjectives, prenant la forme de simples déclarations d'intention, de dispositifs de

21. J.-D. DREYFUS, « Contrats administratifs entre personnes publiques et théorie générale des contrats administratifs », *AJDA* 2013, p. 846 et s.

22. Voir ici CAA de Nancy, 16 avr. 1998, n° 94NC00007 ; CE 16 juin 2000, req. n° 197582.

23. CE 12 mai 2004, *Commune de la Ferté-Milon*, req. n° 192595 ; CE 13 févr. 2012, *Ministre d'État, ministre de l'Écologie, Époux Ferrante*, req. n° 330122.

24. CE 21 déc. 2007, *Région du Limousin*, req. n° 293260.

25. CE 31 mai 2010, *Communauté d'agglomération Vichy Val d'Allier*, req. n° 329483.

caractère simplement prévisionnel ou programmatoire, de simples engagements moraux. Alors que la question du champ d'opposabilité des obligations ne manquera pas de se poser[26].

Ensuite parce que les dispositifs résultant, par exemple, de la loi NOTRe, à raison d'une complexité vécue dans l'éclatement normatif, peuvent être, soit la source de contentieux directs intéressant l'acte institutionnalisant la contractualisation, pour faire simple le contrat, soit la source de contentieux seconds, notamment par la voie d'exception, intéressant les actes pris sur le fondement ou en application de l'acte institutionnalisant la contractualisation, dans la mesure, notamment où la contractualisation aujourd'hui participe de la détermination des compétences.

Les exemples sont partout. Tant partout naissent les incertitudes participant des variations des dispositifs législatifs et de l'absence, sur de nombreux points, de solution jurisprudentielle.

L'on peut s'interroger ainsi sur le périmètre de la délégation de compétences de l'article L. 1111-8 du CGCT, maintenant que le législateur a envisagé expressément des hypothèses déterminées de délégations de compétences ou ne les a pas envisagées après débats parlementaires. Pensons ici aux dispositions de l'article L. 3111-9 du CGCT, intéressant la délégation de l'organisation des transports urbains et veillant (?) à ne rien dire au sujet des transports non urbains[27]. Pensons ici à la délégation de l'octroi des aides aux entreprises qui, à en croire l'instruction ministérielle du 3 novembre 2016, ne saurait valoir pour le département qui n'est pas visé par les dispositions dérogatoires de l'article L. 1511-2 du CGCT.

L'on peut s'interroger, en outre et dans le même temps, sur les conséquences juridiques d'une délégation des compétences qui ne saurait trop flirter avec la tutelle, le contrat n'étant jamais exclusif d'éléments de contrainte et de domination.

L'on peut s'interroger sur l'indétermination juridique qui naîtra de l'articulation, dans le temps, des délégations et transferts de compétences. Ou comment articuler, par exemple, la convention passée par la région pour la participation au financement des aides et des régimes d'aides en matière d'investissements immobiliers des entreprises, avec la convention passée avec le département portant délégation de la compétence d'octroi de tout ou partie desdites aides.

26. Voir par exemple, s'agissant des CTEC et de l'opposabilité limitée aux parties : l'art. L. 1111-9-1 du CGCT.

27. Sur cette question, voir l'analyse de S. DYENS et T. MAUREL, « Quel périmètre pour la délégation de compétences de l'article L. 1111-8 du CGCT? », *AJCT* 2015, p. 582 ; J. MARTIN, « Turbulences sur les délégations de compétences entre collectivités territoriales », *JCPA* 2015, n° 769.

L'on peut s'interroger sur l'indétermination du « qui fait quoi ». La solution ne naissant alors, le plus souvent, dans le droit de la responsabilité extra contractuelle, que de l'application par le juge du moyen d'ordre public selon lequel une personne publique ne peut être condamnée à payer une somme qu'elle ne doit pas.

Le temps manque, mais l'on pourrait également revenir, partout, sur la complexité des procédures de contractualisation mises en place. Le risque de contentieux est aujourd'hui bien réel. Soit qu'il appartiendra au juge de combler les failles, de dire le droit. Soit qu'il lui appartiendra de sanctionner le non-respect d'une législation tatillonne (euphémisme).

Même si le Conseil d'État veille parallèlement au maintien d'une sécurité juridique. Que ce soit, par exemple, au travers de la jurisprudence refusant de voir des actes réglementaires dans « les actes relatifs à l'institution des structures des organismes de coopération entre collectivités territoriales et à la répartition des compétences entre ces organismes et les collectivités qui en sont membres »[28]. Ou que ce soit, par exemple, au travers d'une « danthonysation » du droit qui vient finalement galvauder une norme dont la violation n'est pas juridiquement sanctionnable.

Ce qui ne peut manquer de rappeler que l'indétermination juridique naîtra, dans le même temps, de ce que le contrat dans l'action publique locale présentera toujours quelques particularismes, révélant l'empreinte de l'unilatéralité et de l'intérêt général. Le contentieux, et j'en terminerai là, restera du contentieux public.

(Bordeaux et Pointe-à-Pitre, le 2 oct. 2017)

---

28. Voir en dernier lieu CE 1er juill. 2016, *Commune d'Emerainville et Syndicat d'agglomération nouvelle de Marne-la-Vallée-Val-Maubuée*, req. n° 363047 et 363134.

Partie III

LA TRANSFORMATION TERRITORIALE : L'APPROCHE TERRITORIALISÉE DU DÉVELOPPEMENT

TERRITOIRE ET DÉVELOPPEMENT

par

Patrice BORDA

Maître de conférences en économie
CREDDI, Université des Antilles

L'hypothèse selon laquelle *l'efficacité des actions qui lient les acteurs privés et publics dans la proximité pourrait contribuer à engendrer des nouvelles marges de manœuvre économiques en réponse à la crise* constitue le point de départ du couple *territoire-développement.*

La grande crise n'a fait que renforcer cette relation, car la récession et le chômage de masse n'ont pas été uniformes dans l'espace, ils ont été plus ou moins marqués selon les contraintes territoriales. Les destructions d'emplois et les défaillances d'entreprises ont fait l'objet de politiques locales visant, d'une part, à reclasser sur le territoire les chômeurs, et d'autre part, de trouver des repreneurs d'activité pour des projets privés. Un tel constat sous-entend que le territoire n'est pas soumis qu'à des forces exogènes, liées par exemple à la globalisation dont on ne cesse de présenter les vertus et les effets structurants, mais qu'il est mis en mouvement par les acteurs économiques au niveau local.

Le développement local est un processus qui impulse, construit et conforte les dynamiques économiques locales et conduit à une amélioration substantielle du bien-être des acteurs économiques. Il va *au-delà* de la croissance économique pour se placer dans la sphère d'un développement durable associant à la fois les dimensions économiques, sociales et culturelles, piliers de la durabilité du développement.

C'est dans les territoires que se posent avec acuités les problématiques de la croissance et de l'emploi et, c'est alors aux territoires d'y apporter des réponses. Puisqu'il s'appuie sur la dimension spatiale des sociétés, le développement peut être aussi appréhendé comme un objet spatial, car il met au centre de la problématique le triptyque territoire-acteur-développement. C'est donc clairement une action volontaire et organisée autorisant une *coordination des actions acteurs locaux* (c'est l'*agir ensemble*) et la mise en commun du bien public local (c'est le *vivre ensemble)*.

Nous nous proposons dans cette note d'analyser dans quelle mesure le territoire pourrait être associé au développement. En premier lieu, nous interrogerons respectivement sur les notions de développement local et de territoire. En effet, la référence au territoire est avant tout le fait de la géographie. En second lieu, nous montrerons que les travaux récents permettent de préciser une appropriation de la notion de territoire par la théorie économique.

I. Territoire et Développement : un couple idéal

A. Du développement local...

La mobilisation des potentialités locales (par exemple, les ressources naturelles, sociales, culturelles ou les compétences individuelles, etc.) peut orienter les dynamiques socio-économiques. La dynamique locale est une réponse d'une part, à la mondialisation dont on commence à sentir les effets, et d'autre part, à l'approche très centralisée des politiques publiques, qui agissent par rattrapage massif des retards économiques dans une dynamique exogène dont on sent poindre les contours et les limites. Il émane essentiellement de territoires qui se considèrent marginalisés par les politiques publiques locales. On découvre alors un slogan qui va devenir la *pierre angulaire* du développement local : vivre, travailler et décider au niveau local.

Cette expression contient à elle seule les principes du développement local puisque outre vivre et travailler qui sont les deux éléments forts du développement, elle appelle alors l'autonomisation de la gouvernance locale, qui implique le capital humain, le capital physique et l'innovation technologique nécessaires et la mobilisation politique. On attribue au développement local les vertus de la participation, la possibilité de faire émerger de nouveaux instruments de politiques publiques et de nouveaux consensus permettant de dépasser les processus exogènes de décision et probablement de s'en affranchir.

L'ensemble de ces fondements conditionne *une dynamique locale alimentée par des comportements, basée sur l'action locale et une stratégie dans laquelle les acteurs sont les bénéficiaires*. Ceci implique que le développement local doit trouver dans le territoire un socle bénéfique fondé sur les solidarités locales (qui sont des formes d'externalités positives). Il n'est pas un repli sur soi et doit s'appuyer sur une capacité d'ouverture qui permet de tirer profit des compétences extérieures en les adaptant aux conditions spécifiques du territoire.

C'est ainsi que dans la logique de la dynamique locale, l'échange et la mutualisation des connaissances sont les déterminants de la réussite. Il ne s'agit pas de recettes *toutes faites*, mais bien d'expériences dont les échos peuvent entraîner l'innovation dans le territoire par un enrichissement collectif. On peut voir le développement local comme une invention permanente d'un modèle social adapté au territoire qui le porte, qui s'enrichit des expériences extérieures en produisant à son tour de l'expérience innovante. C'est en quelque sorte une vision idéaliste et parfois paradoxalement utopique d'un vivre ensemble.

Le développement local favorise la renaissance des pays et la réactivation de l'intégration intercommunale accompagnées[1].

Mais cette institutionnalisation ne va pas sans une certaine neutralisation de son origine idéologique. Selon Jean-Pierre Jambes, on peut donc dire que le développement local est *un ensemble de processus et de procédures qui oscillent entre régulation, quête d'une alternative, outil de contrôle et instrument de compétition économique*.

B... au territoire

Le territoire est un *agencement de ressources matérielles et symboliques capables de structurer les conditions pratiques de l'existence d'un individu ou d'un collectif social et d'informer en retour cet individu ou ce collectif sur sa propre identité*. Il témoigne d'une appropriation à la fois économique, idéologique et politique de l'espace par des individus ou des groupes d'individus qui se donnent une représentation de leur histoire et de leur singularité.

Le territoire est aussi, un investissement culturel que les sociétés placent dans leur espace de vie. Il est lieu d'enracinement, il est au cœur de l'identité. On apprend aussi qu'un territoire, c'est d'abord est un lieu de pensée et d'action dans lequel et grâce auquel un individu ou un groupe se reconnaît, dote ce qui l'entoure de sens et se dote lui-même de sens et favorisant un processus identitaire. Et le territoire devient, dans ces années de croissance molle, une entité plus à même de révéler les ressources potentielles et de mobiliser les acteurs économiques. Il renaît alors comme un périmètre d'action et de décision locales.

En somme, le territoire est vu comme un ensemble de relations (bi-univoques) entre une *population* et un *espace*. Cette interaction constitue un *système dans lequel chacun des deux éléments ne peut se définir qu'en référence à l'autre*.

1. Les directives européennes font la part belle aux spécificités locales et témoignent de son implication dans l'aménagement du territoire.

II. Territoire et développement dans l'analyse économique

A. Territoire et économie spatiale

Contrairement à l'approche présentée ci-dessus, l'économie spatiale, champ d'analyse économique qui s'intéresse à l'espace, est *a-territoriale* du fait de la non-prise en compte du couple population-espace (qui est une relation bi-univoque). Généralement, la théorie économique, notamment les néo-classiques, aborde l'espace comme le socle des activités économiques. Selon cette école, la relation entre les activités des agents économiques et l'espace est univoque, l'espace n'intervenant que dans la problématique de la localisation des activités. Il est le résultat du comportement d'optimisation des agents économiques et n'est pas implicitement irréversible puisqu'elle peut être une délocalisation.

L'économie spatiale aborde alors le territoire sous le prisme de la recherche d'un équilibre spatial, qui peut être assimilée à une version spatialisée de la théorie de l'équilibre général conditionné par la structure des coûts de production, la distance et les structures de marché (à savoir la concurrence monopolistique).

B. Territoire et économie publique locale

D'autres champs de l'analyse économique, tel que l'économie publique locale pose la problématique des effets de non-rivalité et de non-exclusivité des biens publics locaux. En effet, les biens publics locaux ont des effets limités géographiquement conduisant ainsi à envisager l'offre de ces biens publics par des collectivités dont les compétences sont associées à un territoire.

Puisque ces collectivités font face à des demandeurs de biens publics locaux, se pose alors la question de l'équilibre entre offre et demande de biens publics locaux et de la délimitation optimale de leur territoire (et optimalité au sens de Paréto). Un équilibre optimal de biens publics locaux pourrait conduire, d'une part, à une uniformisation du système de préférence des populations au sein d'un territoire, et d'autre part, à une décentralisation des décisions publiques (multiplication de la gouvernance locale) afin d'assurer une meilleure adéquation en offre et demande de biens publics locaux.

C. Territoire, institution et performance économique

Les institutions économiques d'un territoire sont importantes, car elles conditionnent la structure des incitations économiques au sein de ce territoire. Elles constituent aussi un des déterminants de la croissance économique ; et elles forment les incitations auxquelles les acteurs économiques sont soumis. De manière générale, les institutions favorisent les investissements en capital humain et en capital physique et l'organisation de la production locale.

Si les facteurs économiques, culturels et géographiques importent pour la performance économique, les différences entre les institutions économiques sont aussi une source majeure disparités économiques entre les territoires. Les institutions territoriales déterminent non seulement la croissance potentielle, mais aussi un éventail de résultats économiques, notamment la répartition des ressources futures c'est-à-dire la répartition de la richesse, du capital physique, du capital humain ou du niveau d'éducation sur le territoire.

Les institutions économiques sont endogènes au territoire. Elles sont le résultat des choix collectifs sociétals compte tenu des externalités économiques qui en découlent. Cependant, rien ne garantit que tous les individus et tous les groupes vont préférer le même ensemble d'institutions économiques puisque le choix optimal d'une institution économique territoriale donnée pourrait modifier la rente de certains acteurs économiques locaux. Si tel est le cas, subsistera des conflits d'intérêts entre divers groupes et individus sur le choix des institutions économiques. Comment sont alors déterminées les institutions économiques ? Si deux groupes avec des préférences différentes s'opposent sur l'ensemble des institutions économiques, les préférences de quel groupe vont prévaloir ? La réponse à cette question sera conditionnée par le pouvoir politique respectif des deux groupes : le pouvoir politique central sera l'ultime arbitre. Quel qu'il soit, le groupe qui possède le plus de pouvoir politique sera susceptible d'obtenir l'ensemble d'institutions économiques compatible avec ses préférences.

Cela nous conduit naturellement à l'évolution des institutions politiques qui prennent du temps à se transformer. Ils conditionnent à la fois directement et indirectement les institutions économiques et les performances économiques. Leur effet direct est facile à discerner. Si les institutions politiques placent tout le pouvoir politique entre les mains d'un groupe d'individus, les institutions économiques qui assurent la protection des droits de propriété et de la répartition équitable des ressources pour le reste de la population sont difficiles à maintenir. Une telle société tombe dans la défiance.

Les institutions politiques déterminent la répartition du pouvoir politique, qui à son tour affecte le choix des institutions économiques. Ce cadre présente donc un concept naturel de hiérarchie des institutions au sein d'un territoire, avec les institutions politiques qui influent sur les institutions économiques à l'équilibre, ces dernières déterminant alors les performances économiques.

***
*

Au terme de notre analyse, plusieurs propos d'étape peuvent être avancés. En premier lieu, le territoire apparaît en économie comme un processus endogène. La relation *territoire-développement* fonde l'appropriation par l'analyse économique de la notion de territoire. En second lieu, la revalorisation des actifs territorialisés (culture, patrimoine, identité, etc.) pourrait apparaître comme la construction d'une ressource valorisable, nécessaire au développement. En dernier lieu, le développement local est indissociable de la qualité des institutions territoriales (politiques et économiques). Des institutions inefficaces peuvent conduire à des conflits ou des processus d'exclusion autour des ressources locales.

En somme, la dynamisation territoriale est indissociable de l'action coordonnée d'un groupe d'individus autour des ressources économiques, patrimoniales et identitaires.

Bibliographie

- Acemoglu D., Johnson S. et Robinson J., « Institutions as the fundamental cause of long run growth », *NBER working paper*, n° 10481, 2004.
- Acemoglu D. et Robinson J., *Economic Origins of Dictatorship and Democraty*, Cambridge University Press, 2006.
- Akerlof G. A. et Kranton R., « Identity and the theory of organisations », *Journal of Economic Perspectives* 2005, vol. 19, n° 1, p. 9-32.
- Askenazy P. et Cohen D., *27 questions d'économie contemporaine*, Albin Michel, 2008.
- Algan Y. et Cahuc P., *La société de défiance : Comment le modèle social français s'autodétruit ?,* éd. Cepremap, 2007.
- Krugman P., « Increasing returns and economic geography », *Journal of Political Economy* 1991, vol. 99, n° 3, p. 483-499.
- Sadoun M., *La démocratie en France : Idéologies*, Tome 1, Gallimard, 2000.

LA COLLECTIVITÉ UNIQUE À L'ÉPREUVE DU SOCIAL : LES POLITIQUES SOCIALES ET LES POLITIQUES DE SANTÉ

par

Martine LONG

Maître de conférences HDR de droit public
Centre Jean Bodin – Recherche juridique et politique (UPRES EA n° 4337)
Université d'Angers
Membre du Conseil scientifique du GRALE (GIS)

La question sociale dans les collectivités ultramarines se révèle particulièrement épineuse en raison à la fois du nombre de bénéficiaires de l'aide sociale, mais également d'une certaine réticence pendant longtemps de l'État central à admettre un alignement des conditions d'octroi avec celles qui prévalent en métropole.

Cette question se double de particularités locales, Mayotte par exemple, avec sa proximité avec les Comores et l'afflux de populations en situation irrégulière ou encore la Guyane qui connaît un contexte semblable.

La question sociale est au cœur des enjeux sociaux et sociétaux, les soulèvements en Guadeloupe, à Mayotte ou en Guyane montrent bien les difficultés de territoires cumulant les problématiques d'îles et d'une vie chère avec un contexte économique atone. Ces situations sont d'autant plus aggravées lorsque des aléas climatiques se rajoutent à un contexte déjà difficile.

Parler de social dans une thématique consacrée à la question régionale peut à première vue surprendre. La région est identifiée comme moteur économique, le département est l'échelon des solidarités. Ainsi, même si en vertu de l'article L. 4211-1 du CGCT « La région a pour mission, dans le respect des attributions des départements et des communes et, le cas échéant, en collaboration avec ces collectivités et avec l'État, de contribuer au développement économique, social et culturel de la région », l'échelon des solidarités demeure le département.

Le social est cependant une compétence particulièrement prégnante dans les recompositions en cours et un enjeu à la fois de transaction entre collectivités et en termes de flux financiers. La région n'est pas non plus dépourvue de moyens d'action que ce soit au travers de la gestion des financements issus du Fonds social européen ou de sa compétence en matière d'économie sociale et solidaire. Il est de plus difficile de dissocier l'économie et le social, l'ensemble des compétences participant à une dynamique de développement local qui va permettre de faire face à une situation sociale préoccupante.

La région n'a pas été évoquée dans les débats comme étant un lieu de référence de gestion du social. Certes, au moment du questionnement sur la disparition du département plusieurs scénarios ont été dessinés, mais aucun ne mettait les régions au cœur des recompositions. Ces dernières ne se sont pas positionnées d'ailleurs sur ce thème. La recentralisation du RSA a été évoquée ainsi que la création d'agences pour gérer le social, le transfert de tout ou partie des compétences sociales aux intercommunalités, mais la stratégie régionale axée sur le développement économique semblait assez éloignée des préoccupations sociales. Il est cependant un fait avéré que dans le cadre d'une collectivité unique, et plus particulièrement outre-mer, le social occupe une place déterminante et est au cœur d'une stratégie d'arbitrage au regard des enjeux financiers. Dans cette hypothèse, la région absorbe le département ou l'inverse, comme c'est le cas pour le département de Mayotte.

Si la collectivité unique apparaît comme un prototype pouvant se généraliser dans d'autres territoires, la problématique du social en raison de sa particularité reste primordiale. Si la Guadeloupe présente la particularité d'avoir rejeté la collectivité unique, mais d'être une région monodépartementale, la distinction n'est pas mince. Alors même que la collectivité unique amène à une gestion intégrée du social, la Guadeloupe a conservé une représentation propre et un budget distinct pour la collectivité départementale. Des projections peuvent cependant être réalisées au regard des évolutions voisines. Mayotte devenu département de droit commun, mais gérant aussi les compétences régionales, ou encore La Martinique et la Guyane constituent des cadres de réflexion des enjeux d'une collectivité unique dans des territoires dans lesquels les inégalités sont très prononcées et les enjeux sociaux particulièrement prégnants. Il sera ici très certainement difficile de modéliser. Le Grand Lyon, collectivité à statut particulier, s'est ainsi créé en absorbant les compétences du département sur son territoire et notamment la compétence action sociale, la création du Grand Lyon a aussi fait l'objet d'un accord politique et financier entre le département du Rhône et la métropole. La Corse, avec la création d'une collectivité unique en 2018, a dû faire face à ces questionnements. Ici, les pratiques des deux départements avec des contextes et des modes d'action diversifiés devront aller vers une certaine harmonisation. Les clivages politiques devront être dépassés pour aller vers une vision commune des territoires et des modes d'action tout en maintenant une proximité et des spécificités.

L'objet de cette recherche sera dès lors de s'intéresser spécifiquement aux enjeux des recompositions du social. Le social n'est pas ciblé comme une compétence régionale ou comme impliquant une vision régionale, pour autant avec la montée en puissance des métropoles et des grosses intercommunalités, le social connaît ses propres stratégies, une vision transversale de l'action publique apparaît.

Dans ce contexte, il sera souligné que le social demeure un marqueur identitaire fort des collectivités ultramarines (I) et que s'il n'a pas été au cœur de stratégies régionales, il reste un élément important des recompositions en cours (II).

I. Le social, un marqueur identitaire fort

La question sociale prend outre-mer une coloration spécifique et reste un enjeu financier primordial. Ainsi, près de 10 % des personnes bénéficiant du RSA se situent outre-mer, alors que la population de ces collectivités représente moins de 3 % de la population totale de la France. 80 % des foyers sont éligibles outre-mer au logement social, contre 66 % en métropole.

A. Un contexte spécifique outre-mer

La question sociale outre-mer présente une particularité certaine. Si en termes de population les départements d'outre-mer ont des chiffres qui se rapprochent de ceux de la métropole, les caractéristiques sociologiques diffèrent. On compte une part importante de jeunes (31,6 % de moins de 20 ans à la Guadeloupe, contre 24,9 % en moyenne en métropole), une espérance de vie à la naissance, notamment pour Mayotte, beaucoup plus faible et une paupérisation de la population qui reste un marqueur fort. On note également une densité de population beaucoup plus importante, notamment à La Réunion.

Même si chaque contexte outre-mer est spécifique, certains éléments caractéristiques demeurent.

Un taux de chômage particulièrement élevé aux alentours de 25 %, un niveau d'éducation qui reste faible et un revenu médian beaucoup moins élevé qu'en métropole. Au-delà de ces déterminants, les contextes diffèrent avec un vieillissement de la population plus marqué en Martinique, par exemple, et des inégalités de revenus beaucoup plus élevées dans certains territoires.

Une autre particularité du social est l'application à la carte des législations nationales. Le principe d'adaptation trouve ici sa pleine application avec des dispositifs qui tendent à une certaine harmonisation, mais qui doivent tenir compte aussi des réalités locales. On peut noter cependant que si en 1946, au moment de la création des départements d'outre-mer, le principe d'adaptation était prédominant, la volonté à partir de 1986 et de la loi sur la parité sociale globale[1] a été celle d'une

1. Loi n° 86-1383 du 31 déc. 1986 de programme relative au développement des départements d'outre-mer, de Saint-Pierre-et-Miquelon et de Mayotte.

certaine assimilation avec la métropole. Si les indicateurs sociaux demeurent très largement supérieurs à ceux prévalant en métropole, le traitement social tend quant à lui à s'uniformiser. Le RSA a ainsi été étendu dans les DOM ainsi qu'à Saint-Barthélemy, Saint-Martin et Saint-Pierre-et-Miquelon[2]. La récente loi nº 2017-256 du 28 février 2017 de programmation relative à l'égalité réelle outre-mer et portant autres dispositions en matière sociale et économique qui, érige l'objectif d'égalité réelle des populations des outre-mer au sein du peuple français en « priorité de la Nation » en constitue une nouvelle traduction. Pour autant, des différences subsistent. À Mayotte, les allocataires du RSA reçoivent un revenu d'un montant inférieur à 50 % même si l'objectif à terme est celui d'une certaine harmonisation. L'APA n'a été étendue à ce département qu'à compter de 2015. La volonté d'imposer une durée de résidence de quinze ans en Guyane pour accéder au RSA montre bien que la volonté harmonisatrice se heurte ici à des réalités locales qui peuvent remettre en cause le système global.

La question sociale rejoint dans les collectivités ultramarines celle du financement. Face à la prévalence et au coût de cette prestation, la collectivité de Saint-Martin a pu être autorisée à adapter les conditions d'accès du RSA sur son territoire pendant deux ans dans le cadre de la loi d'adaptation du droit outre-mer. On voit ainsi que ces territoires sont confrontés à un double défi et à un balancement entre volonté d'alignement avec les conditions métropolitaines et réalités locales différenciées.

De la même façon, on a pu noter certaines modalités de prises en charge spécifiques outre-mer. Si là aussi une harmonisation a été réalisée avec les dispositifs existants en métropole, le principe d'adaptation des législations s'est très largement appliqué. Il existait ainsi jusqu'en 2012 une agence départementale d'insertion spécifique à la Guadeloupe qui a été depuis intégrée dans les services départementaux.

D'autres dispositifs n'existent qu'outre-mer. Par exemple, l'article L. 4432-11 du CGCT mentionne la création dans chaque région d'outre-mer, d'un centre régional de promotion de la santé dont la mission est de veiller à ce que les réformes du système de santé et de soins s'orientent vers les besoins spécifiques de la région. Alors même qu'en métropole ce rôle est assuré par la conférence régionale de la santé et de l'autonomie, structure rattachée à l'ARS, outre-mer ces besoins sanitaires sont identifiés comme une problématique relevant de la région, collectivité territoriale.

Si les différents territoires d'outre-mer connaissent pour certains une situation meilleure que celle des pays qui les avoisinent, ils restent confrontés à certaines difficultés. Le taux de mortalité infantile et maternelle est élevé, les phénomènes d'addiction importants, le développement de maladies chroniques (diabète ou

2. Décret nº 2010-1783 du 31 déc. 2010 portant extension et adaptation du revenu de solidarité active dans les départements d'outre-mer, à Saint-Barthélemy, Saint-Martin et Saint-Pierre-et-Miquelon.

rhumatisme articulaire aigu) supérieur à la moyenne; Ainsi qu'à une incidence importante des maladies infectieuses (chikungunya à La Réunion et aux Antilles, Zika en Polynésie française).

Il est de ce fait difficile de faire un bilan global des mesures applicables.

B. Une organisation a la carte

La difficulté d'appréhension des outre-mers tient bien évidemment à des réalités très différentes, à la fois quant au statut juridique et en termes de contexte.

La distinction entre collectivités d'outre-mer relevant d'un principe de spécialité législative et les collectivités qui relèvent de l'article 73 de la Constitution et d'un principe d'adaptation législative obéit à des contextes très différents.

On a ainsi des collectivités uniques comme la Guyane ou la Martinique qui gèrent à la fois les compétences de la région et du département. Le département de Mayotte qui intègre les compétences du département et de la région. La Guyane, par exemple, constitue une collectivité territoriale de la République régie par l'article 73 de la Constitution qui exerce les compétences attribuées à un département d'outre-mer et à une région d'outre-mer et toutes les compétences qui lui sont dévolues par la loi pour tenir compte de ses caractéristiques et contraintes particulières. Il en résulte une vision plus transversale et des recompositions de services et de modes d'action qui ne sont pas allées sans interrogations. Lorsque l'on sait qu'outre-mer l'emploi public représente 50 % de l'emploi global, il est facile d'imaginer le rôle d'amortisseur social que ce dernier peut jouer. La fusion de collectivités peut alors amener des tensions et des choix budgétaires qui peuvent générer des situations de conflits.

La Guadeloupe qui a rejeté le statut de collectivité unique, mais présente la particularité d'être une région monodépartementale et les collectivités d'outre-mer qui obéissent à des statuts particuliers semblent ainsi rejeter ce modèle intégrateur.

On peut noter également des formes de concertation spécifiques. S'il existe en métropole une conférence territoriale de l'action publique qui a un pouvoir consultatif et qui doit travailler sur la question de la répartition des compétences, on peut noter l'existence en Guadeloupe d'un congrès des élus départementaux et régionaux de Guadeloupe qui est composé des membres du conseil départemental de la Guadeloupe et du conseil régional de Guadeloupe (art. L. 5911-1 du CGCT) et dans lequel siègent les députés et sénateurs avec voix consultative lorsqu'ils n'y sont pas à un autre titre.

Ce congrès des élus départementaux et régionaux délibère de toute proposition d'évolution institutionnelle, de toute proposition relative à de nouveaux transferts de compétences de l'État vers le département et la région concernés, ainsi que de toute modification de la répartition des compétences entre ces collectivités locales. L'outre-mer a joué ici son rôle de laboratoire institutionnel et préfiguré ce qui a été ensuite étendu aux autres territoires.

On voit ainsi que l'organisation du social obéit à des logiques différentes selon les statuts et à une vision globale au sein d'un ensemble de compétences transversales lorsque l'on a affaire à une collectivité unique ou une vision plus cloisonnée lorsque l'on reste sur un schéma départemental classique. La vraie question est ici celle des priorités et des enjeux.

II. Le social, un enjeu de recompositions

Si le social constitue un marqueur fort des collectivités territoriales ultramarines, il est aussi de façon plus générale l'un des enjeux des recompositions actuelles.

A. Une compétence qui reste départementale

L'action sociale demeure une compétence départementale. Si la disparition du département a été un temps annoncée, au final les transferts de compétences du département à la région demeurent résiduels. Seuls les transports scolaires et interurbains ont été transférés à l'exception de ceux qui concernent les élèves handicapés.

60 % des dépenses de fonctionnement du département sont des dépenses qui ont trait à la compétence sociale, 80 % outre-mer. Ce marqueur social a été conforté par la suppression de la quasi-intégralité des possibilités d'intervention du département en matière de développement économique et la suppression de la clause générale de compétence. La volonté a de ce fait bien été de recentrer le département comme acteur du social alors même que la région devenait le pilote des aides aux entreprises. La compétence sociale, malgré une définition des compétences qui semble clairement attribuée au département, brille cependant par sa complexité.

Nous sommes ici dans une intervention multiniveaux qui fait intervenir différents acteurs de façon bien souvent cloisonnée et parallèle. Les communes ont conservé au travers de la clause générale de compétence une capacité d'action et de développement social.

L'intercommunalité sociale se développe avec la possibilité de retrouver cette compétence à titre optionnel ou facultatif et l'incitation inscrite dans la loi du 7 août 2015 à développer des centres intercommunaux d'action sociale. La CNAF développe en matière d'enfance/famille ses propres logiques d'action ainsi que le secteur associatif. On assiste ainsi à une arborescence dont le département demeure l'œuvre centrale avec les dispositifs d'aides légales et les autres acteurs des éléments parallèles gravitant dans différents axes.

Une clarification apparaît dès lors nécessaire dont on ne sait à quel acteur elle pourra incomber. Le poids de plus en plus prégnant des ARS sur le secteur du médico-social ainsi que l'avènement de schémas régionaux montrent bien qu'une stabilité n'est pas acquise dans ce secteur. Le souci de proximité est contrebalancé par un besoin de régulation plus large.

B. Des recompositions en cours

Si la compétence sociale des départements a été réaffirmée avec la loi NOTRe, des recompositions sont en cours.

D'une part, la création de métropoles et la montée en puissance de l'intercommunalité questionnent l'échelon départemental. Par ailleurs, la question du devenir des départements demeure entière.

Le département n'a jamais eu une compétence exclusive sur le social. L'échelon communal a toujours joué un rôle de proximité et d'aide de première nécessité. De la même façon les CAF, avec le volet action sociale, ont apporté une aide importante sur le volet enfance/famille. Le poids du secteur associatif est lui aussi important. De ce fait, l'action du département s'est concentrée essentiellement sur les dispositifs d'aides légales mis en place.

La montée en puissance de l'intercommunalité sociale et le transfert d'un certain nombre de compétences du département à la métropole dans le cadre de la création de métropoles relevant du droit commun amènent également à requestionner le social. La volonté annoncée par le Président de la République de généraliser le modèle lyonnais et de supprimer en tout ou en partie le département lorsqu'existe une métropole repose nécessairement la question de la gestion du social. Si dans les outre-mer la question des métropoles ne se pose pas, des formes de développement spécifiques ont pu être développées.

La création de collectivités uniques amène en effet à une mise en synergie des compétences développement économique et sociale.

Si en Martinique et en Guyane la création d'une collectivité unique tend à une vision transversale des compétences économiques et sociales, à Mayotte, dénommé département de Mayotte, la compétence sociale prime sur l'économique. Dans les collectivités territoriales de la Martinique ou de Guyane ou encore pour le Grand Lyon le social est noté au milieu des autres compétences de la collectivité. La problématique dans ces situations est de maintenir une capacité d'action et de dynamique et de ne pas se laisser totalement absorber par des compétences sociales qui demeurent prégnantes et lourdes de financement.

Plusieurs enseignements peuvent être tirés de ces évolutions. Il apparaît que la création d'une collectivité unique ou d'une collectivité à statut particulier à l'image de Lyon ou de la Corse en 2018 amène à une vision plus transversale du social. Le social n'est plus appréhendé comme une compétence à part, mais dans une vision davantage globale des dispositifs.

Si des marqueurs territoriaux demeurent, cette vision transversale peut amener à de nouvelles logiques de développement et à une certaine innovation dans les dispositifs. Des logiques d'insertion peuvent être développées dans un cadre endogène. Pour autant, la création de la collectivité unique en Corse et la disparition à terme des départements montre bien que ces évolutions ne sont pas aussi simples.

Au-delà de la question des compétences et des modes d'action ce sont bien des enjeux identitaires et des logiques politiques qui se jouent. Derrière les stratégies, ce sont bien évidemment les visions et les budgets alloués qui seront déterminants. La dimension ressources humaines et emploi n'est pas non plus à négliger sauf à recréer de nouveaux problèmes sociaux.

(Le 7 nov. 2017)

LA PARTICIPATION DES RÉGIONS AU CAPITAL DES ENTREPRISES PRIVÉES

par

René SANTENAC

Docteur en sciences de gestion
Maître de conférences associé en sciences de gestion
CREDDI, Université des Antilles
Cadre bancaire

Les capitaux investis par les fonds régionaux sont devenus sans cesse croissants sur le plan national. La Guadeloupe n'échappe pas à ce phénomène. Les initiatives et les dispositifs sont nombreux, notamment en matière d'aide, de coopération, d'accompagnement et d'investissement.

Ces initiatives ont montré la nécessité pour les régions d'aller plus loin en matière d'investissement, en somme devenir l'un des acteurs majeurs de l'activité financière et singulièrement sur notre territoire où les entreprises souffrent d'un déficit de fonds propres. Mais cette analyse doit s'établir sans négliger la problématique de la taille critique des organisations en général et de celle du territoire de la Guadeloupe en particulier, tant du point de vue des régions que du point de vue des entreprises. Sachant que « toutes choses, étant égales par ailleurs », les régions importantes ont probablement sur leurs territoires, des entreprises ayant une taille critique somme toute aussi volumineuses.

Depuis octobre 2012, Marylise Lebranchu avait confirmé la possibilité de modifier la loi pour élargir le domaine de compétences des régions dans la prise de participation au sein des entreprises privées.

À l'instar d'un État actionnaire (chez Renault, France Télécom, Air France, etc.), les conseils régionaux ont la possibilité d'en faire autant, ce qui leur donnerait *de facto* un pouvoir supplémentaire en matière économique, et ce, comparativement au modèle allemand des *Länder*, *leader* en matière économique et financière.

Ce dispositif passe nécessairement par un schéma moins complexe que celui des sociétés d'économies mixtes qui, pour prendre part dans les sociétés commerciales, doivent avoir l'autorisation du Conseil d'État et sous décret du Premier ministre. Soit plus d'un an de procédure. Il fallait donc lever cet obstacle procédural et administratif grâce à l'extension qui a été faite de la loi de la décentralisation élargie, dite loi NOTRe.

Les freins subsistent, tant sur le plan idéologique, politique et économique avec cette sacro-sainte maxime de la trilogie libérale entre l'efficacité, l'efficience et l'équité. Pourquoi privilégier un secteur par rapport à l'autre et surtout comment ?

Notre hypothèse de recherche est fondée sur l'idée du concept d'une « région stratège ». Notre problématique de recherche vise à intégrer le principe que l'action publique se doit être efficace et rentable. Au-delà de l'accompagnement en subvention sur des fonds perdus, l'accompagnement en prise de participation rend une région plus impliquée et responsable des projets qu'elle pourrait partager avec les entreprises de son territoire. Néanmoins, la taille critique des organisations et des entreprises de chaque territoire est un facteur non négligeable à ne pas écarter dans l'analyse, il est à la fois positif et discriminant.

Dès lors, deux questions fondamentales se posent. D'une part, quel est le dispositif juridique qui encadre un tel système et sa portée opérationnelle ? D'autre part, comment rendre compatible et rentable dans un projet commun, la sphère public/privé ?

Comment est-on arrivé à concevoir qu'une région, collectivité décentralisée, peut jouer un rôle microéconomique sans négliger son devoir sur le plan macroéconomique ? C'est là tout l'enjeu du corps théorique de notre recherche, fondée sur les théories économiques de la régionalisation capitalistique.

Mais investir ne se fait pas sans risque, tout actionnaire le sait. Si le dispositif de la BPI (Banque Publique d'Investissement) permet d'accompagner les établissements bancaires, le législateur a voulu doter les conseils régionaux d'une force supplémentaire en matière économique. Dans cette perspective, nous aborderons la question en trois parties. La première s'attachera à décrire et analyser les théories qui sous-tendent le principe de régionalisation capitalistique. La seconde abordera le cadre juridique et législatif de la loi NOTRe sur la participation des régions dans le capital des entreprises. La troisième enfin, visera à décrire les modalités pratiques de l'intervention actionnariale. Enfin, notre conclusion permettra de répondre à la question de la pertinence et de la crédibilité d'un tel dispositif en explorant les exemples et expériences montées dans ce domaine.

I. Les théories économiques de la régionalisation capitalistique

La théorie de la régionalisation[1] provenant d'une conception nouvelle de la géographie économique ou de l'économie des territoires issues des travaux portés par Von Thünen (1827) et par Christaller (1933) nous apporte une approche originale du comment utiliser l'espace et comment l'optimiser. Ces théories suscitent de nouveaux débats et substituent l'intégration par le marché au profit d'une conception de divergence et de convergence sur les aspects institutionnels et politiques. Ces régions fortement frappées par la violence de la mondialisation tentent de redéfinir leurs espaces de développement. La mondialisation est devenue la norme au plan international pour les échanges, la régionalisation joue alors un nouveau rôle, celui de la régulation face aux contre-chocs du premier. Les travaux réalisés par Hugon (2001) tendent à montrer une corrélation entre croissance mondiale et croissance régionale et vice versa, dès lors que la mondialisation est en décroissance, la régionalisation l'est également.

En réalité, la quasi-totalité des régions recherche de nouvelles formes de coopération allant du transfert des compétences à la souveraineté des territoires. On peut citer pêle-mêle : la Guyane, la Martinique, devenues des nouvelles collectivités à compétences fusionnées et élargies pour ce qui concerne le regroupement et les transferts. On peut également évoquer l'exemple de la Catalogne qui cherche à accéder à sa souveraineté. Ces exemples au sein de l'espace communautaire européen ne sont donc pas exclusifs au modèle français, ils touchent une grande partie de l'Europe. Attaché à un État, tout en ayant une autonomie dans la décision. Est-ce une volonté régionale ou étatique ? Quelles sont les raisons qui ont conduit à un tel cheminement ? Ces nouveaux modèles d'une régionalisation forte sont-ils économiquement viables, de telle sorte qu'il puisse favoriser le plus grand nombre et qu'il soit porteur d'avenir ?

Rendre le modèle régional plus fort et lui doter de nouvelles sources de financement, c'est là tout l'enjeu, une alternative crédible à l'action publique décentralisée et déconcentrée répondant aux nouvelles exigences de l'économie capitalistique. On peut donc indiquer que l'économie régionaliste capitalistique apparaît comme un processus « multidimensionnel » caractérisé par :

- l'interactivité entre ces zones géographiques ;
- l'attractivité qu'elle entend développer ;
- une nouvelle gestion des flux de capitaux et des personnes du fait de la proximité des acteurs et des opérateurs ;
- le *« benchmarking »* des régions que l'on peut comparer et piloter par des indicateurs de performances ;
- les convergences et divergences entre l'État et la région.

1. Ph. HUGON, « Les économies en développement au regard des théories de la régionalisation », *Revue Tiers Monde* 2002, vol. 43, p. 9-25.

Pour la divergence, c'est notamment le cas des contrats aidés en France que le gouvernement entend réduire, voire supprimer à terme. En effet, c'est l'État qui finance ces contrats qui sont à la disposition du secteur des collectivités et du tissu associatif. Dans cette idée, l'État n'entend plus assumer les dépenses pour un tiers, fût-elle une collectivité. Pour ce qui est de la convergence, c'est le financement de plates-formes, port/aéroport où l'intérêt de l'État est d'assurer ces retombées économiques, depuis que Pierre Rosanvallon[2] avait mis en avant la fin d'un État providence, le processus s'est accéléré, où l'État joue de moins en moins un rôle de régulation et se transforme progressivement en État actionnaire. Il incite désormais les régions non seulement à prendre un grand nombre de décisions, mais également à intégrer le concept de région actionnaire. C'est-à-dire, une recherche de profitabilité de l'action régionale. C'est une approche de conception libérale pour doter les régions d'éléments juridiques puissants leur permettant de bâtir un modèle économique vertueux et un *optimum* parétien. La création de richesse passe alors par la création de valeurs, la réalisation d'économies d'échelles, la production par substitution à l'exportation et la fiscalité. Ce modèle devrait permettre un accroissement de la croissance régionale et une meilleure compétitivité dans son espace. On sort, donc, d'une approche d'intégration par l'État à une approche d'intégration par le marché. Le flux financier devient l'élément central, la dimension spatiale du territoire dépasse *stricto sensu* les limites et les frontières.

Dans cette perspective, deux écoles ont développé cette approche. Les deux approches sont à la fois opposables et complémentaires. L'une issue de l'école française portée par François Perroux[3] et Jacques Boudeville[4] qui mettent en avant les problématiques de croissance par effet de substitution à l'instar du modèle de Robert Solow. L'autre américaine portée par William Alonso (1964), Edwin Mills (1967) et Richard Muth (1969) qui ont mis en avant les problématiques de gestion de l'espace par le prisme du développement urbain des territoires. Ces dernières années, c'est au sein du territoire régional que s'exerce la régulation tant économique que sociale.

De par ces approches, on sort d'une logique des avantages comparatifs entre zones géographiques ou entre territoires pour intégrer l'économie d'agglomération, qui s'identifie par l'accumulation d'une grande quantité de clients et de fournisseurs. Les territoires ne doivent plus être pensés sous l'angle des spécificités économiques, ni des spécialisations et ni liés à leurs avantages comparatifs. C'est bien la problématique des externalités d'agglomération qui doivent être mises en

2. P. ROSANVALLON, *La crise de l'État-providence*, 1981, éd. Le Seuil.

3. D. AVOM, « Intégration régionale dans la CEMAC : des problèmes institutionnels récurrents » 2007, Revue *Afrique,* de Boeck Supérieur.

4. J. BOUDEVILLE, « L'espace et les pôles de croissance », *Revue Tiers Monde, Éducation et développement* 1970, p. 223-224, ainsi que J. BOUDEVILLE, *Les espaces économiques*, Paris, PUF, 1970.

avant par l'action régionale dans le financement et la prise de participation dans le capital social des entreprises privées. C'est la maîtrise des savoirs, des technologies de l'économie intelligente et du capital humain qui permettront de développer un pôle de compétitivité. La mise en place d'une région à caractère stratégique nécessite donc des éléments de manière implicite (déjà développé), mais également des éléments explicites, tels que l'environnement, l'aménagement du territoire, etc.

Dès lors, on parlera alors d'économie de proximité. Elle est opposable à l'économie géographique puisqu'elle est basée sur la gestion relationnelle des activités. C'est la capacité pour l'acteur économique et en l'occurrence pour la région Guadeloupe à développer des interactions au sein du territoire, ainsi qu'entre les acteurs. Plus les effets de la mondialisation sont importants au sein d'une région, la rendant dépendante, tout en rétrécissant le marché et plus le territoire développe malgré lui des effets d'agglomération, nuisibles à son propre développement. Tout en cherchant à créer une synergie des zones géographiques et de l'attractivité, elle concourt à l'effet inverse, dépendance, chômage, oisiveté. Pour donner du sens à la régionalisation, il convient donc d'accentuer ses facteurs productifs et d'accélérer le processus d'interaction d'un même territoire au sein d'une zone géographique donnée. Et par conséquent une complémentarité aux effets des agglomérations. Pour donner du sens à cette action, il est nécessaire qu'il y ait une bonne architecture des infrastructures et une bonne interconnexion entre elles. Il convient d'intégrer une triple dimension dans la démarche, relier le flux physique aux flux financiers ainsi qu'aux flux virtuels. On parlera alors de flux physiques, de flux financiers et de flux spatiaux lié au maillage et à la géographie du capital. *A contrario*, les fonds structurels d'État, les fonds européens développent des effets d'externalités négatives, rendement décroissant, fiscalité élevée.

L'atout majeur de la collectivité territoriale de Guadeloupe vient de deux éléments : d'une part de l'intelligence territoriale d'innovation et d'autre part du revenu monétaire. C'est-à-dire de la puissance de la part du conseil régional à prendre une part capitalistique au sein de l'actionnariat privé des entreprises. C'est à la fois une démarche proactive ainsi que de l'accompagnement, à valeur ajoutée. Une plus forte intégration régionale peut donc accroître le rendement des facteurs de production, l'impact serait *de facto* sur la pratique de tarifs élevés, d'où la nécessité d'adapter sa fiscalité de telle manière que celle-ci soit neutre. De même, une plus forte intensité capitalistique conduirait à l'accroissement de la croissance (effet Baldwin, 1989, 1992). Dès lors, la question qui se pose est double, premièrement celle de la rentabilité des capitaux investis, comme pourrait l'attendre n'importe quel actionnaire. Deuxièmement, l'opportunité de trouver de nouvelles ressources pour les collectivités. Enfin troisièmement, l'action publique territoriale ne peut se comporter comme un actionnaire *lambda*, sa mission est de rendre ses actions et ses investissements efficaces, équitables et efficients.

La région a donc un double rôle, à la fois macroéconomique, mais également microéconomique en interagissant sur les acteurs dits de proximité, c'est-à-dire les entreprises dans lesquelles elle interviendra directement. Son action devrait permettre à la périphérie de trouver de nouveaux relais de croissance.

En adoptant ce principe de prise de participation, l'État a donc inventé une nouvelle forme d'actionnariat. À côté des deux principaux types d'actions que sont les actions ordinaires et les actions privilégiées, tels que les ADPSV (Action à Dividende Prioritaire Sans Droit de Vote), il existe donc les APM (Action Publique Minoritaire). L'objectif d'un tel dispositif est de doter les conseils régionaux d'un outil puissant d'effet de levier de financement pour redynamiser la croissance économique dans des secteurs issus de l'innovation, des énergies renouvelables et des valeurs industrielles émergentes sur leurs territoires. Pour qu'un tel dispositif soit efficace, il faudrait un véritable partenariat entre firmes internationales et conseils régionaux, comme l'a si bien réussi le Japon dans le secteur de l'automobile. Le succès d'un tel dispositif provient des investissements directs régionaux (IDR). Les investissements directs régionaux sont d'une part facteurs de croissance, d'autre part ils assurent un meilleur développement de l'entité régionale, mais peuvent néanmoins la rendre dépendante d'un modèle économique qu'elle n'aurait pas choisi. Les externalités sont donc facteurs de croissance. Dès lors, la question de la dilution préférentielle et de la crédibilité de l'action régionale sont mises en avant. Cette philosophie va dans le sens des actions régionales, notamment par la gestion des fonds européens et l'autonomie des régions. La réforme territoriale de la loi NOTRe vise à doter les conseils régionaux d'une autonomie financière, politique et de moyens.

Fort d'un tel dispositif, le conseil régional a un atout puissant pour intervenir dans des entreprises cibles afin d'orienter la croissance sur des valeurs porteuses, tout en recherchant les effets des externalités positives, notamment la croissance verte ou la croissance bleue.

De par cette approche, on peut tirer plusieurs enseignements. Premièrement, on sort d'une logique d'insularité du fait du rétrécissement de la distance dans les relations économiques à caractère commercial. Deuxièmement, les collectivités territoriales sont amenées à concevoir un budget dans une logique stratégique de rentabilité, c'est-à-dire « penser la recette, pour fixer les dépenses et non l'inverse », comme ce qui est le cas actuellement. Troisièmement, elles sont amenées grâce à leurs participations de *booster* les secteurs cibles générateurs de croissance. Quatrièmement, c'est l'opportunité pour elles de trouver de nouvelles sources de recettes grâce aux dividendes que pourrait distribuer l'entreprise privée par ses bénéfices.

Néanmoins, ces prises de participation ne sont pas neutres. Elles génèrent des risques, naturellement du fait de la nature même de l'opération. Le risque également que peuvent comporter des parts d'actions avec un retournement de marché et une faillite éventuelle de l'entreprise elle-même. L'autre élément du risque est la problématique de la taille, la prise de participation doit être en cohérence avec la taille de l'entité régionale et de son propre budget. Dès lors que la stratégie n'intègre pas les problématiques de la taille critique, les structures organisationnelles s'exposent à une faillite éventuelle. C'est d'ailleurs dans cette optique que le législateur a encadré les modalités de participation en permettant aux collectivités d'agir de manière dynamique tout en veillant à l'équilibre de leurs propres budgets.

Il convient alors, d'examiner, le cadre législatif d'un tel dispositif.

II. Le cadre juridique de la loi sur les participations des collectivités publiques

Pour faire face aux nouveaux enjeux économiques et devant la résurgence des crises économiques et financières, le législateur a voulu donner une nouvelle vision pragmatique et prospective de l'action de l'État par le biais de ces organes territoriaux. En effet, les territoires sont de plus en plus touchés par des crises, en particulier financières, et l'action de l'État est souvent vécue comme inappropriée ou mal adaptée. Les réponses apportées par l'État deviennent ainsi complémentaires à l'action menée par les collectivités territoriales, en matière d'innovation, de croissance économique, et ce dans le but de conserver la cohésion sociale au sein de la République.

Notre territoire, la Guadeloupe, n'échappe ni à ses problématiques ni à ses enjeux. L'exiguïté de notre territoire, son insularité, son exposition face aux risques, et notamment les risques naturels survenus très récemment en septembre 2016, montre là l'importance d'une bonne cohésion entre l'État et les collectivités, les entreprises privées, ainsi que la nécessité pour nos collectivités d'impulser une dynamique économique en toute autonomie.

C'est ainsi que la loi NOTRe, du 7 août 2015 portant sur la nouvelle organisation territoriale de la République, a adopté le principe du renforcement des responsabilités régionales. Il stipule en outre dans son alinéa dans le Code général des collectivités territoriales, article L. 111, que :

> « Pour les opérations d'investissements financés par le Fonds européen de développement régional dans le cadre du programme de coopération territoriale européenne, la participation minimale du maître d'ouvrage est de 15 % du montant total des financements apportés par des personnes publiques. »

Mais cet article va plus loin, dans son alinéa, article L. 4211-1, en élargissant les domaines de compétences de l'action régionale sur des activités concernant le numérique, le soutien au logement, l'amélioration de l'habitat, la rénovation urbaine et l'éducation.

On voit donc bien que l'action régionale a un domaine très élargi en matière de compétence à exercer sur son propre territoire. C'est ce que le législateur a voulu. Rendre l'action régionale, dynamique, attractive et légitime dans le cadre des politiques publiques de proximité qui lui sont propres.

Pour reprendre les termes de la ministre, Marylise Lebranchu, en son intervention au Sénat, le 10 avril 2013, lors de sa présentation sur « la loi de mobilisation des régions pour la croissance et l'emploi et de promotion de l'égalité des territoires », considérait que les régions doivent jouer un double rôle : celui de la responsabilité et celui d'effet de levier de croissance.

L'idée que la démocratie puisse s'élargir aux territoires, c'est le fondement même du principe de la loi de la décentralisation initialement menée en son temps par François Mitterrand, sous l'impulsion de son Premier ministre, Pierre Mauroy, et de son ministre de l'Intérieur, Gaston Deffere.

Le principe démocratique de la territorialité doit désormais s'exercer dans le cadre de la loi NOTRe comme une dynamique des territoires et une dynamique de l'action publique tant sur les aspects économiques, sociaux, éducatifs, de la santé et de l'environnement. Ce nouveau pouvoir puissant qui est donné aux régions doit permettre à chaque territoire d'impulser une ingénierie d'idée, de concepts et d'actions. Elle vise à améliorer la qualité du service public, rendre le territoire attractif et compétitif, en clarifiant les responsabilités territoriales et en les élargissant. *Cette loi n'est donc ni un transfert des compétences de l'État aux collectivités ni une mise en forme d'une quelconque spécialisation législative de compétences. C'est un changement profond et un paradigme nouveau, en somme une nouvelle façon d'aborder l'action publique comme une « Région stratège », « Région capitalistique ».*

C'est l'articulation entre :
– les objectifs, par la dynamique économique des territoires ;
– les moyens, par la mise en œuvre d'une intensité capitalistique ;
– les acteurs publics et privés comme complémentaires à la croissance économique.

Ainsi, nous pouvons dresser le synoptique suivant des différentes approches qui sous-tendent l'approche de la régionalisation capitalistique.

Tableau

Approche sur les différents types de la régionalisation capitalistique

Liste des approches	Approche libérale	Approche de la planification	Approche territoriale	Approche institutionnelle
La conception	Libre concurrence par le marché. Intervention de la région encadrée, mais sur des cibles rentables	Planification opérationnelle des secteurs à investir	Paradigme de l'insularité. Problématique d'encerclement et d'enfermement. Activités ciblées pour investir, alternative	Rupture avec les modèles existants. Accentuation de l'autonomie des régions et de leurs prises de décisions
Les objectifs	Assurer une *equity* sur la rentabilité des fonds investis	Assurer une industrialisation de certains secteurs	Forte interdépendance entre les acteurs. Problématiques des effets de tailles et des coûts de transactions	Crédibilité des politiques publiques : efficacité, efficience et équité
Les moyens mis en œuvre	Gestion des taxes par l'octroi de mer	Gestion spatiale du territoire. Gestion des taxes par l'octroi de mer	Soutien des pôles régionaux. Développement du concept des agglomérations urbaines et périphériques	Mise en place d'accords transnationaux et internationaux. Recherche d'un équilibre et d'une stabilité politique et monétaire
Les indicateurs de performances	Analyse comparative. Gestion des coûts	Intégration et unification des politiques publiques	Maîtrise de l'information. Importance des systèmes en réseaux	Recherche d'une convention homogène de territoires. Recherche d'indicateurs d'attractivité
Les résultats	Un régionalisme ouvert et encadré	Un régionalisme enclin à un resserrement entre les acteurs	Gestion spatiale des résultats. Régime polarisé	Régime normatif des politiques publiques

Note : Analyse proche du modèle de Philippe Hugon.

Source : L'auteur.

Explorons alors les principes des modalités juridiques de la prise de participation des collectivités dans les entreprises privées.

III. Les modalités juridiques de la prise de participation

D'abord, il est important d'indiquer que les communes sont exclues de ce dispositif de prise de participation, comme l'indiquent les articles L. 2253-1 et L. 2253-2 du Code général des collectivités territoriales (CGCT).

L'architecture capitalistique de prise de participation des collectivités territoriales n'est pas une démarche nouvelle. De nombreuses lois ont conduit à ces prises de participation, montrant ainsi la volonté du législateur à impliquer les collectivités dans l'action économique au sein de leurs territoires. En effet, les collectivités avaient déjà la possibilité, par la création de sociétés d'économie mixte (loi n° 83-597 du 7 juill. 1983), de s'associer à une entreprise privée en vue de réaliser des opérations d'aménagement, de construction pour des opérations à caractère industriel ou commercial, ou pour des activités s'exerçant dans un cadre général, selon l'article L. 521-1 du CGCT. Ainsi appelée communément les SEM (société d'économie mixte) où les collectivités pouvaient y détenir de 50 à 85 % de l'actionnariat. De même les « SEMOP » (société d'économie mixte à opération unique) permettant aux collectivités territoriales d'être minoritaires au sein des entreprises privées, exerçant un contrat de droit public.

On peut également évoquer le principe selon lequel les collectivités peuvent créer des sociétés publiques locales (loi n° 2010-559 du 28 mai 2010) où elles doivent détenir 100 % du capital.

Le dispositif nouveau provient de la loi n° 2015-992 du 17 août 2015 offrant la possibilité aux collectivités territoriales (communes, établissements publics de coopération intercommunale, département ou région) de *« détenir des actions d'une société anonyme ou d'une société par actions simplifiées dont l'objet social est la production d'énergies renouvelables par des installations situées sur son territoire ou sur des territoires situés à proximité et participant à l'approvisionnement énergétique de leur territoire »*.

La Guadeloupe, qui bénéficie d'un formidable atout sur sa biodiversité, est particulièrement concernée par ce dispositif. Toutes les configurations portant sur les transitions énergétiques se trouvent alors concernées tant en matière de croissance bleue (énergie de la mer, des vents, des rivières) que de croissance verte, toutes deux vertueuses. Ces activités fortement capitalistiques et nécessitant l'appui d'un partenaire financier important afin d'avoir des fonds propres conséquents et crédibles représentent une opportunité tant pour les partenaires privés que pour la région Guadeloupe. Il y a donc un double intérêt et une relation gagnant/gagnant d'un partenariat public/privé.

Nos entreprises souffrant en outre d'un déficit d'accompagnement financier et d'une insuffisance de fonds propres. Or c'est bien là ce qui rend crédible toute société anonyme vis-à-vis de ses partenaires et créanciers.

On sort là, d'un processus de cloisonnement financier à un « caractère intermédié » de la finance régionale, pour le développement économique du tissu local. Bien entendu se posent les limites du dispositif et ses modalités pratiques.

Pour aller plus loin, le législateur a voulu renforcer l'action de la collectivité et limiter le risque par la loi du 16 juin 2016, sous le décret n° 2016-807 (art. R. 4211-1), qui vise à limiter la participation à 1 % des recettes de fonctionnement et si les 5 % sont dépassés elles devront exercer une cession des dites parts sociales, voire au-delà d'un an. Par ailleurs, « une ou plusieurs régions ne peuvent détenir plus de 33 % d'une société commerciale et que la part détenue par une région ne peut excéder les 50 % »[5].

Dans l'esprit du législateur, il s'agit là de permettre aux collectivités de redonner confiance à l'action privée vis-à-vis de ses autres partenaires, notamment les fournisseurs, de permettre un redémarrage de l'activité économique et d'impulser les voies d'une croissance vertueuse. C'est donc le principe de l'actionnariat minoritaire, tout en permettant de fluidifier l'économie territoriale. Dans cet esprit et selon les théories de la régionalisation, plus les échanges intra-, interrégions et ceux avec la sphère privée se développent et plus la région accentue son développement. La potentialité du développement vient donc de l'intensification de ces relations co et bilatérale. Le flux théorique de valeur se détermine selon l'équation suivante :

$Vij = ViVj / V$

Sachant que Vt et Vj sont deux partenaires.

L'intensité de la relation est aussi liée aux effets de tailles. Les synergies entre les partenaires régions, secteur public et entreprises privées sont fortes dans la mesure où les effets de tailles sont de même nature, il en est de même pour les échanges bilatéraux entre régions[6]. La Guadeloupe, la Martinique, les pays de la Caraïbe ont davantage de potentiel d'échanges entre eux pour favoriser leur croissance développement. Cette potentialité de développement avec la France hexagonale est réductrice du fait des effets de taille qui sont d'emblée déséquilibrés et asymétriques. On ne parlera donc pas d'échanges comparatifs, mais « d'échanges vertueux ». Les modèles économétriques qui ont travaillé notamment sur l'intensité des relations régionales bilatérales font d'ailleurs ressortir un certain nombre de critères permettant de mesurer le degré d'efficacité économique des relations. Ainsi ont été pris en compte, la distance géographique, les coûts de transport,

5. Interview de Pierre-Aymeric Dewez et Antoine Mameri, tous deux avocats associés.
6. C'est le cas notamment du marché de l'ALENA pour la zone Amérique du Nord, du Mercosur au Sud, le CER (*Closer economic trade agreement*) entre l'Australie et la Nouvelle-Zélande.

les mesures de protection commerciale, les accords d'intégration commerciaux, les formes et systèmes politiques, la culture, la langue. Il en ressort une équation d'intensité relative comme suit :

$$S^t_{y} = §_1 + §_2 DGéo_y + §_3 DSpe^t_y + §_4 DEco^t_y + §_5 ADJ_y + §_6 AIR^t_y + E^t_y$$

À l'instar de ce modèle, il est possible de créer une équation mathématique permettant de mesurer le degré d'intensification d'une relation d'actionnariat public/privé. En prenant en compte les critères suivant : le secteur d'activité, la part relative de la région, le coût d'immobilisation de la prise de participation, l'impact sur le budget, les retombées économiques périphériques, les formes et structures juridiques des sociétés cibles, la rentabilité de ces dernières. Il en ressortira une fonction logarithmique de type népérienne qui devrait traduire qu'à mesure d'une intensification dans la prise de participation des régions dans le capital privé des entreprises, c'est à mesure que l'entreprise se développe et prospère et contribue *de facto* à la croissance de son secteur d'activité ainsi que de sa zone de chalandise. Plus l'intensité capitalistique de la région se développe et plus elle est bénéfique pour l'entreprise, ses partenaires et son environnement.

En conséquence, la complémentarité public/privé est un facteur d'intensification de l'activité économique. L'économétrie nous enseigne que plus la complémentarité est forte et plus l'impact est positif sur l'économie du territoire, l'effet est non linéaire, mais exponentiel sur la croissance, et contribue à une régionalisation de la mondialisation/globalisation. Les entreprises, tout en se spécialisant, se professionnalisent et créent une richesse singulière à l'instar du modèle économique des effets de tailles de la mondialisation et de ces modes de croissance. Elles créent donc, une spécialisation dans la généralisation.

La prise de participation s'applique après bien entendu qu'il y ait eu une évaluation de l'entreprise et un rapport d'expertise et d'ingénierie sur la valeur économique et financière de celle-ci ainsi que de son potentiel.

La région de Guadeloupe se voit donc confier une nouvelle mission, celle d'un « investisseur avisé en économie de marché », d'où l'idée de « Région stratège » ou « Région capitalistique ».

Du fait de la complexité de la mise en œuvre d'un tel dispositif, la région se doit de s'entourer d'experts financiers avisés et de conseils juridiques et fiscaux. C'est donc là un changement de stratégie et un paradigme nouveau où la région n'intervient ni en « pompier » ni « en situation d'urgence ou de sauvetage » comme ce qui lui est souvent demandé.

Dans cette démarche, la région devient pragmatique et intègre une dynamique de gestion de projet de son propre territoire.

***
*

IV. Conclusion : résultats et limites

Nous avons vu que deux types de prise de participation peuvent s'opérer. La prise de participation à capital risque dont le principe consiste à intégrer le capital de l'entreprise cible par un apport de fonds propres. Il ne s'agit pas là de percevoir des intérêts, mais des dividendes issus de la rentabilité de l'activité et du *business* développé. La sortie est assurée par la cession de titres. Cette forme s'est déjà exercée par l'action régionale, on peut citer l'exemple de la Sagipar. On peut également énumérer les autres formes de prise de participation, tels que :

- les *« business angels »* (part des personnes physiques dans une société innovante);
- les entreprises spécialisées dans le capital de création…

L'autre forme est la prise simple d'action où est décidé à l'avance du montant des dividendes qui ne tiennent pas compte des résultats futurs de l'entreprise. C'est notamment le cas de la Région wallonne, de Belgique, dans le cadre de la reprise des Forges de Clabecq. On peut également citer la région Poitou-Charentes qui a pris le contrôle de la société Heuliez (véhicule électrique) après sa mise en liquidation.

Toutes ces expériences montrent que les choix d'intégrer les structures sont possibles, mais nécessitent un contrat juridique précis et concis afin d'intégrer des objectifs qualitatifs et quantitatifs en termes de performance et de rentabilité des capitaux investis par les fonds régionaux. L'expérience a démontré que l'action du secteur public dans la sphère du monde des affaires est porteuse de confiance, d'espoir et de sérénité pour l'économie et plus spécifiquement pour le territoire et les actionnaires en particulier. Dès lors que la stratégie est clairement identifiée. Néanmoins, les expériences restent marginales et ne permettent pas sur le plan de l'expérimentation de tirer une conclusion plus précise de l'efficacité ou des corrections à porter dans le cadre d'un tel dispositif. La mesure de l'intensité des relations bilatérales région/privées a démontré que les complémentarités ont un impact positif et large sur l'ensemble du territoire, ainsi que sur les entreprises périphériques, commercialisant avec l'entreprise cible de la prise de participation régionale.

Bibliographie

Ouvrages

- BOUDEVILLE J., *Les espaces économiques*, 1970, Puf, Paris.
- COMBEMALE P., DELEAGE J.-P., FORAY D., GAUTIE J., GAZIER B., GUELLEC D. et L'HORTY Y., *Croissance, emploi et développement*, éd. La Découverte, 2007, 2013.

- GADREY J. et JANY-CATRICE Fl., *Les nouveaux indicateurs de richesse*, éd. La Découverte, 2012.
- HUGON Ph. (dir.), *Les économies en développement à l'heure de la régionalisation*, Paris, Karthala, 2002.
- KUHN T., *La structure des révolutions scientifiques*, éd. Champs-Flammarion, 1970.
- ROSANVALLON P., *La crise de l'État-providence*, éd. Le Seuil, 1981.
- SCHUMPETER J., *Le Capitalisme peut-il survivre ?*, éd. Paillot, 2011.
- SIROËN J.-M., *Le régionalisme dans l'économie mondiale*, Paris, La Découverte, « Repères », 2000.

Articles

- AKANNI HONVO A. et LÉON A., « La croissance endogène régionalisée », *Revue Tiers Monde* juill.-sept 1998, t. XXXIX, n° 155, Paris.
- AVOM D., « Intégration régionale dans la CEMAC : des problèmes institutionnels récurrents », *Afrique* 2007, de Boeck Supérieur.
- BOUDEVILLE J., « L'espace et les pôles de croissance », *Revue Tiers Monde, Éducation et développement* 1970, p. 223-224.
- FREUDENBERG M., GAULTIER G. et ANAL-KESENCI D., « La régionalisation du commerce international : une évaluation par les intensités relatives bilatérales », *Revue CEPII* 1998, n° 98-05.
- HUGON Ph., « Les économies en développement au regard des théories de la régionalisation », *Revue Tiers Monde* 2002, vol. 43, p. 9-25.

PLANIFIER LE DÉVELOPPEMENT DU SECTEUR DE LA CULTURE ET L'ÉMERGENCE DE LA VILLE INTELLIGENTE EN GUADELOUPE : URGENCE ET PISTES D'ACTION

par

Alain MAURIN

Professeur d'économie
Directeur du Centre de Recherche en Économie et en Droit du Développement Insulaire (CREDDI)
Université des Antilles

Lorsque *Kenny Garrett* ne se gêne pas de bondir d'enthousiasme à la moindre opportunité qui lui est donnée d'interpréter du *gwoka* et d'affirmer que l'un de ses rêves serait d'enregistrer avec sa sensibilité un répertoire de musique gwoka, soulignant par là même qu'il écarte l'approche de la juxtaposition du jazz et du gwoka – ce qui revient à un jazz édulcoré de percussions ka –, comment ne pas percevoir qu'il peut se passer des choses étincelantes pour le futur de cette musique et aussi pour une relance de l'industrie musicale guadeloupéenne (voir Maurin, 2012)?

Lorsque *David Murray* explique qu'il est en quête de la réalisation d'un projet ambitieux centré sur le gwoka, pouvant lui amener des satisfactions similaires à celles ressenties lors de la sortie des grandes œuvres qui ont jalonné sa trajectoire de *leader* accompli de la scène mondiale du jazz, comment ne pas prendre conscience de l'étendue du spectre des possibles pour ce genre traditionnel de la musique populaire guadeloupéenne ? (voir Maurin, 2012).

Lorsque d'autres personnalités de la scène internationale (*Randy Weston, Archi Shepp, David Fackeure, etc.*) ont manifesté leur intérêt pour se lancer dans l'exploration du langage, des techniques et du *corpus* théorique propres au gwoka, mais également pour les autres registres comme la biguine et le zouk, il faudrait tôt ou tard arriver finalement à aborder l'hypothèse d'un projet régional d'envergure pour impulser de nouveaux champs de possibles de la musique guadeloupéenne et, plus largement, d'autres devenirs pour les filières économiques des arts et de la culture en Guadeloupe.

Lorsque le MACTe se dresse en immense œuvre d'art, bijou architectural, locomotive d'une offre muséale, c'est une démonstration que la mobilisation du savoir-faire guadeloupéen peut conduire à des réponses pertinentes afin de nourrir les esprits des visiteurs quotidiens, magnifier les espaces urbains et interpeller à mûrir un grand dessein qui soit en mesure d'élargir le spectre des débouchés pour des jeunes en recherche d'emploi, un quartier et une ville en quête d'un nouveau souffle et un archipel en exploration de solutions pour se réunifier et rayonner encore plus (voir Maurin, 2015).

Lorsque le tournage de séries et de films donne désormais dans la régularité et que l'exploitation cinématographique prend de l'ampleur pour s'afficher en multiplex, c'est la traduction que des emplois et chiffres d'affaires ont surgi récemment dans ces filières.

Lorsque la télévision et la radio se sont durablement mises en mode diversité avec un paysage audiovisuel guadeloupéen (PAG) qui s'est amplement enrichi de l'arrivée d'un bouquet de sociétés commercialisant une multitude de services autour de l'information et du divertissement, ce sont des reflets de la reconfiguration profonde de l'emploi salarié et des activités génératrices de revenus en Guadeloupe.

Loin de constituer des faits éclectiques sans liens apparents, cette séquence d'observations met en lumière le secteur de la culture et de la créativité (SCC) comme leur dénominateur commun et comme lieu de leurs étincelles économiques (voir Maurin [2014, 2017] et Maurin et Watson [2020]).

Dans les pays occupant le haut de la hiérarchie économique du monde, ce secteur jouit d'un traitement de secteur stratégique, très largement au centre des politiques publiques mises en œuvre par leurs dirigeants politiques et économiques. C'est ainsi que dans des nations comme le Canada, la France, les États-Unis ou la Grande-Bretagne, des stratégies fortes ont été déployées depuis des décennies pour le développement des diverses filières des industries culturelles.

Plus tard, mais au moins depuis une dizaine d'années, des pays émergents de la Caraïbe, de l'Amérique latine et d'autres continents se sont engagés résolument pour utiliser les ressources artistiques et la marchandisation des services liées au patrimoine comme levier de développement économique et social.

À l'instar de ces pays, la Guadeloupe devrait miser sur les industries culturelles et créatives (ICC) comme moteur de création de richesses qui prendrait part à la mutation de son appareil productif et servirait de courroie de stimulation d'autres secteurs tels que le tourisme, l'artisanat et l'agriculture. De manière plus profonde, dépassant le cadre économique, les ICC peuvent aussi constituer ce socle de projets en couleur qui offrirait de la luminosité à des programmes de remodelage des cités dans l'archipel guadeloupéen en les façonnant en mode de quartiers d'intelligences. En effet, la connexion entre les ICC et le concept de ville intelligente est une réalité tangible puisque ce sont les urbanistes et architectes composants des premières qui sont les pères fondateurs de ce dernier. Mais en outre, les technologies de l'information et de la communication (TIC) sont au cœur de l'économie créative qui est une émanation de la ville numérique.

I. Nécessité d'une planification stratégique

Certainement, la prise de décision dans les divers échelons de la politique publique ne s'improvise pas. En amont des infrastructures et équipements qui contribuent à transformer la cité et à apporter le progrès dans les modes de vie des habitants, il se met en œuvre tout un processus de concertation, de choix et de programmation des réalisations. Puisqu'elles sous-tendent des arbitrages importants, d'ordre financier, spatial et temporel entre autres, la validation d'une décision et sa traduction en acte offrent le plus souvent le reflet de la difficulté.

Comme dans bien des départements français, les élus et acteurs socio-économiques guadeloupéens n'échappent pas à la contrainte de répartir des ressources limitées et de répondre au mieux au principe de l'équité dans l'utilisation des deniers publics. Dans cette optique, la planification s'impose en tant qu'instrument facilitateur de la conduite de leur action, ils peuvent s'y appuyer pour prendre des décisions sur une base plus rationnelle.

La planification régionale est en œuvre depuis le début des années 1982. Elle a permis de grandes réalisations que nous connaissons tous : les infrastructures publiques qui confèrent à la Guadeloupe son visage de pays développé et aux Guadeloupéens des services de haut niveau.

Toutefois, à l'échelle sectorielle, la culture n'a pas encore connu une approche de prospective globale menée en concertation avec l'ensemble des acteurs dans le but de les conduire à s'entendre sur des stratégies pertinentes visant à aider à construire l'avenir.

Aujourd'hui, la planification culturelle en Guadeloupe se révèle d'une exigence et d'une urgence à plusieurs titres.

À l'échelle purement humaine, il y a une nouvelle donne sociétale qui met en évidence combien la question culturelle doit être au centre du fonctionnement de la société guadeloupéenne. Le dialogue social, la gouvernance de l'entreprise, l'éducation et la formation, ce sont autant de champs de la vie économique et sociale au sein desquels la dimension culturelle est incontournable pour définir un projet de société.

Au plan strictement organisationnel, *un processus participatif d'identification et de planification des priorités du développement du secteur culturel est nécessaire pour faire face aux retards accumulés durant ces dernières années.* Le constat actuel est celui d'une insuffisante structuration de l'offre pour l'enseignement de la musique, la danse et l'art dramatique ainsi que pour la formation aux divers métiers de la culture qui se compte en plusieurs dizaines. L'état des lieux invite aussi à souligner la carence de lieux pour l'organisation d'événementiels du spectacle vivant devant recevoir de grands publics, l'absence d'un musée thématique phare de la musique où la Guadeloupe possède des avantages comparatifs, l'absence d'une réponse novatrice et significative concernant une structure de mise en offre marchande des produits du carnaval guadeloupéen, sachant justement que ces derniers se sont accumulés au cours du temps pour devenir pléthoriques et constituer une ressource considérable qui mériterait grandement d'être valorisée, etc.

Il va sans dire que leur construction et leur répartition équitable sur le territoire impliquent dès aujourd'hui l'élaboration d'un plan régional qui requiert la concertation des acteurs concernés, la négociation entre eux, des accords à trouver sur les finalités et la définition des objectifs prioritaires. La mise en œuvre d'un tel plan passera ensuite par la programmation pluriannuelle des moyens et activités nécessaires à la réalisation des objectifs arrêtés. Ces grandes lignes se déclinent en de multiples étapes dont les réalisations sont articulées dans le temps. Le schéma qui suit, emprunté à la revue *Actualité et dossier en santé publique*, en donne une bonne synthèse.

Qu'en est-il de l'application d'une démarche de planification pour ce qui concerne le développement d'une véritable économie des arts et du patrimoine culturel de la Guadeloupe ?

Figure 1

Le processus de planification

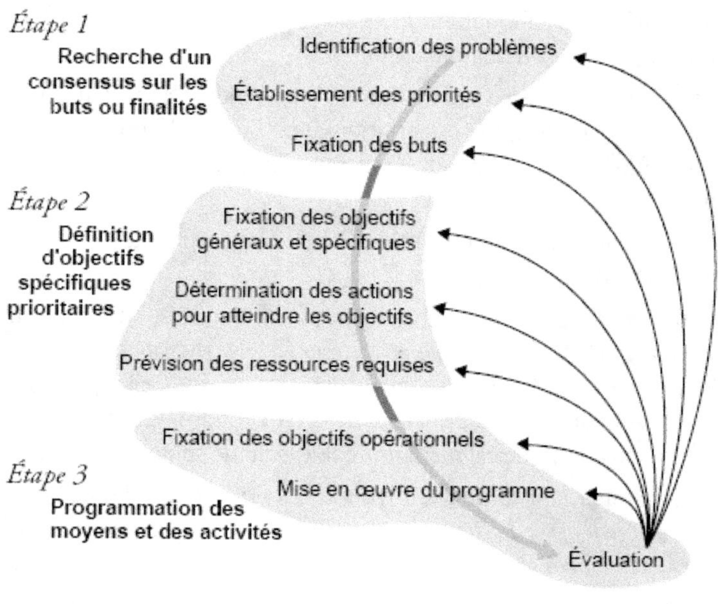

Source : Actualité et dossier en santé publique *juin 1995, n° 11.*

Il est aisé de parcourir la chronologie de l'actualité de ces dernières années pour se rendre compte de la progression du nombre d'initiatives prises par les collectivités locales dans le secteur de la culture. Sans chercher à être exhaustif, il est possible d'évoquer des projets et actions originales du conseil régional (voir le *site http://www.cr-guadeloupe.fr*) :

- la mise en place d'un fonds d'aide destiné à la création et à la production d'œuvres cinématographiques et audiovisuelles de qualité tout en favorisant l'utilisation des ressources du territoire en personnel et en industrie technique ;
- la création du service de l'Inventaire général du patrimoine culturel qui se donne pour mission le recensement, l'étude et la diffusion du patrimoine culturel régional ;
- le projet de construction de la Cité de la connaissance, à Saint-Claude ;
- la construction puis l'ouverture du Mémorial ACTe, le centre caribéen d'expression et de mémoire de la traite et de l'esclavage, immense œuvre d'art, bijou architectural, outil indispensable au rayonnement de la Guadeloupe.

Avec la collectivité départementale, il y a également cette démarche d'inscrire le développement culturel, artistique et patrimonial comme un axe majeur de la politique générale (voir le site *http://www.cg971.fr/*). Les chantiers en cours sont nombreux et couvrent une large palette d'actions telles que :

- soutien à la création par la commande publique et accumulation des œuvres pour l'enrichissement du Fonds d'art contemporain de la collectivité ;
- politique de soutien à la formation artistique et à la formation des acteurs culturels ;
- aide à l'édition artistique, littéraire et musicale ;
- programme de développement de la lecture publique ;
- le site du Pays de la Canne, à Beauport, comme pôle important pour la diffusion d'événements culturels et l'éveil et la formation à la culture scientifique et technique.

L'exercice de consultation des sites de collectivités locales choisis au hasard parmi la centaine des départements et la vingtaine des régions de la France hexagonale est particulièrement instructif pour tenter de situer la Guadeloupe vis-à-vis de ses homologues institutionnels en matière d'action et de politique culturelles. Pour aller plus loin, cette comparaison est également très révélatrice lorsqu'elle est réalisée avec les structures gouvernementales des îles de l'environnement géographique immédiat de la Guadeloupe.

Des similitudes se retrouvent à plusieurs niveaux. Il y a cette réalité du nombre élevé d'activités proposées sur ces collectivités départementales et régionales même si au sein de leurs territoires subsistent de grandes disparités. On observe la volonté d'affichage des diverses facettes du patrimoine. Quasiment toutes ces collectivités mettent en œuvre des actions visant à favoriser l'accès du plus grand nombre à la culture. Tant du côté des conseils régionaux que départementaux, il apparaît globalement l'engagement de faire vivre la culture sous la pluralité de ses expressions, allant de la danse, du théâtre, etc. jusqu'aux arts de la rue. Enfin, la démarche d'identification et d'accompagnement d'établissements ayant un rôle dévolu à l'art ou à la culture peut être citée comme dernier exemple : toutes les collectivités ont en commun d'assurer partiellement ou totalement leur gestion.

À l'inverse, il y a des différences qui sont très marquées d'une collectivité à l'autre : celles logiques reposant sur les particularismes des territoires; celles concernant la lisibilité des coûts et recettes liés aux diverses composantes de l'offre culturelle. Si l'on sait à un euro ou un dollar près ce que rapporte tel ou tel musée dans des villes françaises et de la Caraïbe, ou encore le nombre de visiteurs d'un site naturel ainsi que le bilan comptable annuel de sa gestion, en revanche il n'en est pas suffisamment de même ici en Guadeloupe. Or, pour qu'émerge la réalité partagée d'une économie de la culture, il est souhaitable que les pouvoirs publics locaux ainsi que les Guadeloupéens s'approprient cet objectif de reconnaître les valeurs des produits culturels et artistiques et leur rôle pour la production économique. Pour l'intérêt général, il est économiquement rationnel de rechercher une meilleure efficacité économique des actions culturelles qui sont nombreuses et variées. Cet objectif passe par l'appel à la population pour la consommation des biens et services culturels, par l'appel aux collectivités pour une modernisation de l'offre au niveau des musées et autres structures culturelles. Sur ce point, il faut sûrement garder en tête que les musées de la ville de Pointe-à-Pitre devraient être rénovés par une mise en valeur optimale de leur offre (en recourant notamment aux technologies modernes du multimédia et de l'électronique) et par un suivi et des projections de leurs dépenses et recettes. De même, pour les années immédiates à venir, l'offre de loisirs apportée à la population et au tourisme à Marie-Galante gagnerait à être enrichie de l'apport d'un musée résolument moderne, là encore en sollicitant la technologie et l'intelligence des auteurs pour raconter les mille et une facettes de la grande galette.

Aussi, fondamentalement pour ce qui a trait à l'objet de notre discussion ici, une différence notoire ressort de la présentation des politiques culturelles portées par les collectivités guadeloupéennes : la place en retrait de la dimension économique.

S'il est indiscutable que les pouvoirs publics locaux jouent ici un rôle moteur dans le financement et le soutien logistique des activités culturelles, il est tout aussi juste que leurs interventions ne s'inscrivent pas suffisamment dans une vision économique planifiée, en référence à des buts désirés en termes de production marchande et d'emplois. Le fait même que la région Languedoc-Roussillon par exemple soit en mesure de chiffrer chaque année les flux financiers de son secteur patrimonial, le montant cumulé des chiffres d'affaires de ses structures et prestataires du secteur ainsi que les effectifs en emplois directs et indirects, c'est que sa politique culturelle régionale est mise en œuvre sous la contrainte de retombées économiques et sous l'angle de l'évaluation.

Un enseignement à tirer de ces pratiques observées ailleurs est l'urgence de la rédaction d'un plan de développement des industries culturelles, exposant les choix sélectionnés à partir des propositions de tous les acteurs guadeloupéens, concernant toutes les filières, dans le but ultime de faire en sorte que l'agrégation des biens et services culturels (livres, bandes dessinées, journaux, vidéos, disques compacts, sculptures, peintures, musées, sites culturels majeurs, archives, services de production, télédiffusion, pièces théâtrales, comédies musicales, etc.) diffusées et commercialisés dans toutes les communes représente durablement des parts significatives du PIB et de l'emploi en Guadeloupe.

II. Miser sur l'ambition de la ville intelligente

Ces toutes dernières années, le concept de *« smart city »* ou « ville intelligente » est venu enrichir la liste des concepts et la grille d'évaluation permettant d'appréhender les performances et typologies des villes et aussi de définir et planifier des objectifs et résultats à atteindre s'agissant de la configuration de la ville idéale de demain.

Introduit dans le début des années 1980, mais popularisé durant la décennie 2000, le concept a progressivement suscité l'adhésion des urbanistes et autres professionnels de l'aménagement de la cité pour ensuite connaître un véritable engouement auprès des gouvernants des grandes villes du monde.

À l'heure de la mondialisation accentuée où la compétitivité internationale s'exprime pleinement par l'obsession à figurer en tête dans les classements internationaux et nationaux des villes, l'ambition de doter les territoires insulaires de l'outre-mer français d'une « stratégie smart cities » semble particulièrement pertinente.

Afin de nous interroger une fois de plus sur les stratégies opérationnelles porteuses de réponses face au défi du développement économique de l'archipel guadeloupéen, nous proposons ici d'explorer la problématique du positionnement des EPCI en mode *smart city*. Nous nous basons sur une démarche analogue à celle de Breux et Diaz (2017) proposée dans leur rapport pour la ville de Repentigny, au Canada. Dans un premier temps, nous effectuons un rapide tour d'horizon de la littérature afin de délimiter les périmètres sémantiques de la ville intelligente. Dans un second temps, nous ouvrons la discussion sur l'exploration des pistes de faisabilité dans le contexte de la Guadeloupe.

A. Sur le concept et la définition de la ville intelligente

Comme beaucoup de termes qui ont été mis en avant ces dernières années pour désigner de nouvelles approches en rapport aux mutations de l'existant provoquées par les évolutions technologiques, l'expression *« smart cities »* s'est imposée dans le jargon des professionnels et des décideurs politiques et économiques.

Naturellement, il ne s'agit pas de percevoir une configuration de la cité intelligente en opposition à celle d'une « cité sotte » qui n'a d'ailleurs pas été pointée du doigt dans la littérature. Bien au contraire, la ville intelligente s'inscrit dans un processus d'affinement des débats entamés dans plusieurs champs disciplinaires pour faire avancer la définition de la ville rêvée. De fait, de sa position dans un carrefour de domaines, elle est délicate à définir et fort logiquement, elle se prête à un grand nombre de costumes sémantiques.

Nous pouvons nous placer d'abord dans le contexte des urbanistes qui en détiennent la paternité. Dans un travail relativement lourd d'étude de 43 textes internationaux sur le sujet, Lauriane Bererd (2016) part du constat : « Que ce soit dans les discours ou les textes, la définition de la *smart city* n'est pas très claire et encore moins unanime… Ce terme est associé à un grand nombre de concepts différents. Son foisonnement d'utilisations semble accentuer sa fragilité et lui enlever de la crédibilité. » Elle souligne cependant que les différents travaux ont convergé vers l'acceptation de « ville expérimentale, innovante, réconciliée avec ses habitants ». Elle rappelle que « Dans l'histoire des sociétés, ce sont les villes et les TIC qui ont permis le développement des liens entre individus » et, dans cette logique, « un tissage entre technologies et milieu urbain, entre données et populations » apparaît comme un préalable pour que la cité puisse se muer en lieu de vie intelligent.

Une définition plus technique donnée par Manon Bril, responsable de la chaîne de vulgarisation « C'est une autre histoire », et citée sur le site web de la revue *Géoconfluences* qui rassemble des ressources de géographie pour les enseignants est la suivante :

> « Les smart cities sont des espaces urbains qui utilisent les données issues de capteurs ainsi que les nouvelles technologies, pour mieux consommer leurs ressources, faire des économies d'énergie, répondre plus efficacement à nos besoins, renforcer la sécurité et mieux gérer leur territoire à court terme. »

En optant pour le regard des informaticiens adeptes des réseaux et des logiciels cherchant à simuler en temps réel les informations du monde réel, Al-Hader, Rodzi, Sharif et Ahmad (2009) ont décrit une modélisation de la *smart city* en spécifiant des composants technologiques d'interface intelligente (tableau de bord, services web intégrés, etc.), de systèmes de contrôle intelligents (réseau de contrôle automatique, réseau local), de bases de données et de serveurs de base de données. Sous cet angle, ils définissent la *smart city* comme « une large communauté (gouvernements, citoyens et entreprises) interconnectée en combinant des infrastructures de communication basées sur des standards et sur des services innovants afin de répondre à leurs besoins ».

La polysémie de l'expression ville intelligente passe aussi par la démarche sociologique qui est attentive à l'analyse de ses usages. Elle voit ainsi dans la maîtrise de l'information et des technologies de communication les modalités de résolution des problèmes auxquels sont confrontés les quartiers. Il s'agit de partir de l'informatique traditionnelle pour aller jusqu'aux applications récentes et à venir sur le traitement du *big data*, pour conduire l'administration locale, les citoyens, les associations et les entreprises à effectuer leurs transactions en intelligences.

C'est une idée similaire que l'architecte, docteur en histoire et professeur à l'université Harvard, exprime en disant que la ville est intelligente lorsqu'elle devient plus humaine, lorsqu'elle se dote d'« une intelligence collective d'un type nouveau qui permet une réflexion et une action collective, la ville est un organisme vivant d'un genre nouveau. IBM n'en prend pas la mesure, ce n'est pas leur problème, à personne d'ailleurs, cela dépasse les constructions institutionnelles traditionnelles ».

Loin de chercher à être exhaustif, nous ne pouvons boucler cette ronde des définitions sans évoquer les mots retenus par les maîtres d'ouvrage des politiques publiques qui sont *in fine* les commanditaires des initiatives en matière de *smart city*. Dans cette optique, nous pouvons nous limiter à deux rapports officiels. À l'attention du ministère de l'Environnement, de l'Énergie et de la Mer, Fanny Bertossi (2016) a résumé avec beaucoup de pertinence que :

> « Le concept de ville intelligente renvoie à l'utilisation stratégique des infrastructures et des services de l'information et de la communication dans la gestion et la planification urbaine afin de favoriser le développement de villes durables. Avec une approche transversale touchant tous les secteurs de la gestion urbaine (administration, mobilité, réseaux urbains, bâtiments, gouvernance, planification stratégique), la ville intelligente concilie les enjeux des collectivités autour de promesses économiques, environnementales et de participation citoyenne. »

Dans son rapport au Premier ministre, encore plus récent, remis en avril 2017 et commandité en vue de l'aide à la décision dans le domaine de l'action publique, Luc Bellot s'est aussi prêté à l'exercice de la clarification sémantique d'autant qu'il a aussi été sollicité pour formuler des préconisations. Il explique qu'« À l'opposé d'un modèle qu'il suffirait de copier et démultiplier, un projet de *smart city* c'est d'abord une démarche, la construction d'une méthode d'action et de réflexion au service d'un projet politique du vivre ensemble. »

Cette conception de la cité se situe ainsi au-delà de la vision prioritairement technique de la ville numérique. Elle est la cohérence de la place cruciale qui doit être jouée par la concertation et la coconstruction citoyennes que nous avons synthétisées dans la première partie de notre propos. Ainsi, Luc Bellot conclut son rapport en précisant cette dimension dans des conditions de mise en œuvre d'un projet *smart city* :

> « Pour mettre en place des stratégies smart city les pouvoirs publics doivent donc, comme les entreprises du numérique, placer "l'expérience citoyen" au centre de l'élaboration des politiques publiques (passer du "user-centric" au "citizen-centric"). Cela appelle une plus grande concertation, coélaboration et cogestion des services publics et privés facilitées par les outils numériques dans une logique du droit à la ville pour tous. En construisant avec les habitants, les pouvoirs publics améliorent la décision, et la ville devient plus intelligente. Les outils numériques amplifient ce phénomène, le facilitent et améliorent l'efficacité des services. »

B. Sur les composantes de la smart city

Dans cet exercice de pédagogie, il nous reste à donner du corps au concept de *smart city*. Pouvant aussi s'inscrire dans une quête de la ville rêvée, il est important de s'entendre sur son contenu, sur les composantes qui la composent afin de fournir les réponses aux besoins auxquels les citoyens de ce XXIe siècle sont confrontés.

La littérature nous amène alors à considérer les six composantes qui font consensus et qui découlent des travaux de Giffinger (2007) et de Cohen (2011). Le premier a expliqué que la ville devient intelligente lorsqu'elle se transforme pour acquérir les compétences et performances en matière de « mobilité intelligente », d'« environnement intelligent », d'« habitants intelligents », de « mode de vie intelligent », d'« économie intelligente » et d'« administration intelligente ». Le second a repris ces caractéristiques en mettant aussi en avant les axes du développement durable et en affirmant que la technologie et l'innovation doivent être au service de la gestion durable des ressources et la réduction de l'empreinte écologique.

Cette liste de critères et leurs déclinaisons plus fines ont été illustrées par de nombreuses schématisations, certaines non hiérarchisées et d'autres qui distinguent d'abord la gouvernance et la population et ensuite les quatre autres dimensions avec une égale importance. En procédant à une analyse comparative des points communs des concepts de développement durable et de ville intelligente issus des travaux de Giffinger et de Cohen, Joëlle Simard (2015) souligne que les deux concepts traitent de notions économiques, sociales et environnementales, ces trois dernières sont explicites dans le développement durable, et elles sont aussi présentes en ce qui concerne la ville intelligente, mais plus subtilement. La notion de gouvernance est une dimension commune et incontournable. Nous reproduisons les figures 2 et 3 de son article qui mettent en lumière ce rapprochement. Nous reprenons également les tableaux de Sandra Breux et Jérémy Diaz (2017) (tableau 1) et Joëlle Simard (2015) (tableaux 2 et 3) qui résument bien les composantes de la ville intelligente.

Figure 2

Les six leviers de la ville intelligente selon Giffinger

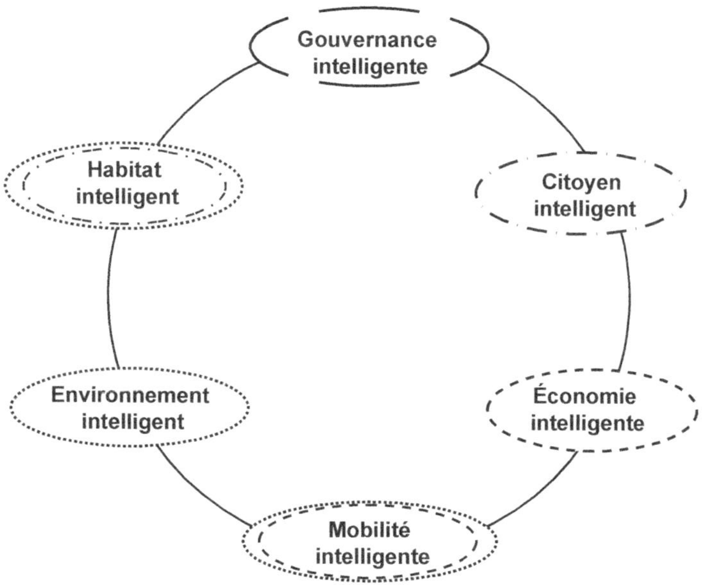

Figure 3

Diagramme de développement durable

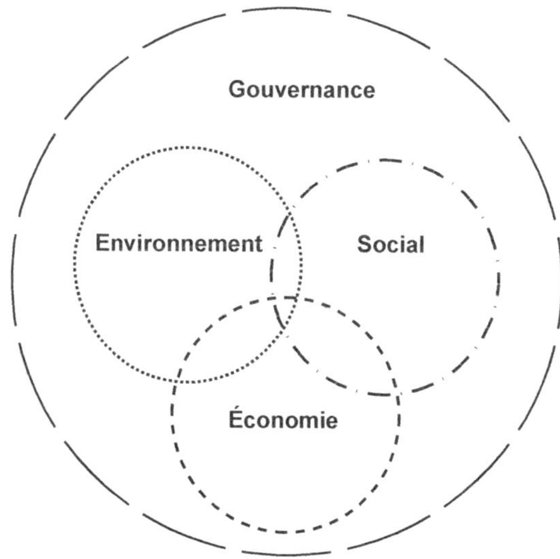

Source : Joëlle Simard (2015).

Tableau 1

Synthèse des domaines et sous-domaines de la ville intelligente

1. Technologie et données – Infrastructure des télécommunications – Centre de données – Plateformes numériques	**2. Économie** – Entreprises high-tech et transformation numérique des entreprises – Innovation, entrepreneuriat et créativité – Universités, centres de recherche – Marketing territorial et partenariats internationaux
3. Population – Capital humain et social – Attractivité (*brain drain*) – Cohésion et inclusion sociale – Proactivité des citoyens	**4. Transport et mobilité** – Logistique – Informations aux usagers – Mobilité durable et accessibilité locale
5. Qualité de vie et environnement – Services publics – Réseaux intelligents – Énergie renouvelable – Bâtiments et logements de qualité – Densité et lutte contre l'étalement urbain	**6. Destination touristique** – Expérience touristique – Activités de co-création – Visibilité
7. Gouvernance – e-Gouvernement – e-Démocratie – Interopérabilité et partenariats – Transparence – Engagement et participation des citoyens dans les prises de décisions – Protection	

Source : Sandra Breux et Jérémy Diaz.

Tableau 2

Synthèse des six dimensions pour devenir une ville intelligente

Dimensions de la ville intelligente	Défis urbains actuels	Outils de mise en œuvre	Objectifs et résultats visés
Gouvernance intelligente	Gouvernance fermée et peu transparente	– Panneaux informatifs électroniques – Web diffusion – Logiciel pour le suivi des requêtes en ligne	Gouvernance intégrées, transparente, ouverte et favorisant la coopération
Citoyen intelligent	La qualité des services rendus aux citoyens La participation citoyenne	– Plateforme en ligne pour favoriser la participation du public	Favoriser la créativité et la flexibilité des citoyens et la participation à la communauté dans le but d'améliorer son milieu de vie
Économie intelligente	Difficulté d'attirer de nouvelles entreprises au centre de la ville	– Transactions en ligne – Échanges de données informatisées	Attirer des entreprises et de la main-d'œuvre, créer des emplois durables créant de la valeur
Mobilité intelligente	Infrastructures routières vieillissantes, congestion du réseau routier, demande croissante en transport en commun	– Système de géolocalisation – Bornes de recharge électriquc – Écrans électroniques – Application cellulaire – Caméras	Optimiser les différents systèmes de transport en commun et transport actif, le tout coordonné efficacement par des systèmes technologiques
Environnement intelligent	Consommation des ressources naturelles, gestion de l'eau, gestion des matières résiduelles	– Capteurs – Senseurs – *Smart grids*	Utiliser les ressources naturelles de façon durable et protéger l'environnement naturel. Favoriser la planification et l'aménagement durable du territoire. Créer un environnement sain qui favorise une vie de quartier
Habitat intelligent	Gestion du développement urbain, étalement urbain, qualité et accessibilité aux services offerts	– Plateforme d'échanges web pour les quartiers – Nouvelles technologies pour les habitations écologiques	Crée un milieu de vie sécuritaire qui rassemble des composantes culturelles, des services de santé et d'éducation, qui offre des bâtiments de qualité et où il y a une cohésion sociale

Source : Joëlle Simard (2015).

Tableau 3

Comparatif de la théorie derrière les deux concepts

	Ville intelligente	**Développement durable**
Définition	Ville qui innove par de nouvelles technologies de l'information et des communications pour améliorer différentes problématiques relatives à la croissance démographique urbaine	Le développement durable est un développement qui répond aux besoins du présent sans compromettre la capacité des générations futures de répondre aux leurs
Objectif	Améliorer la qualité de vie des citoyens et contribuer au développement durable, notamment par l'optimisation des aires urbaines et par le traitement et l'analyse des données	Consolider le développement social et économique avec la protection de l'environnement – Maintenir l'intégrité de l'environnement – Assurer la santé et la sécurité des communautés – Préserver les écosystèmes – Assurer l'équité sociale – Viser l'efficience économique – Créer une économie innovante et prospère
Processus	– Mettre en œuvre une stratégie – Élaborer un plan d'action – Mettre en œuvre les actions – Effectuer un suivi – Ensemble des NTIC	– Démarche intégrée de développement durable – Élaborer un plan/une politique – Élaborer un plan d'action – Mettre en œuvre les actions – Effectuer un suivi
Type de démarche	*Participative* : implication des citoyens, entreprises et organisme dans le processus de préparation et de réalisation du projet	*Collaborative* : travail en partenariat avec les organismes publics et privés et les entreprises

Source : Joëlle Simard (2015).

C. La ville intelligente : nouveau recours pour impulser le développement économique durable en Guadeloupe ?

L'archipel guadeloupéen est ce territoire de 6 zones de coopération intercommunale, 32 communes et 136 quartiers (au sens IRIS de l'Insee) qui sont bien identifiés. Afin de relever les défis de son éligibilité au critère et qualificatif d'île intelligente, elle doit se doter d'une stratégie *smart city* visant à guider les transformations de son territoire sous le sceau des infrastructures numériques et des normes environnementales.

Dans les rappels théoriques exposés plus haut, nous devons maintenant entrer dans le bal de l'opérationnalité. Nous pouvons aussi remarquer au passage qu'en matière de témoignages sur l'état des lieux de la société guadeloupéenne, la littérature locale, mais aussi nationale sont riches de pléthore de contributions qui rivalisent dans la diversité des formes et des auteurs. À l'image d'un puzzle en désordre, les pièces équilibrantes de l'économie et de la société guadeloupéennes tardent à être agencées. Il importe de mettre en exergue que le challenge des quartiers, communes et zones d'intercommunalité plus intelligents peut être tenté étape par étape compte tenu des immenses atouts que possède la Guadeloupe. À y regarder de près, cette réussite exige dorénavant un meilleur *matching* des hommes et des femmes dans la distribution des missions devant aboutir à des actes de progrès effectif.

1. Sur la relation entre *smart city* et développement économique et social en Guadeloupe

Déjà plus de trois ans que les Assises de l'Outre-mer du gouvernement Édouard Philippe se sont tenues, près de douze ans après les États généraux de l'Outre-mer du gouvernement François Fillon et plus de neuf ans après la consultation de la population dans le cadre de l'élaboration du projet guadeloupéen de société lancé par l'ancien président du conseil général, Jacques Gillot, l'archipel Guadeloupe est encore aujourd'hui dans un état récurrent d'interrogation sur l'avenir et de frilosité face à la prise de responsabilité. Mais, plus que jamais, la fin de la période de latence est proche, le confort dans le *statu quo* n'est plus à l'ordre du jour. Clairement, les contraintes nationales liées à la raréfaction de l'argent public se sont amplement resserrées et le contexte communautaire est de plus en plus celui de l'accompagnement financier sous la condition de prouver à l'avance la pertinence des choix politiques. Sur le plan local, les facteurs contraignants sont aussi bien plus pressants. Il est difficile de réfuter l'idée que les attentes de la population quant à la résolution de leurs problèmes s'expriment avec un niveau d'exigence plus prononcé que par le passé. Il est aussi certain que le chômage massif en Guadeloupe génère des conséquences bien plus sévères que par le passé, touchant aux aspects négatifs du social avec la précarité, la pauvreté, la criminalité, etc.

L'ensemble de ces éléments soutiennent l'hypothèse que les décideurs locaux sont appelés à faire montre de plus de compétences pour régler les problèmes de la cité. Dans cette optique, nous avançons l'idée de la ville intelligente comme composante du modèle pour bâtir la Guadeloupe de demain et aussi assurer le pilotage efficient des chantiers du changement dans chacune de ses grandes zones géographiques. En effet, la *cité smart* peut indubitablement se révéler comme une sorte de situation finale reflétant des mutations économiques et sociales réussies. Qu'il s'agisse de l'épineuse question de l'eau, de la mobilité urbaine et intercommunale, de l'habitat sous ses formes diverses, des nombreux défis environnementaux dans le contexte de l'insularité, il apparaît clairement que les objectifs à atteindre en Guadeloupe font précisément partie de ceux que vise le concept de ville intelligente.

S'agissant de l'objectif du développement économique, la mise en intelligence de la ville est aussi de nature à satisfaire les gouvernants pour lesquels il s'agit de la préoccupation primordiale. Fanny Bertossi (2016) a détaillé une liste d'explications qui fournit une bonne synthèse des arguments avancés sur les bienfaits de l'approche *smart city* en faveur du développement local. En observant d'abord que « les structures déléguées à la ville intelligente, lorsqu'elles ne sont pas un organe transversal, appartiennent à la direction du développement économique de la collectivité », Fanny Bertossi a décliné les enjeux en quatre points. Ainsi, la ville intelligente est présentée comme un garant pour renforcer l'attractivité du territoire, favoriser la diversification de l'économie locale, fonder la relance économique des villes industrielles et porter les stratégies d'internationalisation.

2. Quelle stratégie pour construire les cités intelligentes de la Guadeloupe ?

Un des faits marquants de l'actualité plus ou moins récente dans la thématique des *smart cities* est celui des annonces de projets de construction de nouvelles villes. En novembre 2017, Bill Gates a rendu publiques ses démarches d'investissement de 80 millions de dollars pour l'achat d'un terrain de 101,17 km^2 (proche de la superficie de Paris) dans l'Arizona pour bâtir de toutes pièces une ville intelligente dotée de technologies de pointe. Cette ville du futur, déjà nommée Belmont, devrait consacrer 200 000 hectares à 80 000 unités résidentielles, 190 hectares à des écoles et 1 500 hectares à des bureaux et espaces commerciaux. Comme le rapporte le journal *Le Monde* dans son édition du 15 novembre en citant le NBC News, la ville de Belmont

> « va créer une communauté avant-gardiste, fondée sur la communication et les infrastructures technologiques de pointe, conçue autour des réseaux à haut débit, des centres de données, de nouveaux modèles technologiques de distribution et de fabrication, de voitures et centres logistiques autonomes ».

L'auteur de l'article, Lisa Burek, rappelle aussi que ce projet est comparable à celui mené par Google à Toronto. Avec son laboratoire Sidewalks Labs, le géant du Web a révélé en octobre 2017 un partenariat avec la ville canadienne pour créer et gérer le quartier de Quayside, appelé à devenir une « ville Google » et une sorte de « laboratoire urbain vivant ».

À côté de ces engagements volontaristes, portés par des promoteurs qui ont la puissance financière de traduire leur projet en actes *ex nihilo*, il convient d'observer que la majorité des quelques centaines de projets de *smart cities* recensés à travers le monde a été impulsée à partir de la reconfiguration de l'existant. C'est ce qu'a mis en avant Fanny Bertossi (2016) en dressant une typologie des modes de construction d'une stratégie locale de ville intelligente. De notre point de vue, l'approche méthodologique appropriée à la Guadeloupe est celle des villes qui ont suivi « une démarche plus progressive, se saisissant de la ville intelligente après avoir constaté que de nombreux projets *"smart"* étaient déjà en cours sur leur territoire ». En s'inspirant des exemples de Grenoble, Toulouse, Paris ou Rennes, « l'enjeu principal de l'élaboration d'une stratégie est alors de formaliser et consolider la démarche, en recensant les différents projets, en définissant des axes prioritaires, et en développant les conditions de mise en œuvre de la stratégie ».

Sur les six grands leviers de la cité smart, il est assez aisé de dénombrer les projets mis en œuvre par les décideurs régionaux dans le cadre de leur action pluriannuelle.

Pour se limiter à un seul exemple, on peut citer le programme opérationnel 2014-2020 de la Guadeloupe dont l'ossature repose sur un certain nombre d'axes sur lesquels émargent les projets répondant aux attentes de la ville intelligente. Ainsi l'axe prioritaire 2 « Accompagner le développement du numérique, levier clé de la compétitivité du territoire » comporte les objectifs spécifiques 7 et 8 consacrés respectivement à « Réduire la fracture numérique » et « Assurer une plus grande disponibilité et une utilisation accrue des produits et services TIC par les entreprises, y compris de l'e-commerce ». L'axe prioritaire 6 « Améliorer l'accessibilité externe et interne du territoire » comprend l'objectif spécifique « accroître le report modal des véhicules individuels vers des modes de transport alternatifs à l'automobile (dessertes maritimes) ou collectifs plus économes en énergie ». Notons aussi que l'axe prioritaire 7 « Promouvoir le développement urbain intégré » inclut dans sa déclinaison l'objectif spécifique 20 « Réintégrer les quartiers urbains en difficulté, dans les dynamiques urbaines d'ensemble, avec une gouvernance associant l'ensemble des acteurs de la ville ».

En accordant de la considération « ville intelligente » aux projets ou encore en conditionnant leur éligibilité aux critères sous-jacents, il est clair que les collectivités locales peuvent impulser dès à présent des stratégies et plans d'action dans le but de conduire avec succès les mutations des quartiers et communes en *smart cities*.

En termes d'approches méthodologiques pour concrétiser ces ambitions, la littérature propose peu de contributions. On peut toutefois citer la démarche globale suivante en six étapes proposée par Swisscom qui est l'entreprise *leader* du marché suisse des télécommunications : « Déterminer votre point de départ » ; « Identifier vos objectifs » ; « Définir un ensemble de projets » ; « Évaluer le potentiel de réussite de la mise en œuvre de chaque projet » ; « Évaluer l'impact de chaque projet » ; « Sélectionner les projets les plus prometteurs ». Ainsi, selon les experts de Swisscom, si les acteurs arrivent à s'approprier pleinement cette méthodologie, s'ils réussissent à « identifier et sélectionner les projets de ville intelligente qui ont les meilleures chances de réussite et l'impact le plus fort », ils seront alors en mesure de piloter eux-mêmes la transformation de la ville.

Pour avoir un mode opérationnel plus détaillé, on peut naturellement s'en remettre aux réflexions du Bureau de la ville intelligente et numérique (BVIN) créé par la ville de Montréal lors du lancement de leur programme de travail dans ce domaine. En effectuant la compilation des idées et informations recueillies auprès des citoyens et auprès d'exemples de villes intelligentes à l'international, le BVIN a pu élaborer sa propre démarche pour définir et concrétiser la stratégie montréalaise 2014-2017 « Montréal ville intelligente et numérique ». Un résumé de cette stratégie extrait de Joëlle Simard (2015) est présenté dans le tableau 4 qui confronte également les choix et objectifs retenus avec les concepts et leviers de la ville intelligente de Rudolf Giffinger et Boyd Cohen.

Arrivé ici, nous pouvons observer que la Guadeloupe ne part pas de trop loin dans la compétition *smart city* et qu'elle dispose déjà d'un socle d'équipements en construction. Mais soulignons surtout que c'est précisément d'une prise de conscience et d'une mobilisation collective dont elle a besoin pour se projeter dans l'avenir. Une approche de saisissement collectif afin de s'accaparer des outils technologiques et de s'approprier les démarches d'ingénierie les plus pertinentes (aménagement urbain, gestion durable de l'eau, transition écologique, modèle énergétique, etc.) est plus que souhaitable pour progresser vers la *smart city*.

Tableau 4

Présentation des orientations stratégiques

Orientations stratégiques	Objectifs	Notions et composantes de la ville intelligente
1. Développer le réseau de télécommunications	– Permettre aux citoyens d'avoir accès au wi-fi public – Favoriser l'accès aux télécommunications urbaines. – Intégrer les réseaux de télécommunications à la planification urbaine.	**Social** : démocratie participative. **Économie** : bande passante, réseau sans fil, Communication 2.0.
2. Miser sur les données ouvertes	– Mettre en valeur les données de la ville. – Favoriser l'interrelation, le partage et l'analyse des données ouvertes.	**Économie** : données ouvertes, dématérialisation, collaboration public/privé.
3. Mettre à niveau l'architecture technologique	– Redéfinir une architecture technologique favorisant le décloisonnement des systèmes. – Profiter du programme triennal d'immobilisation pour mettre à niveau l'infrastructure informationnelle technologique de la ville.	**Économie** : ressources et infrastructures de gestion, Ressources et infrastructures de gestion.
4. Co-créer des solutions avec la communauté	– Mobiliser les entreprises, les institutions publiques, les universités et les citoyens pour trouver et tester des solutions aux problèmes quotidiens.	**Social** : démocratie participative, ville à l'échelle humaine, vie de quartier. **Environnement** : espaces urbains.
5. Optimiser les déplacements	– Collecter, traiter et diffuser en temps réel des données et des informations de mobilité.	**Environnement** : mobilité urbaine. **Économie** : gestion de la mobilité.
6. Accroître l'offre de services numériques	– Accroître la disponibilité en mode numérique des services municipaux offerts aux citoyens et aux entreprises.	**Social** : innovation sociale, Économie : communication 2.0.

Orientations stratégiques	Objectifs	Notions et composantes de la ville intelligente
7. Développer des espaces d'innovation et d'apprentissage	– Créer des laboratoires d'innovation publique pour permettre aux citoyens et aux entreprises de tester de nouveaux services publics en voie de développement. – Créer des ateliers pour que les citoyens se familiarisent avec les outils numériques.	**Social** : innovation sociale, fracture numérique. **Économie** : collaboration public/privé, acteurs économiques.
8. Consolider la culture de transparence et d'imputabilité	– Permettre une plus grande accessibilité à toutes les instances de débat public grâce aux nouvelles technologies. – Améliorer la diffusion des principaux indicateurs de performance de la ville et développer de nouveaux outils pour présenter ces informations.	**Social** : démocratie participative. **Économie** : données ouvertes, administration publique.
9. Favoriser l'essor d'un secteur de pointe	– Maximiser les retombées économiques liées au créneau de la ville intelligente.	**Économie** : acteurs économiques. **Social** : Marché de l'emploi.

Source : Joëlle Simard (2015).

***
*

Du nombre considérable de débats qui ont été organisés durant ces années récentes, des nombreuses controverses qui émergent sur la voie à suivre pour se placer dans un processus de construction commune d'une société repensée, s'il y a un enseignement que tous partagent, c'est bien l'exigence que la Guadeloupe doit mettre en œuvre un nouveau modèle sociétal pour mieux garantir son développement économique, culturel et social.

Le projet économique assorti à cette ambition de cheminement vers une société mieux équilibrée impose naturellement une approche plurisectorielle, permettant le renforcement des filières existantes et l'émergence puis la consolidation de familles d'activités porteuses d'avenir. Il y a ainsi à trouver les justes compromis pour aller vers une agriculture qui trouve un équilibre sur les marchés d'exportation et qui dans le même temps se recompose sur le marché intérieur et les formidables perspectives de l'agroalimentaire. Il y a à accompagner la naissance ou la montée en puissance de l'économie de l'environnement. Il y a à relever les défis de projets innovants et réalistes pour bâtir l'économie du littoral et de la mer dans un contexte durable. Pour tous les nouveaux projets de construction, relevant aussi bien du public que du privé, il y a à oser leur habillement avec les costumes de grandes œuvres proportionnées aux territoires de la Guadeloupe afin de façonner l'identité et l'esthétique architecturale des villes et communes.

Nos propos dans cet article sont un appel pour l'audace de doter la Guadeloupe d'un projet ambitieux de déploiement de stratégies permettant l'épanouissement de filières économiques d'une part et une approche du vivre ensemble d'autre part, tous ancrés dans la quête d'un meilleur avenir. Il y a la nécessité de réussir la concertation et l'urgence de la planification participative pour débuter les chantiers. Dans la complémentarité des propos que nous avons déjà esquissés dans diverses publications, soulignons ici que la ville intelligente apparaît comme un étage supérieur à atteindre, non pas une sorte de cité idéale irréalisable de Platon, mais résolument un bouquet de quartiers reconfigurés comme ils ont pu être édifiés dans plus de 150 lieux dans le monde sous une volonté ferme du faire ensemble. Nous devons garder en tête que les décors offerts par la nature sont déjà enchanteurs dans les communes guadeloupéennes, ils offrent carrément un festival de belles baies, un concours de vues magnifiques, une pléiade de paysages terrestres et marins magiques, etc. L'heure n'est plus à la recherche de preuves au sujet des potentiels de l'archipel. Soulignons au contraire que la main de l'homme, le savoir-faire de l'architecte urbaniste, la maîtrise d'ouvrage du décideur politique et l'approbation du citoyen constituent des éléments du jeu à lancer en grandeur nature pour offrir à notre pays des opportunités de remodeler son environnement, de tisser du beau et de s'approprier ses espaces et ses territoires. Soulignons également que les bouquets des chantiers du développement en cours dans les six grandes aires urbaines de l'archipel peuvent s'enrichir de l'ajout de fleurs sans aucune réticence. Si *Les Fleurs du mal* avaient valu à son auteur critiques et rejets à son époque, il convient de voir que les composantes de la *smart city* sont des Fleurs du bien qui ne peuvent que concourir au risque d'installer durablement la Guadeloupe dans des processus de progrès et, *in fine*, lui permettre de caresser le rêve d'un faire et vivre ensemble.

Bibliographie

- AL-HADER M., RODZI A., SHARIF A. R. et AHMAD N. (2009a), « Smart city components architecture » *in Proceedings of the International Conference on Computational Intelligence, Modelling and Simulation* (Brno, Czech Republic, Sep 7-9).
- BELOT L., *De la smart city au territoire d'intelligence(s) – L'avenir de la smart city, Rapport au Premier ministre*, avril 2017.
- BERERD L., « L'opérationnalité des smart cities : Critical Discourse Analysis de 43 textes internationaux », *Architecture, aménagement de l'espace* 2016. HAL Id : *<dumas-01388274>*.

- BERTOSSI F., *Villes intelligentes, « smart », agiles : Enjeux et stratégies de collectivités françaises, Rapport pour le Ministère de l'Environnement, de l'Énergie et de la Mer*, Commissariat général au Développement durable, mars 2016.
- BREUX S. et DIAZ J., *La ville intelligente : origine, définitions, forces et limites d'une expression polysémique*, Institut national de la recherche scientifique, Centre Urbanisation Culture Société, Montréal, 2017.
- COHEN B., « Smart city wheel » *in* « Boyd Cohen smart cities. Urban and climate strategist Boyd Cohen », 2011 : *http://www.boydcohen.com/smartcities.html* [page consultée le 4 janvier 2017].
- DAMON J. et PAQUOT T., « Smart city, ville créative, gentrification… n'ayez plus peur des mots de l'urbanisme », 2017 : *http://www.slate.fr/story/92263/smart-city-ville-creative-gentrification-mots-ville.EY* (2013), Premier panorama des industries culturelles et créatives en France, nov. 2013, *www.ey.com et www.francecreative.fr*.
- FLEUTÔT D. (dir.), *Sociologie : analyses contemporaines*, Foucher, 2006.
- GIFFINGER R., *Smart cities – Ranking of European medium-sized cities*, Centre of Regional Science, 2007.
- GREFFE X., *L'Économie politique du patrimoine culturel, De la médaille au rhizome*, Centre d'Économie de la Sorbonne, Université Paris-I, 2011.
- KANCEL S., ITTY J., WEILL M. et DURIEUX B., *L'apport de la culture à l'économie en France*, Inspection générale des finances, Inspection générale des affaires culturelles, déc. 2013, 390 p.
- MAURIN A., « Quelles réponses aux appels à projets de Gérard Lockel, David Murray et Kenny Garrett ? », Revue en ligne *Madinin-Art*, mai 2012.
- MAURIN A., *Valeurs culturelles, valeurs économiques : quels liens ? Quels enjeux pour un meilleur devenir des DFA ?*, Acte du colloque du Conseil de la culture, de l'éducation et de l'environnement, 4 au 5 avril 2013, Conseil régional de la Guadeloupe, mars 2014, p. 49-68.
- MAURIN A., « Mémorial ACTe : Un acte fondateur pour "Créer et faire vivre un rêve guadeloupéen" », Magazine en ligne *CréoleWays*, juill. 2015.
- MAURIN A., « Une analyse de la dynamique des industries culturelles et créatives dans la Caraïbe : l'exemple de l'offre de festivals », 19 au 20 sept. 2017, Colloque international GPEID-UNESCO/ACERT/CREDDI « Activités créatives et régénération des territoires », UNESCO, Paris, 2017.
- MAURIN A. et WATSON P. K., « Unearthing and analyzing data on festivals in the Caribbean », *Social and Economic Studies*, à paraître, vol. 68, n° 1, 2020.
- PICON A., *Smart cities. Théorie et critique d'un idéal auto-réalisateur*, coll. « Actualités », Paris, éditions B2, 2013, 120 p.

ANALYSE DES POLITIQUES TOURISTIQUES EN GUADELOUPE : À LA RECHERCHE D'UN MODÈLE DE DÉVELOPPEMENT SPÉCIFIQUE ET INNOVANT

par

Joël RABOTEUR

Maître de conférences en gestion
Docteur en sciences économiques
CREDDI, Université des Antilles

L'Assemblée générale des Nations unies a proclamé 2017, comme « l'année internationale du tourisme durable pour le développement ». Cette résolution met en exergue « l'importance attachée au tourisme international, et en particulier la proclamation d'une année internationale du tourisme durable pour le développement, pour ce qui est de favoriser la compréhension entre tous les peuples, de faire mieux connaître le riche héritage des différentes civilisations et de faire davantage apprécier les valeurs inhérentes aux différentes cultures, contribuant ainsi à renforcer la paix dans le monde »[1].

Le tourisme fait partie des activités de services, et est naturellement placé dans le secteur tertiaire. L'histoire du tourisme dans la Caraïbe est particulièrement récente, elle date de moins de soixante ans. Nonobstant ce constat, le « boom touristique » dès l'après-Seconde Guerre mondiale a transformé, en l'espace d'un demi-siècle, des îles et des îlots du désespoir, en de véritables lieux de prospérité économique.

1. OMT, Organisation mondiale du tourisme, institution spécialisée des Nations unies : *unwto.org/fr/press-release/2015-12-10/*.

Le dilemme qui se posait aux pays de la région était de déterminer la meilleure stratégie de développement pouvant permettre une amélioration significative de leur bien-être social. Un tel besoin s'avérait de plus en plus urgent dans la mesure où dans le même temps beaucoup de ces pays accédaient à leur pleine souveraineté.

Admettre que le bien-être social dépendrait en partie des choix réalisés en matière de développement touristique a semblé une évidence.

L'activité touristique n'est pas un phénomène nouveau. Le voyage a toujours été une constante dans l'histoire de l'humanité. Le désir de découvrir et de redécouvrir n'a pas été l'exclusif de l'homme moderne. Bien avant le XXe siècle, ce goût prononcé pour les déplacements était déjà manifeste chez bon nombre de peuples. Le mérite de notre société contemporaine est d'avoir rendu le tourisme jusque-là réservé à une élite, à la portée de tous, et d'en faire désormais un vrai produit de « consommation de masse ».

À ce titre, la Guadeloupe peut-elle tirer son épingle du jeu en exploitant ce gisement d'emplois, cette industrie des services ? Ainsi, l'opportunité de la mise en place d'une véritable politique touristique innovante à envisager pour l'archipel guadeloupéen s'avère cruciale.

Notre contribution s'articulera autour de trois parties :

– la première sur une analyse historique des politiques touristiques menées en Guadeloupe, depuis les années 1970 jusqu'à la crise du tourisme faisant état d'un diagnostic touristique ;
– la deuxième partie sur la crise ayant marqué le tourisme en Guadeloupe en 2000 ;
– et enfin, la troisième partie, se voulant prospective, qui mettra l'accent sur l'émergence d'une nouvelle politique touristique innovante et spécifique à la Guadeloupe.

I. Analyse historique des politiques touristiques

A. Histoire du développement touristique en Guadeloupe

Paradoxalement, l'intérêt touristique de la Guadeloupe à la fin du XVIIIe siècle a commencé par *la découverte de la montagne*. C'est un paradoxe qu'il faut savoir, le développement du tourisme en Guadeloupe débute réellement dans le sud de la Basse-Terre. Ainsi Léon Le Boucher écrivait en 1931 :

> « Tout le monde, à la Guadeloupe, connaît le gracieux bassin de Dolé dont les eaux claires et tièdes coulent d'une manière insensible, dans un poétique paysage, sous un berceau de verdure formé par de hautes touffes de bambous. Je ne décrirai pas longuement des lieux aussi familiers aux habitants de la colonie. Mais j'en conseille la visite à tous les touristes de passage[2]. »

2. L. LE BOUCHER, *La Guadeloupe pittoresque. Les volcans, Les rivières du sud, Les étangs*, Paris, Soc. d'Éditions Géographiques Maritimes et Coloniales, 1931.

Plus loin, l'auteur insiste sur les possibilités offertes par les bains pour soigner les rhumatismes :

> « Nous roulons à une assez vive allure sur la route en pente adoucie. Au passage, nous jetons un regard sur Dolé, célèbre par ses eaux thermales ; la source chaude vient sourdre dans un vaste bassin ménagé pour la recevoir sous l'ombre fraîche de grands bambous qui, de leurs têtes rapprochées, forment au-dessus des eaux un dôme de verdure. Et le charme mystérieux du site et la transparence de la source et l'exquise température du bain, tout invite à la halte en ce lieu ; et point n'est besoin d'avoir à calmer la douleur d'un rhumatisme pour se sentir attiré vers la piscine tentatrice. »

Avant Léon Le Boucher, d'autres auteurs avaient déjà pris soin de noter les propriétés curatives des bains, et notamment Armand Budan en 1863[3].

Le premier pôle d'intérêt touristique était donc le tourisme vert, le tourisme de montagne. Dès 1899, M. Feillet, directeur de l'intérieur, crée la première organisation touristique de l'île, la « section guadeloupéenne du club alpin », qui propose la découverte du massif montagneux.

Durant la Première Guerre mondiale, un médecin militaire, le docteur André Joseph Pichon, crée en 1917 la Société d'études, d'initiatives et de propagande pour le développement touristique, désignée la « Guadeloupéenne ». Cette société a pour finalité de promouvoir des initiatives de développement touristique. Elle est à l'origine de trois initiatives notables :

- l'exploitation des sources thermales de Dolé en Basse-Terre ;
- le premier bureau d'accueil et d'information à Basse-Terre et à Pointe-à-Pitre ;
- la construction du premier hôtel situé à Gourbeyre.

Dans l'entre-deux-guerres, Camille Thionville[4] fonde alors « le Club des montagnards », et va publier en 1935 un guide touristique *La Guadeloupe touristique*. Le tourisme commence timidement à intéresser et devient peu à peu une réalité tangible. Les flux de visiteurs sont très faibles, les moyens de transport onéreux et le seul moyen de transport sera le bateau.

En 1935, le gouverneur Félix Eboué, à l'occasion du tricentenaire du rattachement de la Guadeloupe à la France, lance plusieurs projets hôteliers.

Il impose la construction de l'hôtel « Fort-Royal », propriété de notables de la place, MM. De Ménard et Diligenti. Cet hôtel accueille les notables de l'époque et s'apparente déjà à un tourisme élitiste. Au cours de cette période, la chambre d'industrie de Pointe-à-Pitre crée le premier restaurant touristique de l'île, « La Pergola », au Gosier.

---

3. A. BUDAN, *La Guadeloupe pittoresque*, 1863.
4. M. BALDERIC (1946), « Camille Thionville, pionnier du tourisme », *La Revue guadeloupéenne*, janv.-févr. 1949, n° 19, p. 6.

Néanmoins, le développement touristique dans les années 1930 va s'orienter de plus en plus sur le Gosier. Et en 1935, la chambre de commerce de Pointe-à-Pitre crée le premier restaurant touristique de l'île, la Pergola, profitant de la fête du tricentenaire du rattachement de la France à la Guadeloupe. Cette structure sera réquisitionnée pendant la Seconde Guerre mondiale pour la météorologie nationale.

Après la Seconde Guerre mondiale, des délégués guadeloupéens participent aux différentes rencontres organisées dans le cadre d'une nouvelle association à vocation régionale, notamment « la 1re conférence des Indes Occidentales ». Rémy Nainsouta participe à la première session organisée à Saint-Thomas en février 1946. Félix Soulier fera le compte-rendu de cette réunion, et annonce déjà la volonté des Caribéens d'organiser et de créer ce qui deviendra par la suite la « Caribbean Tourism Organization ».

B. Les différents plans

La période des plans va se scinder en deux parties, les plans dirigés par l'État et ensuite les plans pilotés par la région qui devient le nouvel acteur économique important en matière de tourisme.

1. Les plans étatiques

Cette période est dominée par trois plans gouvernementaux successifs, le IIIe, IVe et le Ve plan. L'idée sous-jacente est que le tourisme s'impose comme axe de stratégie de développement.

a. Le IIIe plan (1956-1960)

Le tourisme est présenté comme un secteur nouveau à encourager, et qui permettra une certaine diversification de la production, et sera susceptible de créer des emplois. À cet effet sera créée la SITO ;

b. Le IVe plan (1961-1965)

Proposera des actions beaucoup plus concrètes : la création de 500 chambres d'hôtel, et l'amélioration des infrastructures d'équipement. À ce plan correspondent des créations touristiques, notamment la construction des deux premiers grands hôtels de luxe de la Guadeloupe : La Caravelle, à Sainte-Anne ; Le Fort-Royal, à Deshaies ;

c. Le Ve plan (1966-1970)

Dressera un bilan des deux premiers plans. Il apparaîtra très clairement que les objectifs escomptés n'ont pas été atteints. La vitalité de ce secteur d'activité ne fait aucun doute et la décision est prise de créer un pôle touristique connu sous le nom de « Riviera » où seraient concentrées toutes les superstructures touristiques.

Ce regroupement des équipements a pour objectif de rentabiliser les investissements et d'éviter les problèmes d'isolement dont les grands hôtels souffraient. Diverses incitations financières et fiscales complétaient le dispositif. Ce plan prévoyait également la mise en valeur du tourisme social en direction des populations locales.

d. Le VIe plan (1971-1976)

Le tourisme reconnu comme prioritaire sera enfin perçu comme le moteur du développement économique. Des perspectives se fondent sur l'aménagement de la Riviera Sud, et encouragent la création de plus de 3 000 chambres d'hôtel et la mise en place d'infrastructures en matière d'animation (casino, golf, port de plaisance, parc naturel). C'est l'époque de la création de villages de vacances et de lotissements résidentiels.

e. Le VIIe plan (1977-1982)

Ce plan se voudra beaucoup plus réaliste que le VIe plan. En effet, la politique touristique montre quelques signes d'essoufflement. Les objectifs ambitieux sont revus à la baisse. Le tourisme n'est plus considéré comme la panacée, pouvant régler à lui seul l'un des maux dont souffre l'économie guadeloupéenne : le chômage. Désormais, de nouvelles orientations apparaissent, ainsi on pouvait lire dans le rapport Bogino : « Le tourisme pourrait apporter encore plus en s'intégrant davantage dans la vie locale et pourrait mieux profiter aux Guadeloupéens, aux agriculteurs, aux artisans, au développement de l'emploi. »

Ce VIIe plan aura mis en évidence l'importance des déséquilibres régionaux, car, mise à part la Riviera Sud (Gosier, Saint-Anne, et Saint-François), le reste de la Guadeloupe n'aura pas profité du développement touristique.

f. Le VIIIe plan

Ce plan proposera : « L'expérimentation d'un nouveau modèle de développement en Basse-Terre : rompre avec les excès connus par le passé, et renoncer au tourisme de luxe des hôtels de grand *standing.* » Il est désormais vital, compte tenu de l'exode rural et de l'ampleur du chômage, de rééquilibrer les aménagements en mettant en avant des pôles touristiques. L'exode rural du secteur de la Côte-sous-le-Vent doit être stoppé. Ce plan prévoit également la valorisation des sites et la création de pôles touristiques (Pointe-Allègre, Rivière-Sens, Pointe-Noire), la construction d'une hôtellerie de type deux étoiles, de gîtes ruraux et de villages de vacances.

Dans le cadre de la décentralisation (loi n° 82-213 du 2 mars 1982 relative aux droits et libertés des communes, des départements et des régions et loi n° 82-623 du 22 juillet 1982 qui l'a modifiée et complétée), la région Guadeloupe dispose désormais d'un pouvoir réel en matière de stratégie touristique.

2. Les plans État-Région

a. Le IXe contrat de plan État-Région (1984-1988)

Désormais, la région prend l'habitude de convier les différents partenaires du développement économique. Il en ressortira une meilleure intégration sociale du tourisme. Cette intégration passera inévitablement par la formation professionnelle des employés du secteur, le renforcement de l'animation, la protection de l'environnement et l'amélioration des transports.

Durant cette période, la Guadeloupe se dote d'une nouvelle structure, l'AGETL (Agence guadeloupéenne de l'environnement du tourisme et des loisirs), qui est un établissement public chargé de la préparation et de la mise en œuvre de la politique touristique définie par le conseil régional.

b. Le Xe contrat de plan État-Région (1989-1993)

Le Xe contrat de plan État-Région (1989-1993) insistera sur trois points essentiels :

- l'évolution vers un tourisme « intégré » au sens véritable du terme. Le tourisme intégré correspond mieux au contexte guadeloupéen et suppose une participation effective de la population guadeloupéenne. Le Guadeloupéen ne doit plus être spectateur, mais acteur de son propre développement. Ce développement doit tenir compte des spécificités de l'archipel guadeloupéen, et des implications culturelles ;
- la protection de l'environnement va de pair, par une gestion efficace dans la lutte contre les déchets, le nettoyage des sites (plages, etc.) la mise en valeur et l'embellissement de ceux-ci ;
- le développement des loisirs, en tenant compte de la dimension culturelle, devient une nécessité, une contrainte imposée par l'évolution du marché dans la mesure où le produit balnéaire doit de plus en plus se combiner avec d'autres types de produits.

c. Le XIe contrat de plan État-Région (1994-1998)

Il se situe dans un contexte économique particulièrement difficile pour la Guadeloupe. Le contexte social est lui aussi très tendu, dans la mesure où il existe de très fortes disparités. Dans ce contrat de plan, on écrira :

> « La société guadeloupéenne est dangereusement déstabilisée et le sera de plus en plus si des actions de maintien puis de renforcement de la cohésion sociale ne sont pas immédiatement engagées avec des résultats rapides[5]. »

Ce même rapport s'alarme du taux de chômage qui serait insupportable dans toute autre région française. Il apparaît très clairement qu'une telle situation ne saurait perdurer plus longtemps. Par ailleurs, il semble nécessaire de créer des

5. Préfecture de la région Guadeloupe, *Contrat de plan État-Région (1994-1998)*.

conditions d'un développement endogène, dans la mesure où les Guadeloupéens dans leur grande majorité acceptent de plus en plus mal leur situation de dépendance vis-à-vis de la métropole.

Dans ce XIe plan, un certain nombre de mesures ont été prises :

- suspension des aides pour la construction de nouveaux hébergements, sauf pour de petites unités ;
- mise en place d'une politique de formation[6] pour les salariés du secteur ;
- mise en place d'une politique de promotion et de commercialisation beaucoup plus agressive pour faire face à la concurrence d'autres pays de la région ;
- naissance de nouvelles activités de loisirs tournées vers un tourisme de grande nature (randonnées, sports d'air, sports d'eau), de culture (patrimoine industriel, traditions, et gastronomie), d'affaires (congrès) ;
- du tourisme nautique (gisement d'emplois nouveaux) ;
- politique d'aménagement et d'entretien des plages.

Ces mesures ont été prises en tenant compte en grande partie des doléances des socioprofessionnels qui se sont réunis le 27 septembre 1996, et dont les écrits de leur séminaire furent publiés[7].

Des mesures spécifiques concerneront les îles de l'archipel guadeloupéen.

- À Marie-Galante et à Désirade, il est souhaitable que le développement touristique se fasse en douceur et soit associé à l'agriculture (agrotourisme et tourisme rural) ;
- concernant Les Saintes, on favorisera un tourisme de séjour de courte durée en hébergement professionnel plutôt qu'en résidence secondaire ;
- pour les îles du Nord, Saint-Martin et Saint-Barthélemy, on privilégiera un tourisme haut de gamme, tourné vers la mer, la navigation de plaisance et la croisière. L'infrastructure portuaire devra être révisée en conséquence.

d. Les contrats de projets État-Région 1999-2006

Le constat est là l'activité touristique est en perte de vitesse, on parle désormais de crise du tourisme, l'État et la région se doivent d'agir de façon concrète. Le positionnement « destinations soleil », uniquement, expose l'archipel à une forte concurrence (Afrique, Caraïbe, Maghreb). Il faut un nouveau positionnement le dernier étant inadapté et à l'origine de la crise. Il y a lieu de :

- procéder à une diversification de l'offre nécessaire au sein des « destinations soleil » :
    - résidences de tourisme,
    - location de villas,

6. Jusqu'à une période récente, rares étaient les salariés qui avaient bénéficié d'une formation dans le domaine du tourisme. En général, ceux-ci bénéficient d'une formation sur le tas.
7. Voir Annexe 1 : « Les actes du séminaire : Entreprises performantes », sept. 1996, Gosier, Novotel.

– la plaisance ;

– s'orienter de plus en plus vers un autre positionnement destination « mer-nature-écotourisme ».

3. Mettre en place une nouvelle stratégie d'image de la destination

a. Les contrats de projets État-Région 2007-2013[8]

L'archipel de la Guadeloupe bâtira une stratégie de reconquête du tourisme, pour en faire un élément moteur de son développement, en s'appuyant sur ses atouts culturels, patrimoniaux et naturels. L'objectif ce nouveau contrat est de faire du tourisme un axe fort du développement économique de la Guadeloupe et se décline en trois orientations stratégiques :

– 1re orientation stratégique. Une amélioration du chiffre d'affaires du secteur en agissant à trois niveaux :
  – premier niveau : la fréquentation, en améliorant les taux d'occupation du parc d'hébergement et en allongeant la saison,
  – deuxième niveau : sur la capacité d'accueil, en accroissant le parc d'hébergement mixé harmonieusement réparti sur le territoire,
  – troisième niveau : sur le niveau de contribution des clientèles, en ciblant des touristes à plus hauts revenus et en créant des occasions de dépenses plus nombreuses.

– 2e orientation stratégique. Le choix des marchés prioritaires.
Il s'agit de fidéliser la clientèle française et européenne, la clientèle locale et le marché intérieur des Antilles françaises. En complément, trois clientèles de niche seront privilégiées : les seniors susceptibles de faire de longs séjours (quinze jours à trois mois) ; les plaisanciers et la grande plaisance ; les croisiéristes (sur certains segments choisis).

– 3e orientation stratégique. Le positionnement.
Il doit montrer une gamme diversifiée de produits. La variété et la diversité sont deux atouts concurrentiels particuliers de la Guadeloupe qui permettraient une différenciation avec les autres destinations exotiques.

8. Sources : « Contrat de projets État-Région Guadeloupe 2007-2013 » : *http://www.centre info.fr/IMG/pdf/cperguadeloupe.pdf.*

b. Les objectifs spécifiques de la Guadeloupe pour 2014-2020

Le président de région, Ary Chalus, ne fait plus mystère des objectifs, il souhaite que l'on atteigne le chiffre record d'un million de visiteurs à l'avenir. « Ainsi, l'objectif que nous nous sommes fixé de recevoir, à l'horizon 2020, 1 million de touristes, et d'atteindre 1 milliard de chiffre d'affaires, va se décliner dans un plan d'actions concerté et opérationnel »[9] :

- mise en place d'un service « Attractivité et marketing territorial » ;
- acquisition par le conseil régional de l'ensemble immobilier de l'hôtel Saint-Georges ;
- soutien au CTIG, pour la promotion du territoire ;
- soutien aux structures d'hébergement à hauteur chaque année ;
- soutien aux produits touristiques et aux animations touristiques.

Aujourd'hui, l'avenir semble radieux pour le tourisme, néanmoins cette industrie a connu une décennie 2000 très difficile. Pour bien comprendre l'enchaînement des causes ayant conduit à cet état de fait, la deuxième partie s'attachera à mettre en exergue les éléments ayant conduit à cette période de crise.

II. Les origines de la crise traversée par le tourisme en Guadeloupe

Depuis 2000, le secteur a connu une crise profonde qui s'est manifestée par une diminution de 12,8 % de la fréquentation.

Entre 2000 et 2005, la fermeture de 12,1 % du nombre de chambres en hôtellerie classée et non classée, la baisse de l'ordre de 21 % du nombre de nuitées dans l'hôtellerie, la chute de plus 75 % du nombre de croisiéristes et la quasi-disparition de la plaisance.

Sur la figure ci-dessous, on ne peut que constater la destruction du nombre de chambres, on est passé de 4 868 chambres à 4 180 chambres, soit une diminution de 16 %[10]. Cette diminution va de pair avec une baisse des taux d'occupation, cette situation est inédite en Guadeloupe et il est vrai que jamais la Guadeloupe n'avait connu par le passé une telle situation. Le modèle guadeloupéen de développement touristique avait atteint avant beaucoup d'autres destinations une fin de cycle.

9. *http://www.regionguadeloupe.fr/actualites-et-agendas/toute-lactualite-du-conseil/detail/actualites/tourisme-le-president-de-region-presente-sa-strategie-regionale-de-developpement-touristique/#_.*

10. *http://www.cerom-outremer.fr/IMG/pdf/cerom_200710_cycle_de_vie_tourisme_guadeloupe.pdf.*

Figure 1

Nombre de chambres en hôtellerie classée et non classée

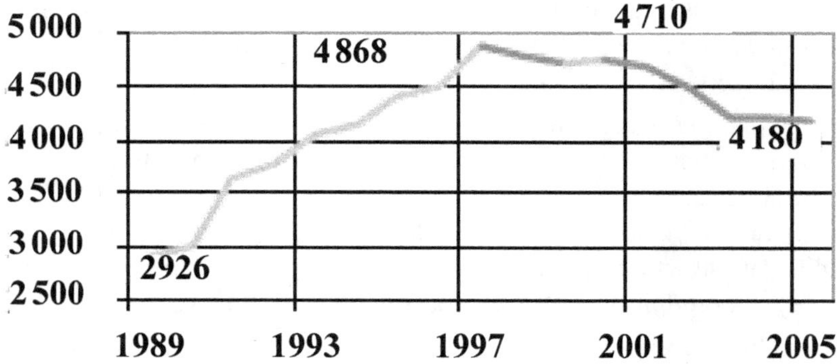

Source : PAG.

Figure 2

Taux d'occupation des hôtels

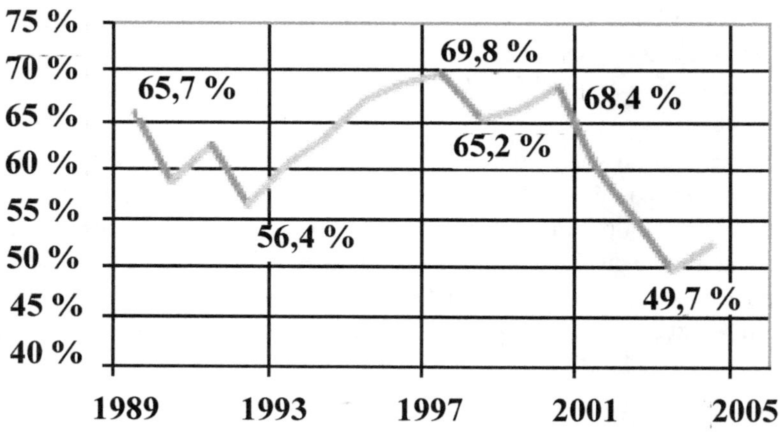

Source : PAG.

Dans le même temps, le nombre de croisiéristes va lui aussi connaître une baisse encore plus marquée comme l'attestent les chiffres du Port autonome de la Guadeloupe.

Figure 3

Nombre de croisiéristes (en milliers)

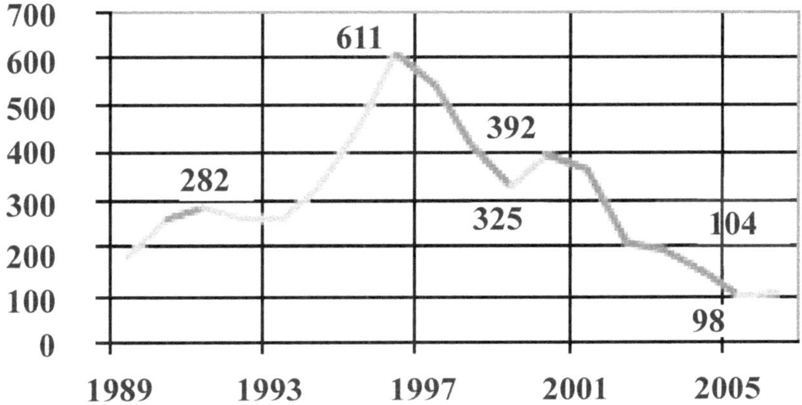

Source : PAG.

La Guadeloupe durant cette période a connu une fin de cycle du produit touristique. Pour ceux qui connaissent *le cycle de vie du produit*[11], il était légitime de se demander si ce cycle n'était en train de s'appliquer au tourisme.

Pour s'en convaincre, regardons ce que dit R.W.Butler (1980)[12] sur le cycle de vie de la destination touristique.

11. Le concept de cycle de vie du produit a été développé par Theodore Levitt en 1965. Son modèle permet d'analyser les étapes successives de la vie des produits ou des industries de leur naissance à leur déclin. Cette théorie de Theodore Levitt a fait l'objet de nombreuses adaptations donnant naissance à de nouveaux modèles. Ainsi, en 1980, R.W. Butler a appliqué le concept aux zones touristiques et a distingué six étapes dans le « cycle de vie » :
– *l'exploration*, au cours de laquelle sont étudiées les possibilités de développement du produit ;
– *l'implication*, une fois prise la décision d'investir, elle correspond à la phase de lancement du produit avec une croissance limitée de l'activité ;
– *le développement*, période durant laquelle la demande est soutenue, et la fréquentation augmente de façon importante, parallèlement à l'offre (hébergements, services, etc.) ;
– *la consolidation des acquis* : étape où le produit entre dans sa phase de maturité ;
– *la stagnation*, le vieillissement et le déclin : phase caractérisée par une désaffectation pour le produit et qui se traduit par la baisse des ventes et du nombre de visiteurs. L'auteur n'exclut pas que le produit puisse connaître un nouveau départ. C'est la phase de *rajeunissement du produit ou de redémarrage*.

12. R.W. BUTLER, « The concept of a tourist area cycle of evolution: implications for management of resources », publié dans *Canadian Geographer*, vol. 24, n° 1, 1980.

Le modèle de R.W. Butler peut être utilisé pour déterminer le cycle de vie du produit touristique en Guadeloupe. Les six phases proposées par R.W. Butler dans son modèle peuvent en effet être aisément appliquées à la Guadeloupe sur la période 1970-2006 :

– *De 1970 à 1972* : cela correspond au VIe plan État, il faut trouver d'autres voies en matière de développement économique aux Antilles (fermeture de nombreuses usines à canne à sucre)[13], et tout naturellement le tourisme sera présenté comme un axe prioritaire de développement avec la définition du projet d'aménagement hôtelier « Riviera Sud ». Cette crise est une crise systémique, qui, au-delà du sucre, traduit plus fondamentalement la fin d'un modèle d'économie coloniale « classique »[14]. Néanmoins, durant cette période de transition, la croissance du tourisme fut tout de même limitée, c'est la *phase d'exploration.*

– *De 1973 à 1976*, l'aménagement de la Riviera Sud a été acté. Dès lors, 2 000 chambres ont alors été construites sur les communes de Gosier, Sainte-Anne et Saint-François, favorisant un élargissement de la gamme des hôtels. Dans le même temps, il faudra former le personnel et donc on assiste à la création de deux écoles hôtelières (Ecotel au Gosier et une structure de formation à la chambre consulaire de Pointe-à-Pitre). Le tourisme nécessite également des lieux d'animations (casino, golf, port de plaisance) et pour ce faire vont également être mis en exploitation. C'est la *phase d'implication*, durant laquelle la destination a bénéficié d'un fort taux de croissance de la fréquentation concomitant à un développement marqué de l'offre.

– *De 1977 à 1994,* la politique touristique se poursuit avec modération, mais sera perturbée par les événements de la Soufrière, du fait notamment de l'éruption du volcan de la Soufrière qui a affecté le département en 1976.

L'année 1982, c'est la période de la décentralisation, la région est créée, elle devient de fait un acteur incontournable du développement touristique. L'action de cette entité sera de privilégier d'autres formes d'hébergement touristique, à savoir la petite hôtellerie, de *« guest house »* que l'on retrouve dans d'autres îles de la Caraïbe, des gîtes ruraux et des villages vacances à vocation sociale. L'augmentation de la capacité hôtelière va également croître

13. Les années 1970, largement entendues, constituent le pire moment de l'histoire de l'industrie sucrière guadeloupéenne depuis la création des usines, un siècle plus tôt. Une succession de catastrophes climatiques très rapprochées (cyclone Inès en 1966, deux sécheresses gravissimes en 1967 et surtout 1971) enclenche un processus de déclin qui, par l'interaction de facteurs structurels, débouche sur un véritable effondrement de toute la filière ; de 1967 à 1981, le nombre d'usines tombe de dix à quatre142 et la production de sucre de 185 000 à 71 000 tonnes, avant d'atteindre le fond du gouffre trois ans plus tard avec 41 000 tonnes.

14. C. SCHNAKENBOURG, « L'usine Gardel (1870-1994) – Histoire d'une survivante », *Bulletin de la Société d'Histoire de la Guadeloupe* (171) 2015, 55-112.

de façon substantielle et va passer de 2 926 chambres en 1990 à 4 868 en 1998. Les mécanismes d'incitation fiscale (loi Pons de 1986) vont jouer un rôle non négligeable dans cette progression.

Durant cette période la Guadeloupe est frappé par une autre catastrophe naturelle le cyclone Hugo. Beaucoup de structures hôtelières n'ont pas résisté et sont sinistrées, les plages en Grande-Terre détruites, il faut reconstruire rapidement pour être opérationnel. L'accent sera mis sur la valorisation des sites, et la création de pôles touristiques. Cette *phase de développement*, caractérisée par une croissance soutenue, a été rendue possible par une politique de promotion touristique.

- *De 1995 à 1998*, la croissance du secteur s'est poursuivie et a été soutenue par les programmes de financement publics, en particulier le DOCUP 1994-2000. Durant cette *phase de consolidation*, le taux de croissance a été modéré[15].
- *Entre 1999 à 2000*, malgré l'effort porté à la promotion touristique, la fréquentation de la Guadeloupe a semblé atteindre un plafond et la croissance s'est épuisée pour demeurer au niveau de 1 %. La destination est entrée dans la *phase de stagnation*[16].
- *Entre 2001 et 2005*, la fréquentation des hôtels a été orientée à la baisse. C'est la fin d'une belle époque, le modèle touristique s'essouffle, les autorités compétentes n'ont pas su anticiper ce déclin. La fréquentation des hôtels a été orientée à la baisse. Cette diminution peut être notamment imputée au vieillissement des installations, mais surtout à la dégradation de la conjoncture consécutivement aux événements du 11 septembre 2001, ainsi qu'à l'émergence de nouvelles destinations touristiques dans la Caraïbe.

Le paysage guadeloupéen se remplit progressivement de « friches industrielles touristiques », les liquidations et les fermetures d'hôtels se multiplient, le nombre de chômeurs ne cesse de croître. En outre, depuis l'an 2000, plus de 12 % du parc hôtelier de Guadeloupe a disparu. Dix-sept établissements ont fermé, parmi lesquels : le Fort-Royal (Club Méditerranée) à Deshaies, le Hamac, la plantation Sainte-Marthe, le Meridien (devenu en décembre 2002 le Kalenda resort) et Anchorage à Saint-François, le Marissol (Accord) à Bas-du-Fort, Ecotel et le Callinago à Gosier, le Domaine de Malendure et Petite Anse à Bouillante, le Royal Caraïbe au Moule, les Relais Bleus aux Abymes. Ajoutons qu'un certain nombre d'établissements ont été vendus à la découpe en résidences privées et d'autres ont connu de grandes difficultés.

15. T. DE GUBERNATIS « Le tourisme en Guadeloupe : une application de la théorie du cycle du produit », Agence de la Guadeloupe, *IEDOM*, n° 10, oct. 2007.
16. T. DE GUBERNATIS, *op. cit.*

> « Par ailleurs, concernant le tourisme de croisière, on constate que le nombre de touchées de bateaux, et par conséquent de croisiéristes, s'effondre régulièrement en Guadeloupe depuis une dizaine d'années. En 2005, 59 paquebots ont accosté en Guadeloupe contre 429 en 1996, soit une baisse de fréquentation de 86 % ! en dix ans. En outre, une étude sur les stratégies des ports de la Caraïbe (G. de Monie, F. Hendrickx, L. Couvreur, C. Peeters, 1999) mettait déjà l'accent, en 1999, sur les difficultés rencontrées en matière de croisière par certaines destinations de la Caraïbe, dont la Guadeloupe et la Martinique. Cette étude déterminait dans le domaine de la croisière, la valeur intrinsèque de chaque destination par le biais d'un indice global, reflétant la qualité des ports, les attributs de chaque destination, ainsi que l'image favorable ou défavorable que les programmateurs de croisières exprimaient sur ces destinations[17]. »

Le produit touristique est en fin de vie, les équipements ont vieilli et ne sont plus adaptés aux standards internationaux, à cela se rajoute un climat social qui s'est détérioré suite aux événements du 11 septembre 2001.

Figure 5

Cycle du produit touristique

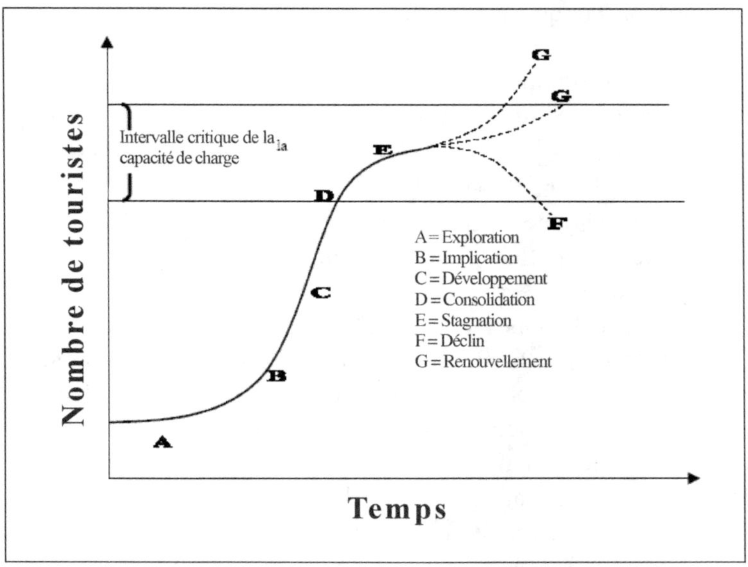

Source : L'auteur.

17. L. DUPONT, « L'évaluation de la politique touristique dans la Caraïbe francophone – Le cas de l'archipel de la Guadeloupe », The George Washington University.

Figure 5

Schéma du cycle de vie du produit touristique de Butler appliqué au nombre de touristes clients des hôtels de la Guadeloupe

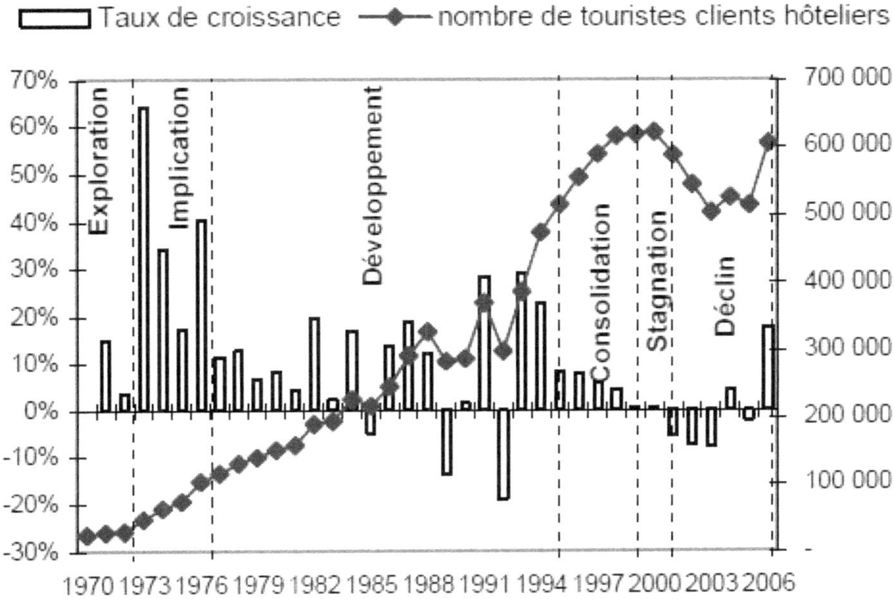

Source : Rapports annuels IEDOM, Office du tourisme, INSEE.

Quelles sont les causes de cette stagnation (E) ? L'émergence de nouvelles destinations touristiques dans la Caraïbe a impacté la Guadeloupe. Jusqu'au début des années 1980, la Guadeloupe n'était en effet que très peu concurrencée. Depuis, cette destination doit faire face à l'essor de Cuba et surtout de la République Dominicaine. Sur la période 1995-2005, ces deux pays ont enregistré un accroissement de leur fréquentation touristique de respectivement 155 % et 108 %. Ces destinations ont su attirer des touristes au budget plus conséquent que ceux fréquentant la Guadeloupe. Selon les données du CTO (Organisation du tourisme caribéen), en 2001, un touriste aurait dépensé en moyenne 563 dollars au cours de son séjour en Guadeloupe, contre 938 dollars en République Dominicaine et 970 dollars à Cuba. Pour la Guadeloupe, cette phase est révélatrice d'une crise : tous les indicateurs convergent, quelle que soit l'activité concernée, pour mettre en relief le déclin de la destination.

Le positionnement *marketing* de la Guadeloupe a été durant cette période obsolète et ne permet plus de lutter contre une concurrence de plus en plus vive et agressive. L'offre de logement a vieilli et doit absolument être modernisée. Des assises du tourisme qui se sont tenues en octobre 2006 ont permis de discuter et valider une stratégie de redynamisation du tourisme par l'adoption d'une charte signée par tous les pouvoirs publics et partenaires qu'il s'agissait de mettre en œuvre au cours de la période 2007-2013.

III. Émergence d'une nouvelle économie touristique

Le tourisme caribéen est par essence un tourisme balnéaire où l'environnement physique à savoir : la mer, la plage et le soleil sont les facteurs attractifs par excellence.

Par conséquent, tous les pays de la région ont commencé par exploiter ce type de tourisme et créer les conditions de leur développement, en mettant en place des infrastructures touristiques (création d'hôtels, de casinos, etc.).

À partir du balnéaire vont émerger d'autres spécialisations. Il est temps aujourd'hui de s'orienter vers d'autres formes de spécialisation touristique. La loi NOTRe renforce les compétences obligatoires des EPCI en modifiant l'article L. 5214-16 du CGCT pour les communautés de communes, l'article L. 5214-23-1 pour les communautés de communes bénéficiant de la DGF bonifiée, et l'article L. 5216-5 pour les communautés d'agglomération. Désormais, la compétence obligatoire de développement économique des EPCI couvre notamment la « création, aménagement, entretien et gestion de zones d'activité touristique ». L'ensemble des zones d'activité touristique, existantes ou à venir, relèvera de la seule compétence de l'EPCI, qui en aura l'exercice exclusif. Cela va donc se traduire par un transfert des zones d'activité touristique communales existantes à l'EPCI, au plus tard au 1er janvier 2017. Ces zones doivent donc être identifiées. Un inventaire de leur état d'avancement, des emprunts en cours, de l'état des voiries et réseaux, des charges ainsi que des droits et obligations qui s'y rattachent doit être dressé.

A. Les différentes formes de tourisme

- l'écotourisme ;
- le *tourisme balnéaire* ;
- le tourisme de plaisance ;
- le tourisme de croisière ;
- le tourisme d'affaires.

Il existe d'autres formes de tourisme, correspondant à autant de voies pour l'instant inexploitées. Elles constituent des spécialisations originales encore marginalisées :

- le tourisme de santé ;
- le tourisme rural ;
- le tourisme vert ;
- le tourisme social ;
- le tourisme religieux ;
- le tourisme culturel et événementiel, etc.

B. Aujourd'hui, la Caraïbe se spécialise déjà

Tableau 1

Types de spécialisation selon le pays

Pays	Types de spécialisation
Antigue-et-Barbude	– Tourisme balnéaire – Tourisme de plaisance
Bahamas	– Tourisme balnéaire – Tourisme de croisière – Tourisme de plaisance
Barbade	– Tourisme balnéaire *– Tourisme culturel*
Belize	– Écotourisme
République Dominicaine	– Tourisme balnéaire – Écotourisme – Tourisme de plaisance – Tourisme de croisière – Tourisme religieux
Cuba	– Tourisme balnéaire *– Tourisme de santé* – Écotourisme
Dominique	– Tourisme balnéaire *– Écotourisme*
Trinité-et-Tobago	– Tourisme balnéaire – Tourisme culturel – Tourisme balnéaire – Tourisme d'affaires

Source : L'auteur.

C. La Guadeloupe touristique

Tableau 2

La Guadeloupe touristique

Communes et villes	Type de tourisme	Spécialisations possibles
Pointe-à-Pitre	– *Tourisme urbain*	– Tourisme mémoriel – Tourisme culturel (carnaval, festival) – Tourisme de croisière
Gosier	– *Tourisme balnéaire*	– *Tourisme culturel (carnaval)* – *Tourisme ludique (casino)*
Moule	– *Tourisme de santé et de remise en forme*	– *Thalassothérapie* – Tourisme culturel
Sainte-Anne	– Tourisme balnéaire	– Tourisme de croisière – Tourisme de plaisance – Tourisme culturel (carnaval, festival de Gwo-Ka)
Saint-François	– Tourisme balnéaire	– Tourisme de plaisance – Tourisme sportif (pêche au gros) – Tourisme sportif – Tourisme culturel (carnaval) – Tourisme golfique – Tourisme ludique (casino)
Abymes	– Tourisme d'affaires	– Tourisme scolaire – Tourisme mémoriel (Morne de la Mémoire) – Tourisme culturel (carnaval, théâtre, etc.) – Tourisme de santé – Tourisme durable (Dothémare)
Marie-Galante – Saint-Louis – Grand-Bourg – Capesterre	– Tourisme balnéaire – Handi-tourisme – Tourisme sportif – Tourisme événementiel (festival de musique)	– Tourisme équitable – Tourisme culturel (carnaval, peinture, sculpture, histoire) – Écotourisme – Tourisme gastronomique
Les Saintes – Terre-de-Haut – Terre-de-Bas	– Tourisme balnéaire	– Tourisme de découverte (plongée sous-marine) – Tourisme de plaisance

Communes et villes	Type de tourisme	Spécialisations possibles
Trois-Rivières	– Tourisme mémoriel (édification d'un espace précolombien)	– Tourisme culturel (carnaval) – Tourisme de découverte – Écotourisme – Tourisme de plaisance
Anse-Bertrand	– Tourisme équestre	– Tourisme mémoriel – Tourisme balnéaire – Agritourisme
Vieux-Fort	– Tourisme culturel	– Tourisme mémoriel
Basse-Terre	– Tourisme balnéaire – Tourisme de santé – Tourisme mémoriel	– Écotourisme – Tourisme de découverte (plongée sous-marine) – Tourisme de croisière
Baillif	– Tourisme balnéaire	– Tourisme culturel – Tourisme mémoriel
Bouillante	– Whale Watching – Écotourisme	– Tourisme culturel – Tourisme balnéaire
Saint-François	– Tourisme balnéaire	– Tourisme balnéaire – Tourisme de plaisance
Vieux-Habitants	– Tourisme balnéaire	– Écotourisme – Tourisme de découverte (plongée sous-marine)
Gourbeyre	– Thermalisme	– Tourisme de plaisance – Tourisme de découverte (plongée sous- marine) – Tourisme de santé – Tourisme mémoriel – Écotourisme

Source : L'auteur.

En réaction à la situation de crise du secteur du tourisme en Guadeloupe, laquelle correspond à la phase de déclin exposée par R.W. Butler, les différents acteurs du secteur ont pris de nombreuses dispositions pour soutenir et relancer l'activité.

1. L'Europe

L'Europe, par l'intermédiaire du DOCUP 2000-2006, a permis la réalisation de 142 millions d'euros de projets, financés à hauteur de 56 millions d'euros par le FEDER et 32 millions d'euros par la région. Ces projets ont concerné la promotion touristique (19 %), le renforcement des capacités d'accueil (63 %), le développement des stations et produits touristiques nouveaux (14 %) et le rééquilibrage des pôles touristiques.

2. L'État

La contribution de l'État à la relance du secteur du tourisme s'est notamment articulée autour de la loi Programme. Élaborée par le ministère de l'Outre-mer et votée en juillet 2003, elle permet aux professionnels de l'hôtellerie et de la restauration, d'une part, et des transports, d'autre part, de bénéficier d'exonérations de cotisations patronales dans la limite d'une rémunération égale à respectivement 1,5 et 1,3 fois le SMIC. Elle autorise par ailleurs la défiscalisation à hauteur de 70 % sur quinze ans des travaux de rénovation ou de réhabilitation des structures hôtelières.

3. La Région

La région, a mis en place un comité du tourisme (CTIG) en décembre 2003 pour relancer et structurer la promotion du secteur à l'extérieur. Ses ressources, de 14 millions d'euros sur trois ans (période 2004-2006) ont essentiellement été consacrées à la promotion de la destination. Dans le cadre du schéma régional de développement économique (SRDE), la région a fixé en 2005 les grands axes du développement du secteur. Les mesures adoptées dans ce cadre ont été reprises dans une charte pour la reconstruction durable du tourisme en Guadeloupe signée par la région, l'État et 15 partenaires durant les premières assises régionales du tourisme (oct. 2006). Un plan d'actions pour la relance du secteur a ainsi été élaboré.

Le Congrès des élus, qui s'est tenu le 18 décembre 2006, a ensuite adopté une résolution sur le tourisme fixant les actions proposées lors des assises du tourisme. La réflexion du SRDE a été concomitante avec la création, le 3 novembre 2005, d'un observatoire régional du tourisme dont l'objet est la production de statistiques officielles et la constitution d'une base de données sur le tourisme.

4. Le tourisme guadeloupéen entre-t-il dans une phase de rajeunissement ?

Cette orientation à la hausse de la plupart des indicateurs du secteur du tourisme pourrait traduire un rajeunissement ou un redémarrage de l'activité touristique qui peut être mis en perspective avec le concept de cycle de vie développé par R.W. Butler.

***

*

Les pays de la Caraïbe ont découvert un modèle de développement basé sur les services. Aujourd'hui, à partir du modèle originel, il est possible de trouver d'autres voies. L'on se rend compte que le potentiel touristique est inexploité. Il existe en réalité des spécialisations touristiques qui constituent de véritables viviers susceptibles de créer de la richesse et des emplois. Ces spécialisations originales encore marginalisées doivent être reconnues et constituer des réelles opportunités garantes d'un développement touristique durable.

La Guadeloupe, riche de ses atouts naturels, culturels, cultuels et sociaux se doit de trouver sa propre voie de développement, qui devra se différencier des stratégies déjà utilisées dans la zone Caraïbe/Amérique.

PRÉPARER LE MONDE D'APRÈS

par

Teddy BERNADOTTE

Chargé d'enseignement, Université des Antilles
Directeur territorial
Directeur du cabinet du Président de la Région Guadeloupe

La société guadeloupéenne tente de se construire, mais elle demeure fragile et duale, ce qui occasionne de nombreux soubresauts. L'échec des politiques publiques dans des domaines stratégiques comme l'eau, les déchets et les transports ne fait qu'accentuer le sentiment de mécontentement de la population qui doute des acteurs publics et des institutions. Il est important de comprendre que les causes qui ont présidé à la grande crise de 2009 demeurent encore vivaces. Tous nos efforts doivent tendre vers un seul et même objectif : rendre le monde de demain meilleur. Nous le devons aux générations futures.

L'ère de l'emploi public s'achève. Il faut maintenant chercher d'autres voies de création d'emplois. Nous avons hélas ! adopté la culture de la fonction publique et cultivé la peur du risque. Or, aujourd'hui, il faut donner les moyens du risque au jeune entrepreneur qui veut se lancer dans les secteurs innovants. Tenons compte des réalités de ce secteur et accompagnons-le avec des actions adaptées. Mettons en place des critères spécifiques pour évaluer les risques et introduisons de la souplesse dans notre système de financement. Il s'agit de convaincre les jeunes qu'ils doivent s'approprier les vertus de l'innovation, de la compétitivité, de l'audace.

La compétitivité, l'innovation nous permettront de créer de la croissance et des emplois dans nos territoires et de remettre en avant l'indicateur confiance. Une confiance en nous et en notre pays qui doit nous permettre de créer les conditions d'un développement optimal des jeunes « pousses » et de les aider à passer du rêve à la réalité. Mais pour atteindre cet objectif, nous devrons commencer par rompre avec un certain conformisme, une facilité qui consiste à appliquer des processus et des méthodes qui ont pourtant échoué. Nous devons offrir rapidement des opportunités concrètes à nos entrepreneurs, à défaut, nous ne ferons qu'amplifier la fuite vers d'autres horizons. Lutter contre la fuite des cerveaux en offrant rapidement des opportunités concrètes à notre jeunesse, voilà l'enjeu vital pour demain.

I. Des règles plus souples pour créer du dynamisme

Nombreux sont ceux qui souhaitent investir dans les secteurs innovants, à ne disposer que de leur génie propre comme seule ressource. Il faut souligner les délais, anormalement longs entre la présentation, l'instruction des dossiers et la mise à disposition effective des fonds. « Le temps, c'est de l'argent », et ne pas pouvoir en disposer, dans un délai raisonnable, peut rendre un projet rapidement obsolète. Les investissements portés par les collectivités publiques, zones d'aménagement économique, zones d'aménagement concerté, privilégient le modèle économique existant et des activités économiques anciennes, mais dominantes. L'accès à ces programmes nécessite des moyens financiers considérables et n'est absolument pas conçu pour accueillir des patrons de *start-up*. La trop grande complexité des règles d'éligibilité, dans l'attribution des aides publiques, brime toute initiative, même chez les porteurs les plus volontaires de projets. Ceci ne favorise pas le dynamisme local et pénalise l'initiative privée. Le taux de chômage élevé, le nombre de fermetures d'entreprises, et surtout le nombre de projets innovants qui ne parviennent pas à voir le jour en sont hélas une illustration. En Guadeloupe, il y a beaucoup de créations d'entreprises, mais encore trop peu d'entreprises parviennent à franchir le seuil des deux années d'existence. C'est pour cela que nous devons accroître le nombre de couveuses qui doivent fonctionner comme des accélérateurs d'idées.

Un jeune Guadeloupéen doit pouvoir se projeter dans la peau d'un capitaine d'industrie. Audacia Technopole Caraïbes vise à nous inscrire notre pays dans le monde d'après. Celui où nous devrons relever les grands défis du troisième millénaire. La lutte contre le réchauffement climatique, la recherche de nouvelles sources d'énergie, et le développement de nouveaux modes de consommation. La concrétisation de ce projet traduit la volonté d'instaurer un nouveau modèle économique visant à insuffler l'esprit d'entreprise à une nouvelle génération d'entrepreneurs. La Technopole deviendra le carrefour des projets innovants qui doit capter les innovations de rupture et dépasser la crise. L'ambition est de faire de la « vallée du morne Bernard », un lieu d'épanouissement des entreprises et des hommes. Un pôle de compétitivité et d'excellence dédié à l'innovation. L'originalité du projet tient également à l'intégration de cet espace économique et scientifique dans un projet urbain avec la création, sur le site, d'un nouveau quartier de la ville, au cœur de la Guadeloupe et de la Caraïbe. La Technopole bénéficie donc d'atouts majeurs en termes d'attractivité du territoire et de marketing territorial. Pour que la Technopole réponde aux attentes des entreprises, il importe que les instruments financiers disponibles soient eux aussi innovants pour coller aux contextes émergents et aux contraintes de réactivité sur des marchés en pleine mutation.

II. La Technopole constitue un atout pour l'aménagement durable des territoires et pour les services publics locaux

S'il s'agit d'un projet audacieux, nous ne sommes cependant pas en présence d'un projet élitiste. La Technopole constitue un atout pour l'aménagement durable des territoires et des services publics locaux. La fracture numérique désigne le fossé entre ceux qui utilisent les potentialités des technologies de l'information et de la communication (TIC) et ceux qui ne sont pas en état de les exploiter. Cette stratégie a pour but de tracer une voie afin d'exploiter au mieux le potentiel social et économique des TIC, surtout de l'Internet qui constitue désormais le support essentiel de toute activité économique et sociétale, qu'il s'agisse de faire des affaires, de travailler, de s'amuser, de communiquer ou de s'exprimer librement. Le défi du nouveau millénaire ne résulte pas dans nos clivages, mais dans notre faculté à rassembler afin de trouver des solutions pérennes et assurer un développement durable. Ce projet est incontestablement le fruit d'une volonté politique communale ambitieuse, en faveur d'un développement économique, technologique et social innovant. Cependant, nous ne pouvons réussir sans concertation avec les autres collectivités publiques. Dans le contexte qu'impose le contrat de Cahors[1], la Technopole Audacia, peut-être un exemple réussi d'une véritable coproduction des politiques publiques et un modèle de partenariat public/privé.

III. De nombreux atouts à faire valoir

Si nous ne disposons que de faibles ressources industrielles, il nous appartient d'investir des secteurs innovants : les technologies de l'information et de la communication (TIC), les énergies renouvelables, l'agrotransformation. Tous ces secteurs peuvent constituer un fort levier de développement économique pour notre territoire. Au-delà, et parmi nos nombreuses richesses, notre biodiversité terrestre et maritime apparaît également comme un secteur stratégique et durable. Aujourd'hui dans ces secteurs, qui requièrent de la créativité, de l'innovation et de l'originalité, tous les cerveaux de la planète sont à égalité. Désormais, il importe

1. C'est la contractualisation qui consacre la rigueur de gestion. L'État s'étant engagé dans une démarche de réduction de sa dette publique, le gouvernement a souhaité mettre à contribution les collectivités qui représentent pas moins de 18 % du déficit public national. Sur la période 2018-2020, la loi de programmation des finances publiques a encouragé 322 collectivités ayant réalisé plus de 60 M€ de dépenses réelles de fonctionnement au budget principal du compte administratif 2016 à contractualiser sur les objectifs suivants : contrôle des dépenses de fonctionnement, réduction du besoin de financement, contrôle de la capacité de désendettement à neuf ans pour les régions, dix ans pour les départements et douze ans pour le bloc communal.

de ne nourrir aucun complexe, bien au contraire. Nos régions disposent en premier lieu, d'une jeunesse ambitieuse, talentueuse, qui comme Édouard Glissant « agit et pense avec le monde ».

Mais le principal artisan de cette réussite demeure, l'université des Antilles (UA). Ceci parce que Audacia représente une opportunité pour y édifier un pôle régional dédié aux technologies innovantes et à leur enseignement. À l'instar de Sophia Antipolis, le pôle d'excellence du Morne Bernard à Baie-Mahault pourra constituer un relais de l'université des Antilles dans le domaine des technologies avancées. Localisé à proximité de sièges d'entreprises de communication (Guadeloupe Première, Orange, France Télécom, Canal+) ou près du futur *cluster* agricole (agroalimentaire et biotechnologies) qui intégrera le lycée agricole, la chambre d'agriculture, le marché d'intérêt régional et la MAROPA.

IV. La Technopole contribuera à rapprocher université et entreprises

Au-delà d'un site, c'est un concept global de valorisation de la matière grise pour l'ensemble de la Guadeloupe. Il s'appuie sur un socle de recherches, des centres de renommées internationales, des écoles d'ingénieurs, des entreprises industrielles de pointe. Axes de développement prioritaires, TIC, énergies renouvelables, agrotransformation, mer (aquaculture, sciences et techniques) (protection de la mangrove, études du corail, etc.), études des risques majeurs. Sur un territoire porteur d'avenir où de fortes potentialités de croissance ont été identifiées, la Technopole travaille à un équilibre tripartite entre les mondes de l'entreprise, de l'enseignement supérieur et de la recherche. Son objectif principal est de susciter, sous toutes les formes, les synergies entre les missions académiques et le monde de l'entreprise. Son cœur d'activités se décline autour de trois missions :

1. le développement des pôles de compétence : concerne les programmes structurels et fédérateurs, animations d'un réseau d'experts (recherches d'entreprises, de partenariats) ;
2. la création d'activités innovantes à partir de projets émergents dans les entreprises et les laboratoires (incubation technologique) : assistance à la création d'entreprises (incubateur et pépinière d'entreprises), détection, évaluation, accompagnement et assistance au montage de projets visant à renforcer nos pôles de compétences ;
3. promotion des atouts technologiques, scientifiques et industriels d'un territoire pour un marketing lisible et attractif : conventions d'affaires, congrès, expositions, promotion des atouts de communication interne et externe (ex. : Futuroscope, Cité des Sciences, etc.).

La Technopole Baie-Mahault - Morne Bernard doit devenir un acteur important du pôle de compétitivités de la région Guadeloupe. La Technopole est une démarche qui concentre des compétences et des savoir-faire. Orientée vers le transfert de technologies et la valorisation de la recherche, elle est un outil de développement au service des territoires. La concentration des compétences et leur interaction créent une dynamique qui invite alors d'autres compétences à venir s'implanter.

V. Notre défi : créer notre propre modèle de développement

Simone Schwarz-Bart nous apprend que « le pays dépend bien souvent du cœur de l'homme : il est minuscule si le cœur est petit, et immense si le cœur est grand ». Cela signifie que la Guadeloupe sera ce que nous en ferons. Se fixer des ambitions sans limites, lutter contre le « déclinisme », le fatalisme et une morosité ambiante et reprendre confiance en nous, mettre en avant nos atouts et qualités. S'inscrire dans le monde d'après, c'est relever les grands défis du troisième millénaire, la lutte contre le réchauffement climatique, la transition écologique, la recherche de nouvelles sources d'énergie, et le développement de nouveaux modes de consommation. Un monde dans lequel, nos jeunes pourront faire des rêves suffisamment grands pour ne pas les perdre de vue. Certes, tout changement est difficile. Pourtant cette ambition doit nous garantir d'être la « Silicon Valley » de la Caraïbe. Nous allons certainement commettre des erreurs, vivre des déceptions, mais nous saurons persister et tirer les leçons de nos échecs pour viser toujours l'excellence. C'est une voie difficile, mais il n'y en a pas d'autres.

LA GUADELOUPE, À LA RECHERCHE D'UN MODÈLE DE DÉVELOPPEMENT POUR LE XXIᴱ SIÈCLE : LA PROMOTION DE LA SOUVERAINETÉ ALIMENTAIRE COMME ALTERNATIVE VIABLE ?

par

Paméla OBERTAN

Docteure en sciences politiques et Docteure en droit
Maître de conférences en sciences politiques
CREDDI, Université des Antilles

L'intercommunalité tout comme la réforme territoriale adressent plusieurs défis à la Guadeloupe, notamment dans le contexte de changement global qui exacerbe les facteurs de vulnérabilité des petites économies insulaires. Ces évolutions sont sources d'interrogations quant au modèle de développement dont souhaitent se doter les communes, mais aussi pour l'archipel dans son ensemble.

Le XXIᵉ siècle porte en effet de nombreux enjeux planétaires[1], dont ceux liés à l'aménagement des territoires au regard de l'adaptation au changement climatique.

Comme le rappelle la synthèse du cinquième rapport du Groupe d'experts intergouvernementaux sur l'évolution du climat qui compile près de 20 000 études de plus de 800 chercheurs, l'heure est grave pour l'avenir de l'humanité, mais aussi de toutes les espèces vivantes se trouvant sur la planète Terre. Ce dernier rapport est beaucoup plus alarmant que les précédents. Malgré l'urgence de la situation, la communauté internationale et les décideurs politiques ne semblent pas avoir pris pleinement les mesures qui s'imposent pour y faire face. Ce pari semble se corser lorsque l'on sait que les gaz à effet de serre (GES) dans l'atmosphère terrestre ont atteint depuis 2013 des niveaux jamais vus depuis 800 000 ans. Or, il semble par

1. Groupe d'experts intergouvernementaux sur l'évolution du climat, OMM, PNUE, « Changement climatique 2013, les éléments scientifiques, Résumé à l'intention des décideurs », 2013 : *http://www.ipcc.ch/pdf/assessment-report/ar5/wg1/WG1AR5_SummaryVolume_FINAL_FRENCH.pdf.*

exemple très difficile de limiter la hausse des températures à 2 °C, objectif que s'est fixé la communauté internationale pour éviter des conséquences dramatiques pour la planète[2].

Dans l'intention d'assister les décideurs politiques, les experts du Groupe d'experts intergouvernemental sur l'étude du climat (GIEC) incitent à une révision fondamentale de nos modèles de développement : comment appréhender cette démarche dans nos régions et tout particulièrement en Guadeloupe ?

Selon nous, la crise est tellement profonde qu'il nous faut revenir aux fondements de nos sociétés pour mieux comprendre ce qui pose problème et ce qu'il faut changer.

Nous proposons ainsi de revisiter le modèle de développement dominant. Cela nous permettra de démontrer qu'il n'est plus soutenable et qu'il n'est pas souhaitable de continuer dans cette voie (I). Il faudra alors s'interroger sur les pistes de solutions pour sortir de l'impasse (II). Nous pourrons ainsi envisager quelques idées d'un modèle de développement résilient pour la Guadeloupe (III).

I. Le modèle de développement traditionnel : un modèle à bout de souffle

Pour tenter de définir un modèle de développement approprié à l'archipel guadeloupéen, il faut d'abord savoir d'où l'on part. La Guadeloupe a hérité d'un modèle de développement particulier qui a pris naissance en Occident. Selon nous, ce modèle est en grande partie responsable de multiples crises dont celle du dérèglement climatique que doit affronter l'humanité. Il nous semble donc important de définir en premier lieu ce modèle et notamment le terme « développement » (A). Cela nous permettra ensuite de voir en quoi cette notion et le modèle qui en a découlé sont profondément remis en question de nos jours (B).

A. La notion de développement : une conception occidentale

Le développement est un mot qui a fait couler beaucoup d'encre et suscité des postures et politiques diverses. C'est un terme polysémique comme l'a fait remarquer Gilbert Rist[3], qui peut être perçu comme un phénomène naturel, tel le développement d'une plante ou d'un organisme vivant.

Après la Seconde Guerre mondiale, le développement a souvent été associé à l'idée de croissance économique et d'augmentation infinie de la production.

2. A. GARRIC, « Réchauffement : les dix points marquants du rapport du GIEC », 14 avr. 2014 : *le monde.fr : http://www.lemonde.fr/planete/article/2014/04/14/rechauffement-les-dix-points-marquants-du-rapport-du-giec_4399907_3244.html.*

3. G. RIST, *Le développement – Histoire d'une croyance occidentale*, Presses de la Fondation nationale des Sciences politiques, 1996, p. 52.

Cette conception du développement a été promue par le Président des États-Unis, Harry Truman, lors de son discours de l'Union en 1949 dans son point IV. Dans ce discours, le président Truman divise le monde entre les pays développés et les pays sous-développés. Les idées défendues dans ce point IV laissent entendre qu'un grand nombre de pays sont en retard par rapport à un standard défini par les Américains. Ils doivent donc rattraper le niveau de vie des pays développés. Ces idées du président Truman ont été théorisées par l'économiste américain Walt Whitman Rostow qui a décrit dans un ouvrage les cinq grandes étapes qu'un pays doit affronter pour atteindre pleinement le développement[4].

Selon cette vision du monde la seule manière de combler l'écart entre les pays sous-développés et les pays développés est que les sous-développés accélèrent la croissance de leur production. Ils en sortiront plus riches et plus prospères. L'étape ultime si l'on prend le modèle de Rostow qui a servi de référence à plusieurs pays pendant plusieurs années c'est d'arriver à la consommation de masse telle qu'elle se réalise aux États-Unis.

Selon cette conception, le développement se caractérise donc par un état d'abondance et de richesses qui ont vocation à croître indéfiniment. La clé du bonheur de toutes les sociétés humaines réside alors dans l'augmentation de la croissance.

Cette vision du développement, bien que contestée dès son époque, s'est imposée partout et domine le monde surtout depuis la chute des régimes socialistes[5]. L'extension planétaire de ce modèle a permis une augmentation importante de la production aussi bien dans les pays développés que dans les pays en développement. De nouveaux produits ont été élaborés, aidés en cela par la science et la technologie. Les conditions de vie se sont améliorées dans certains pays ainsi que l'espérance de vie. Des couches de population ont pu bénéficier de confort matériel tel que l'accès à l'eau potable, l'électricité… La Guadeloupe comme d'autres a bénéficié dans une certaine mesure de ce modèle de développement. Des routes, des hôpitaux, des écoles ont éclos. Une grande partie de la population a eu accès à divers produits matériels. La Guadeloupe affiche ainsi un niveau de développement humain parmi les plus élevées de la zone Caraïbe. Elle figure dans la catégorie « développement humain très élevé »[6], et génère un des PIB par habitant les plus élevés de la Caraïbe.

Il n'est donc pas étonnant que le développement ait suscité au niveau mondial, un engouement quasi religieux durant des décennies, pour accélérer et généraliser ce bien-être matériel inspiré par une poignée de pays[7].

---

4. W. W. ROSTOW, *Les cinq étapes de la croissance économique*, trad. par M.J du Rouzet, Paris, Éditions du Seuil, 1962.
5. Voir par ex A. GERSCHENKRON, *Economic Backwardness in Historical Perspective*, 1962, qui estimait qu'une vision uniforme de développement ne peut convenir à l'ensemble des pays.
6. IEDOM, « Rapport annuel 2014 », p. 32 : *http://www.iedom.fr/IMG/pdf/ra2014_guadeloupe.pdf.*
7. RIST, *supra* note 3, p. 385.

Ce faisant, la propagation de cette notion a conduit à assimiler la richesse des sociétés humaines essentiellement sous le prisme économique, magnifié par le produit intérieur brut (PIB) : le bien-être des pays s'appréciant largement à l'aune de la consommation[8]. De ce fait, l'augmentation de la croissance est devenue le fondement de l'organisation de nos sociétés. Celles-ci sont fondées sur le principe d'une accumulation illimitée de biens. Ainsi, comme le remarque Serge Latouche, lorsque la croissance ralentit ou s'arrête, les pays entrent en crise[9]. La croissance est devenue primordiale pour la plupart des pays du monde pris dans cet engrenage, car c'est elle qui permet de renouveler les dépenses publiques, de payer des services à la population : retraite, éducation, santé. La Guadeloupe n'échappe pas à cette dynamique, et le principal moteur de la croissance reste la consommation finale. Ce processus entraîne les sociétés, et notamment les sociétés développées, dans une spirale infernale, celle de produire toujours plus et de consommer ces biens. Cela les amène à vivre sous un régime de surcroissance et de surproduction au-delà de toute nécessité raisonnable. Est-ce possible de suivre un tel modèle sur le long terme ?

B. Une conception destructrice

Force est d'admettre que ce modèle se heurte aujourd'hui aux limites de la planète. D'ailleurs, le constat est sans équivoque : le développement perçu comme une croissance économique sans fin a conduit en premier lieu à une destruction de notre environnement. Cela s'explique par le fait que le « développement à l'occidentale » d'un pays implique souvent que ce dernier se livre à des activités qui ont pour la plupart un impact sur le milieu naturel (construction de ports, de routes, de bâtiments) ou qui prélèvent des ressources naturelles (bois, charbon, pétrole, minerais, denrées alimentaires). Toutes ces activités de « développement » contribuent le plus souvent à dégrader des écosystèmes et des habitats spécifiques à certaines espèces. Cela entraîne de nombreux dégâts environnementaux qu'il est souvent impossible de réparer[10]. L'une des grandes victimes du développement a ainsi été la biodiversité. Celle-ci s'est tellement dégradée que le scientifique Edward Wilson, concepteur du terme biodiversité, estime que d'ici à la fin du XXIe siècle nous aurons éliminé la moitié ou davantage des plantes et animaux de

8. S. LATOUCHE, *Le pari de la décroissance*, Fayard, 2006, chap. 2.
9. *Ibid.*
10. M. MIES, *The Subsistence Perspective*: *Beyond the Globalised Economy*, London, Zed books, 1999, p. 60.

la planète[11]. Ce phénomène aura des répercussions négatives pour les hommes[12], car la biodiversité nous rend d'innombrables services (nourriture, soins ; habitats, matériaux, eau, énergie) et contribue au bien-être des sociétés.

Ainsi développement et destruction de l'environnement vont souvent de pair. Si on prend le cas de la Guadeloupe, plusieurs projets de développement comme la destruction d'une partie de la mangrove pour créer la zone industrielle de Jarry ou encore récemment les travaux de dragage du « Grand port autonome » se sont soldés par la destruction d'écosystèmes marins d'un grand intérêt écologique[13].

La poursuite de ce modèle de développement n'est pas viable sur le long terme. En effet, comme le dénonce un rapport de l'ONG World Wide Fund, « Cela fait plus de quarante ans que la demande en ressources naturelles de l'humanité dépasse la capacité de notre planète à les reconstituer [...][14]. » D'ailleurs selon l'ONG Global Footprint Network, qui fournit des outils de comptabilité d'empreinte écologique, l'humanité utilise l'équivalent de 1,3 planète chaque année[15]. En 2050, si rien n'est fait pour inverser la tendance et que la croissance de la population continue, l'humanité aura besoin de deux planètes pour satisfaire ses besoins[16]. Il en résultera des impacts négatifs sur le climat[17].

Par conséquent, dans un tel contexte, parler d'augmentation de la croissance économique de production ou de la consommation paraît suicidaire. En effet, cela revient à compromettre fortement l'avenir des générations futures et de toutes les espèces.

---

11. E. O. WILSON, Les Dossiers de La Recherche « Biodiversité, Les menaces sur le vivant », août-oct. 2007.
12. CNRS, « Biodiversité que recouvre ce mot ? », 2014 : <*http://www.cnrs.fr/cw/dossiers/dosbiodiv/?pid=decouv_chapA_p2_f1*>.
13. M. VALO, « En Guadeloupe, conteneurs contre pêcheurs », 7 mars 2015 : *http://www.lemonde.fr/planete/article/2015/03/07/en-guadeloupe-conteneurs-contre-pecheurs_4589299_3244.html.*
14. ONG WWF, « Rapport planète vivante 2014, des hommes, des espèces, des espaces, et des écosystèmes », p. 36 : <*http://www.wwf.fr/vous_informer/rapports_pdf_a_telecharger/?3420/rapport-planete-vivante-2014#*>, p. 34.
15. Global Footprint Network, « Empreinte mondiale », 2015 : <*http://www.footprintnetwork.org/fr/index.php/GFN/page/world_footprint/*>.
16. *Ibid.*, Pour les prévisions des Nations unies, voir United Nations, « World Economic Situation and Prospects 2014 » : <*http://www.un.org/en/development/desa/policy/wesp/wesp_current/WESP2014_mid-year_update.pdf*>.
17. Groupe d'experts intergouvernementaux sur l'évolution du climat, C.B. FIEL *et al.*, « Changements climatiques 2014, Incidences, adaptation et vulnérabilité – Résumé à l'intention des décideurs. Contribution du Groupe de travail II au cinquième Rapport d'évaluation du Groupe d'experts intergouvernemental sur l'évolution du climat », Organisation météorologique mondiale, Genève (Suisse), 2014, p. 3. (GIEC, *Adaptation et vulnérabilité*).

La poursuite de la croissance à tout prix nous semble de plus en plus un non-sens, car elle ne s'accompagne plus vraiment d'une amélioration du niveau de vie des habitants alors que c'était le but poursuivi. Aujourd'hui, la croissance ne rime plus forcément avec l'augmentation du bien-être et cela même dans les pays riches.

Ainsi, bien que les pays de l'OCDE aient eu des niveaux de croissance intéressants, une étude relève l'importance du fossé entre riches et pauvres si bien qu'aujourd'hui « dans la zone OCDE, le revenu des 10 % de la population la plus riche est 9,5 fois plus élevé que celui des 10 % la plus pauvre »[18]. La Guadeloupe n'échappe pas à cette tendance. On constate sur le territoire des disparités de revenus importants. Par exemple, la moitié des « contribuables guadeloupéens (50,3 %) déclarent un revenu inférieur à 10000 euros. À l'inverse, les foyers fiscaux qui déclarent des revenus supérieurs à 50000 euros représentent 5,8 % des foyers fiscaux du département et concentrent 30,1 % du revenu fiscal de référence »[19]. Cela montre bien comme l'affirme certains que la croissance économique ne se répercute pas automatiquement sur les catégories défavorisées[20].

De même, comment cautionner au niveau éthique un modèle de développement dans lequel 20 % les plus riches de l'humanité jouissent de presque 83 % du revenu mondial[21], alors que près de 795 millions de personnes souffrent de la faim[22] ?

Selon certains auteurs, ce phénomène est tout à fait normal, car dans un monde fini pour avoir une croissance des uns il faut que d'autres s'appauvrissent[23].

La mondialisation du système de développement à l'occidental semble ne pas avoir tenu ses promesses. Elle a engendré de graves crises comme celle de l'érosion de la biodiversité et accéléré les bouleversements climatiques. Elle semble aussi contribuer à l'augmentation des inégalités et à des problèmes sociaux certains

18. OCDE, Direction de l'emploi et du travail social, « Focus inégalités et croissance », déc. 2014 : *www.oecd.org/fr/els/soc/Focus-Inegalites-et-croissance-2014.pdf.*
19. IEDOM, *supra* note 6.
20. OCDE, « Société : Les gouvernements doivent s'attaquer au fossé record qui sépare les riches des pauvres, selon l'OCDE », 5 déc. 2011 : *http://www.oecd.org/fr/els/soc/societelesgouvernements-doiventsattaqueraufosserecordquiseparelesrichesdespauvresselonlocde.htm.*
21. I. ORTIZ et M. CUMMINS, « L'inégalité mondiale et la répartition dans 141 pays », UNICEF Politique sociale et économique, 2012 : <*http://www.worldwewant2015.org/node/288602*>.
22. FAO, « L'État de l'insécurité alimentaire dans le monde » : *http://www.fao.org/3/390d48ec-d6bb-4b1a-a60e-059070715fb0/i4646f.pdf.*
23. M. MIES et V. SHIVA, *The Subsistence Perspective, Beyond the Globalised Economy*, London, Zed books, 1999, p. 39.

ayant un caractère pathologique comme en témoigne la forte consommation des antidépresseurs dans les sociétés occidentales riches[24]. Vers quel modèle tendre alors ?

II. Réinventer un modèle de développement résilient

Face à l'état catastrophique de notre planète, plusieurs voix se sont élevées pour proposer d'autres modèles de développement. On a ainsi pu voir apparaître plusieurs options telles que le développement durable ou la décroissance. Mais ces deux options ont été critiquées par un camp ou par un autre. Cela nous montre bien la difficulté à trouver une voie de sortie (A). Toutefois, le dernier rapport du GIEC offre des pistes de solutions pour aider les peuples à bâtir différents modèles de développement résilients pour ce siècle (B).

A. Développement durable ou décroissance : de la difficulté à trouver une alternative

Il semble assez difficile de trouver une alternative efficace au modèle de développement tant celui-ci est inscrit dans nos croyances et dans nos comportements. Pourtant dans les années 1980, lors du rapport Brundtland, est apparu pour la première fois le concept de développement durable[25]. Ce terme se définit comme

> « un développement qui répond aux besoins du présent sans compromettre la capacité des générations futures de répondre aux leurs. Deux concepts sont inhérents à cette notion : le concept de besoins et plus particulièrement des besoins essentiels des plus démunis, à qui il convient d'accorder la plus grande priorité ; l'idée des limitations que l'état de nos techniques et de notre organisation sociale impose sur la capacité de l'environnement à répondre aux besoins actuels et à venir »[26].

Le développement durable repose sur trois piliers : économie, environnement et social, qu'il faut concilier. L'économie devrait respecter l'environnement et être au service d'une plus grande équité sociale.

Ce terme a connu un franc succès et a été présenté comme la solution aux problèmes causés par le développement. Cette notion est devenue ainsi omniprésente « les discours et actions des acteurs engagés dans les questions d'environnement et de développement »[27].

---

24. *Supra* note 10, voir aussi une étude aux États-Unis qui révèle que les Américains, dès l'âge de 12 ans, sont de plus en plus accros aux antidépresseurs et en consomment aujourd'hui cinq fois plus qu'il y a vingt ans, voir E. FERRARD, « États-Unis ; une consommation d'antidépresseurs en pleine croissance », 20 oct. 2011 : *http://www.maxisciences.com/antid%E9presseur/etats-unis-une-consommation-d-039-antidepresseurs-en-pleine-croissance_art17911.html.*

25. G. H. BRUNDTLAND, *Notre avenir à tous*, rapport de la commission mondiale sur l'environnement et le développement, les Éditions du fleuve, Paris (trad. française de *Our Common future*, 1987), 1989.

26. *Ibid.*, p. 40.

27. F.-D. VIVIEN, *Le développement soutenable*, 2007, La Découverte.

Toutefois, ce terme est de plus en plus critiqué. Tout d'abord, il a souvent été jugé très flou si bien qu'il est devenu une notion fourre-tout. De même, sa grande plasticité n'a pas empêché plusieurs acteurs de l'utiliser alors même que l'environnement était dégradé. Certaines entreprises l'emploient même comme un élément marketing visant à vendre plus facilement les produits.

C'est pour cela que pour certains il faut rompre tout simplement avec cette notion de développement. En effet, le développement durable implique souvent que l'on compte sur une augmentation de la croissance pour pouvoir ensuite utiliser les fonds afin de réparer les dégâts environnementaux et sociaux occasionnés par cette croissance. Par conséquent, pour certains la reproduction durable du système de prédation des ressources n'est pas souhaitable, car si tous les citoyens du monde consommaient comme les Américains il faudrait quatre planètes[28]. Voilà pourquoi, pour Val Plumwood, le terme soutenable ou durable tend à obscurcir le sérieux de la situation, car aucune culture qui assiste à une extinction massive de la biosphère ne peut avoir des chances de survie[29]. Selon certains, le vrai problème c'est le concept même de développement qui ne contient pas de limites[30]. Ainsi pour Jean-Christophe Mathias, l'utilisation de ce terme relève tout simplement de la schizophrénie, car on propose de régler les dégâts causés à l'environnement par ce qui en est à l'origine : la poursuite de la croissance[31].

On a ainsi vu se développer dans la littérature ou sur la place publique; les termes de décroissance ou de sobriété, bref d'une limitation de nos activités. Ce concept implique d'abandonner le culte de la croissance pour la croissance. Afin de parvenir à cet objectif, la décroissance nécessite de produire autrement, de réduire notre consommation, mais surtout de cesser le modèle de développement basé sur la prédation et le gaspillage. Il faudrait, selon Latouche, rechercher un épanouissement collectif au lieu de se lancer dans une course aux objets matériels dont la production est souvent synonyme de destruction de l'environnement. Cette vision rejoint les idées d'autres auteurs comme Pierre Rabbhi qui appelle à opter pour une simplicité volontaire. Celle-ci consiste à renoncer à nos désirs de vouloir toujours plus, mais de choisir un mode de vie sobre[32]. Il faudrait ainsi consommer moins pour vivre mieux, limiter le superflu.

---

28. ONG WWF, « Rapport planète vivante 2014, des hommes, des espèces, des espaces, et des écosystèmes », p. 36 : *<http://www.wwf.fr/vous_informer/rapports_pdf_a_telecharger/?3420/rapport-planete-vivante-2014#>*.
29. V. PLUMWOOD, *Environmental Culture: The Ecological Crisis of Reason*, Routledge, London, 2002, p. 2.
30. LATOUCHE, *supra* note 7 chap. 4; RIST, *supra* note 3.
31. J.-Ch. MATHIAS, *Politique de Cassandre – Manifeste républicain pour une écologie radicale*, Sang de la Terre, 2009.
32. P. RABHI, *La sobriété heureuse*, Actes Sud, Sciences Humaines, 2010.

Le concept de décroissance reste encore marginal tant l'idée de croissance économique est présente dans nos sociétés. Ainsi pour la plupart des économistes, la décroissance serait désastreuse, car elle entraînerait une récession et donc à terme une hausse du chômage, une diminution du niveau de vie ce qui conduirait à des tensions sociales… Par exemple, dans une île comme la Guadeloupe où la plupart des activités économiques dépendent de la consommation interne, une forte diminution de celle-ci aurait des répercussions terribles pour l'économie locale, si cela n'est pas planifié et suivi par les pouvoirs publics.

Pourtant, les dernières années, avec leurs lots de catastrophes climatiques, nous incitent fortement à changer de voie. Mais quelles pistes choisir?

B. Des pistes de solutions intéressantes : les rapports du GIEC

Le Groupe d'experts intergouvernemental sur l'évolution du climat propose des pistes très pertinentes pour faire face aux défis du réchauffement dans son dernier rapport. Ce dernier rappelle que la situation actuelle est très grave. Jamais les émissions anthropiques de gaz à effet de serre n'ont été si élevées. Ainsi si ces émissions continuent au même rythme, la planète va continuer à se réchauffer ce qui modifiera durablement toutes les composantes du système climatique. Si rien n'est fait avant 2030, il deviendra très difficile de limiter le réchauffement climatique sous la barre des 2 °C. Par la suite, la « machine s'emballera », ce qui entraînera des « augmentations de la température moyenne à la surface du globe en 2 100 d'environ 3,7 à 4,8 °C par rapport aux niveaux préindustriels »[33]. Il en résultera de profonds changements graves généralisés et irréversibles pour les populations et les écosystèmes, qui se manifesteront pendant des siècles[34]. À titre d'exemple, il faudra s'attendre à une diminution drastique de la ressource en eau, l'explosion de maladies humaines, des événements climatiques extrêmes tels que sécheresses, cyclones, une perte des rendements agricoles donc de graves risques pour l'alimentation.

La Guadeloupe, qui importe plus de 80 % de son alimentation sera gravement touchée si les politiques n'anticipent pas ces phénomènes. De même, plusieurs signes du réchauffement climatique sont déjà bien visibles en Guadeloupe tels que l'irrégularité et la diminution de nos rendements agricoles en lien avec les changements saisonniers, la disponibilité de la ressource en eau, l'intensité des phénomènes cycloniques et l'érosion des plages. Il est donc vital pour tous de limiter le réchauffement climatique et de réfléchir aux modalités d'adaptation. Le pari est loin d'être gagné, car le temps presse.

---

33. GIEC, Contribution du Groupe de travail III au cinquième rapport du GIEC « L'atténuation du changement climatique – Résumé à l'intention des décideurs », 2014, p. 8.
34. GIEC, « Conclusions titres du Résumé à l'intention des décideurs – Changements climatiques 2014, Rapport de synthèse ».

Afin d'atteindre cet objectif, les experts du GIEC nous expliquent qu'il faut maintenir le niveau de nos concentrations atmosphériques autour de 450 ppm d'ici la fin du XXIe siècle[35]. Pour ce faire, ils proposent un certain nombre de stratégies qui devront être basées principalement sur l'atténuation et l'adaptation. Ces deux axes complémentaires, s'ils sont correctement appliqués, devront permettre de limiter les risques liés aux changements climatiques.

L'atténuation est pour eux « une intervention humaine visant à réduire les sources ou renforcer les puits de gaz à effet de serre »[36]. Elle implique que nous réduisions considérablement nos émissions de gaz à effet de serre qui devront baisser de 40 à 70 % entre 2010 et 2050, puis être amenées à zéro voir négatives d'ici à 2100 si nous voulons limiter le réchauffement à 2 °C[37]. Pour atteindre ce résultat, tous les acteurs devront jouer le jeu, ce qui requiert une forte coopération internationale.

De même, il faudra surtout effectuer de profondes transformations à grande échelle des systèmes énergétiques et de l'utilisation des terres[38]. En effet, les experts du GIEC font état de plusieurs options pour réduire de manière drastique nos émissions de gaz à effet de serre. Parmi elles, on notera la décarbonisation de la production d'électricité. Par exemple, la part de l'approvisionnement en électricité sobre en carbone devra augmenter à plus de 80 % en 2050[39].

Les modes de transports qui sont à l'origine d'une forte croissance des émissions de CO_2 devront aussi évoluer et être moins énergivores. Les gouvernements devront réaliser différentes stratégies pour réduire la demande en transport[40].

Il faudra également apprendre à construire autrement, car le secteur du bâtiment contribue grandement à la production de CO_2. Les émissions liées à ce secteur devraient d'ailleurs augmenter de 50 à 150 % si rien n'est fait. Il est pourtant possible de les diminuer en adoptant des normes de construction qui permettraient de diminuer les besoins énergétiques des bâtiments.

Le secteur industriel devrait aussi être mis à contribution, car il représente un peu plus de 30 % des émissions mondiales de GES en 2010 et celles-ci devraient continuer à croître de 50 à 150 % d'ici 2050[41]. Il sera nécessaire de produire différemment, de recycler, mais surtout de réduire drastiquement la demande des produits et de la demande de services. Ces mesures rejoignent les propositions des partisans de la décroissance ou de la sobriété.

---

35. GIEC, « Cinquième rapport sur les changements climatiques et leurs évolutions futures ».
36. GIEC, « Atténuation », 2014, *supra* note 32, p. 4.
37. *Ibid.*, p. 11.
38. *Ibid.*, p. 10.
39. *Ibid.*, p. 21.
40. *Ibid.*, p. 24
41. *Ibid.*, p. 25.

L'agriculture et la foresterie et autres affections des terres qui contribuent à un quart des émissions de GES devront évoluer aussi afin de faire leur part.

Enfin ; il sera nécessaire de repenser l'aménagement urbain qui est responsable d'une plus grande croissance de la consommation d'énergie et des émissions de GES.

Selon le GIEC, ces mesures d'atténuation ne seront pleinement efficaces que si elles sont combinées à des mesures d'adaptation. Celle-ci consiste en « une démarche d'ajustement au climat actuel ou attendu ainsi qu'à ses conséquences. Dans les systèmes humains, il s'agit d'atténuer ou d'éviter les effets préjudiciables et d'exploiter les effets bénéfiques. Dans certains systèmes naturels, l'intervention humaine peut faciliter l'adaptation au climat ainsi qu'à ses conséquences »[42]. Ainsi, les pays devront anticiper les différents risques et avoir une gestion à long terme. Toutes ces dispositions ne sont pas à négliger, car une mauvaise adaptation peut accroître la vulnérabilité des personnes, des lieux et des secteurs face à des événements climatiques extrêmes[43]. Il sera alors important pour les gouvernements d'élaborer des mesures pour s'adapter aux incidences du changement climatique et les intégrer dans des processus de planification, des plans et des politiques d'adaptation qui varieront en fonction des régions.

Ainsi, pour le GIEC atténuation et adaptation sont deux stratégies complémentaires à mettre en œuvre le plus rapidement possible afin de limiter les effets négatifs du réchauffement climatique. Toutefois, il reviendra à chaque État ou à chaque région d'élaborer son plan en fonction de sa situation. Quelles solutions pourraient être mises au point pour un territoire comme la Guadeloupe ?

III. En Guadeloupe, la promotion de la souveraineté alimentaire : une piste de solution intéressante ?

La Guadeloupe, malgré l'exiguïté de son territoire et sa vulnérabilité face au réchauffement climatique, dispose d'un certain nombre d'atouts qui pourrait lui permettre d'atténuer ses émissions de gaz à effet de serre tout en s'adaptant aux effets du réchauffement climatique. Cela peut passer notamment par le biais d'une réduction de sa dépendance envers l'extérieur dans des secteurs comme le logement, l'alimentation ou l'énergie.

Un secteur nous semble primordial à travailler, c'est celui de l'agriculture. Ce domaine nous semble d'autant plus important pour une île comme la Guadeloupe, car son modèle agricole est désuet et ne lui permettra pas de faire face aux défis du changement climatique (A). Voilà pourquoi, celle-ci devra baser son modèle agricole sur la souveraineté alimentaire afin de construire une agriculture résiliente (B).

42. GIEC,*Adaptation et vulnérabilité*, 2014 *supra* note17, p. 5.
43. *Ibid.*, p. 6.

A. L'agriculture guadeloupéenne, un modèle désuet pour le XXIe siècle

L'agriculture est en mesure de jouer un rôle très important dans la lutte contre le réchauffement climatique puisque selon le GIEC, elle contribue pour un quart aux émissions anthropiques de GES. En retour, elle fait paradoxalement partie des rares secteurs pouvant être mis à profit pour l'adaptation et l'atténuation au changement climatique. Ainsi, la mobiliser dans cette perspective est central, car l'agriculture est une activité aux multiples facettes, qui ne produit pas que des biens, mais aussi de nombreux services écosystémiques pouvant bénéficier à l'environnement, l'aménagement du territoire et à la dimension socioculturelle[44].

L'agriculture guadeloupéenne occupe encore 20 % des terres de l'archipel[45]. Elle emploie selon les chiffres de la région Guadeloupe 12 % de la population active et contribue à 2,6 % du produit intérieur brut régional[46]. Elle pourrait, dans un cadre renouvelé, jouer un rôle important pour bâtir un modèle de développement résilient.

Toutefois, force est de constater que cette agriculture présente de nombreuses faiblesses par rapport aux enjeux du réchauffement climatique.

Cette agriculture est essentiellement basée sur quelques monocultures destinées à l'exportation essentiellement vers la France hexagonale. Ainsi, les grandes cultures, la canne à sucre et la banane, occupent ensemble plus de 80 % des terres arables (surface agricole utile hors pâturages). C'est d'ailleurs la canne à sucre qui se taille la part du lion avec 70 % des terres arables[47]. Ce type d'agriculture est fortement dépendant d'intrants chimiques, de la mécanisation et des énergies fossiles fournis par l'extérieur. L'excès d'utilisation de produits chimiques a contribué à la pollution durable des sols, comme c'est le cas pour le chlordécone, un insecticide hautement toxique utilisé pour la banane, qui a causé d'immenses dégâts environnementaux et sociaux[48].

---

44. International Assessment of Agricultural Knowledge, Science and Technology for Development, « Towards Multifunctional Agriculture for Social Environmental and Economic Sustainability » : *http://www.unep.org/dewa/Assessments/Ecosystems/IAASTD/tabid/105853/Default.aspx.*
45. Région Guadeloupe, Atlas des paysages de l'archipel Guadeloupe, « La Guadeloupe, une terre de grande culture agricole » : < *http://www.paysagesdeguadeloupe.com/index.php/activites-humaines/agriculture*>.
46. Direction de l'alimentation, de l'agriculture et de la forêt de Guadeloupe, « Présentation de l'agriculture guadeloupéenne », 2015 : *http://daaf971.agriculture.gouv.fr/Vue-d-ensemble.*
47. *Ibid.*
48. Cet insecticide a été utilisé pendant plus de vingt ans polluant les sols, l'eau, les productions alimentaires de la Guadeloupe. On retrouve même du chlordécone dans les poissons. Il existe des liens très clairs entre cet insecticide et la recrudescence de cancers, voir P. PIRO, « Chlordécone aux Antilles, le scandale oublié », 21 janv. 2014, *www.reporterre.net/Chlordecone-aux-Antilles-le ?* ; M. VALO, « Guadeloupe : monstre chimique », *Le Monde* 16 avr. 2013 : *http://www.lemonde.fr/planete/article/2013/04/16/guadeloupe-monstre-chimique_3160656_3244.html.*

De plus; la monoculture de variétés a contribué à épuiser les sols, à détruire sa diversité biologique et à accentuer de ce fait la vulnérabilité des cultures[49].

Ce modèle qui existe depuis l'époque coloniale et qui n'a pas vraiment évolué nous semble complètement inadapté pour faire face aux enjeux du réchauffement climatique.

En effet, ce modèle agricole basé sur quelques cultures d'exportation émet beaucoup de gaz à effet de serre. En effet, pour produire il faut faire venir des intrants issus de la pétrochimie, des machines, des produits phytosanitaires. Plusieurs de ces produits sont des dérivés du pétrole et donc indirectement responsables des émissions de GES. De même, la plupart de la production part à l'étranger essentiellement en France. Ensuite, il faut faire venir la plupart des denrées alimentaires pour la population puisque la production locale n'est pas conçue pour nourrir la population. La Guadeloupe importe plus de 80 % de son alimentation. Tous ces mouvements de transports contribuent pour beaucoup à la croissance des émissions de CO_2.

De ce fait, ce modèle agricole rend la Guadeloupe très dépendante de l'extérieur. Ce qui augmente sa vulnérabilité. En effet, en cas de problèmes externes ou d'aléas climatiques graves, l'agriculture guadeloupéenne traditionnelle aura du mal à produire. Elle est habituée à utiliser des intrants chimiques et des semences commerciales. Comment faire si des problèmes d'approvisionnement apparaissent? Il sera difficile de concevoir un plan B dans l'urgence notamment de faire appel aux variétés locales. En effet, le développement des monocultures a fortement contribué à faire disparaître les variétés paysannes et locales plus robustes et plus efficaces pour résister à différentes situations. Il pourrait en résulter de graves problèmes de sécurité alimentaire pour la population si aucune politique n'est mise en place. Heureusement que l'Institut national de la recherche agronomique (INRA) et le Centre de coopération internationale en recherche agronomique pour le développement (CIRAD) ont créé de centres de ressources biologiques pour conserver certaines espèces animales et végétales.

De même, le recours massif aux importations fragilise beaucoup la population de la Guadeloupe. En effet, comme l'expliquent les experts du GIEC, le réchauffement climatique aura des incidences négatives sur les principales cultures mondiales. Il risque ainsi d'influer sur l'accès aux aliments, leur utilisation et la stabilité des prix[50]. À cela, il faudra ajouter une diminution de la ressource en eau ce qui aura des conséquences sur la production agricole mondiale. Ainsi, dans le cas où la production agricole diminue et que la population augmente, plusieurs milliers

49. ETCGROUP, « Qui nous nourrira? Réflexions sur les crises alimentaire et climatique », nov. 2009 : *etcgroup.org*.
50. GIEC, *Adaptation et vulnérabilité*, 2014, *supra* note17, p. 18 et 19.

de personnes seront marginalisées. Cela n'est pas à écarter, car il existe déjà plus de 800 millions de personnes qui meurent de faim. En Guadeloupe, on pourra s'attendre à de telles crises, car une bonne partie des habitants est habituée à satisfaire ses besoins *via* les importations. Leurs goûts et leurs habitudes alimentaires ont profondément changé et une large frange de la population ne mange pas de produits locaux. Ainsi, la situation pourrait être critique sans politique d'adaptation et d'anticipation.

En conséquence, le modèle agricole de la Guadeloupe ne semble pas lui permettre de faire face à tous ces enjeux. Alors, vers quel modèle tendre ?

B. Pour une agriculture basée sur la souveraineté alimentaire

Le modèle agricole idéal pour faire face aux enjeux climatiques doit selon nous diminuer la vulnérabilité de la Guadeloupe en la rendant peu dépendante de l'extérieur. Il doit aussi émettre le moins de GES et satisfaire la plupart des besoins alimentaires des Guadeloupéens. Ce modèle agricole doit être respectueux de l'environnement et fournir une alimentation saine. D'après nous, le modèle agricole basé sur la souveraineté alimentaire permet de répondre de manière efficace aux nombreux défis posés par le changement climatique et d'autres facteurs.

Selon la Via Campesina, la souveraineté alimentaire est le droit des peuples à une alimentation saine et culturellement appropriée produite avec des méthodes durables, et le droit des peuples de définir leurs propres systèmes agricoles et alimentaires. En Guadeloupe, la mise en place d'une véritable souveraineté alimentaire pourrait nous permettre d'aller vers un modèle agricole sobre en carbone et beaucoup plus robuste que l'agriculture d'exportation basée sur la canne et la banane.

En effet, en premier lieu, la souveraineté alimentaire implique le développement d'une agriculture locale destinée essentiellement à nourrir la population. On se substituerait donc au modèle d'exportation de masse fondé sur deux espèces majeures, au profit de la production locale. Cette production locale signifie selon la Via Campesina que les paysans reprennent en main le système agricole et alimentaire du début jusqu'à la fin. Ainsi produire localement signifie que les agriculteurs doivent pouvoir disposer de semences locales, de races locales. De même, ils ne doivent plus être dépendants des pesticides, insecticides, herbicides pour produire. Les paysans doivent être autonomes dans leur production pour éviter de dépendre des firmes semencières ou chimiques.

Ce type d'approche comporte de nombreuses vertus en ces temps incertains. En effet, l'avantage d'avoir une agriculture essentiellement vivrière, avec une faible dépendance aux intrants de synthèse, limiterait la dépendance à l'égard des énergies fossiles (notamment pétrole et gaz). De même, en favorisant les circuits courts (du producteur au consommateur), il serait possible de réduire l'importation de denrées alimentaires au profit de celles produites localement, de produits phytosanitaires, de semences et donc *in fine* l'utilisation de transports hautement émetteurs en GES. Cela irait dans le sens de l'atténuation tel que préconisé dans le rapport du GIEC. La mise en place d'une véritable filière agricole entièrement locale permettrait le développement de variétés locales rendues orphelines après des décennies de monocultures intensives. L'enrichissement de l'agrobiodiversité par des systèmes en polyculture/polyélevage serait bénéfique biodiversité qui sera utile pour s'adapter aux effets du changement climatique.

De plus, l'instauration de ce modèle agricole en Guadeloupe aurait aussi pour effet de nous redessiner une agriculture beaucoup plus résiliente et qui aurait aussi l'avantage de stocker des GES.

En effet, selon le sixième pilier de la souveraineté alimentaire défini à Nyéléni en 2007, la souveraineté alimentaire se traduit par une agriculture qui « utilise les apports de l'environnement selon des pratiques de culture et de production agroécologique diversifiées et faibles consommatrices d'intrants, qui optimisent les apports des écosystèmes, améliore la résilience et l'adaptation, particulièrement face au changement climatique »[51]. Ce type d'agriculture qui se fonde sur l'agroécologie est, d'après plusieurs experts, le plus apte à apporter des réponses viables au changement climatique. Ainsi comme le révèle Olivier de Schutter dans son rapport sur le droit à l'alimentation, les pratiques agroécologiques améliorent la résistance au changement climatique, notamment aux événements météorologiques extrêmes[52] *via* la répartition des risques sur la diversité des productions. La Guadeloupe qui se situe dans le bassin Caraïbe, est et sera probablement de plus en plus exposée et vulnérable aux cyclones qui, avec le réchauffement, risquent d'être de plus en plus violents. Les experts s'accordent à dire que l'utilisation des techniques agroécologiques pourrait atténuer de façon considérable les effets négatifs de ce type d'événements extrêmes. De même, les pratiques agroécologiques seraient plus adaptées pour compenser les manques d'eau liés aux sécheresses, qui risquent d'être de plus en plus fréquentes et accentuées selon les prévisions climatiques pour la zone Caraïbe. Il devient vital de chercher à anticiper ces contraintes en valorisant cette façon de produire.

Par ailleurs, l'agroécologie, en s'appuyant sur la diversité des espèces et les économies circulaires générées par la combinaison astucieuse des ateliers végétaux et animaux, peut conférer une plus grande résilience face aux contraintes énergétiques et sanitaires. Ainsi au lieu d'avoir des champs uniformes fragilisés sur le

---

51. Forum de Nyéléni, « Les 6 piliers de la souveraineté alimentaire » : *http://nyeleni.org/spip.php?page=forum&lang=fr.*
52. ONU, Conseil des droits de l'homme, O. DE SCHUTTER, *Rapport du rapporteur spécial sur le droit à l'alimentation, Agroécolgie et droit à l'alimentation*, Rapport présenté à la 16e session du Conseil des droits de l'homme de l'ONU (A/HRC/16/49), 8 mars 2011, p. 14.

plan génétique, on aurait des champs biodivers plus résistants[53]. Ces méthodes sont tout à fait envisageables en Guadeloupe sachant que l'île possède une forte biodiversité et une tradition de la valorisation de la biodiversité cultivée *via* le jardin créole. D'après le docteur Henry Joseph, la Guadeloupe dispose de 625 espèces de plantes médicinales et 220 espèces comestibles. Cette diversité pourrait être bien mieux valorisée par l'agriculture et permettrait de disposer d'une diversité d'espèces pouvant s'adapter aux événements météorologiques extrêmes comme la sécheresse, et mieux résister à l'arrivée de nouveaux parasites et maladies.

De plus, l'extension de ce modèle agricole en Guadeloupe pourrait jouer un rôle important dans l'atténuation du changement climatique, notamment par le fait que ce type d'agriculture peut stocker le carbone dans les sols dans la matière organique[54] qu'elle serait amenée à utiliser plus abondamment en substitution des engrais de synthèse, sous forme de composts ou vermicomposts. Ce potentiel n'est pas à négliger puisque l'agriculture qui contribue pour un quart dans les émissions de GES peut se transformer en une activité captant le carbone, avec une capacité très significative.

La souveraineté alimentaire fondée sur une agriculture paysanne à taille humaine nous semble également bien adaptée pour s'adapter ou résister dans des cas extrêmes. En effet, l'agriculture paysanne qui est représentée en Guadeloupe par la petite agriculture familiale n'est pas basée sur un modèle centralisateur, mais sur la diversité de plusieurs petites unités. Or, selon certains experts, ce sont ces modèles qu'il faut valoriser en ces temps difficiles, car ils sont les mieux à même de résister à de graves crises, voire à des mégacrises[55]. En effet, des petites unités décentralisées et autonomes peuvent mieux faire face à des situations extrêmes qu'une structure unique et centralisée, plus lourde et moins réactive.

Enfin, il n'y a *a priori* pas à avoir de craintes quant à la productivité du modèle agricole basé sur la souveraineté alimentaire. En effet, d'après plusieurs experts, l'agriculture paysanne est aussi productive que l'agriculture industrielle en plus d'apporter une valeur ajoutée bien plus grande que l'agriculture industrielle tout en créant des emplois et en préservant le tissu rural[56].

---

53. ETCGROUP, « Qui nous nourrira ? Réflexions sur les crises alimentaire et climatique », nov. 2009 : *etcgroup.org*.
54. DE SCHUTTER, Rapport, *supra*, note 50.
55. I. HELSHHOT *et al.*, *Mega-Crises: Understanding the Prospects, Nature, Characteristics and Effects of Cataclysmic Events*, Charles C Thomas, 2012.
56. Organisation des Nations unies pour l'alimentation et l'agriculture et la Banque mondiale, « Évaluation internationale des connaissances, des sciences et techniques agricoles pour le développement »

La souveraineté alimentaire nous semble donc être une des composantes essentielles à un modèle de développement pertinent pour une île comme la Guadeloupe, surtout dans un contexte de bouleversement climatique. En effet, parce qu'elle se base sur l'agroécologie qui participe à la résilience de l'exploitation agricole et des territoires, la souveraineté alimentaire comme alternative contribuerait à réduire la dépendance des agriculteurs à l'égard des intrants externes et des subventions de l'État. Des études récentes menées sur la permaculture[57] montrent qu'il est possible de rentabiliser des très petites unités de production (1 000 à 2 000 m^2) avec des pratiques agroécologiques. Cela rendrait les petits exploitants bien moins tributaires des importations et des fluctuations des prix. Ils pourraient ainsi voir une augmentation ou du moins une amélioration de leurs revenus. De plus, ce type de modèle agricole est généralement créateur d'emplois, car les méthodes agroécologiques nécessitent souvent une main-d'œuvre importante et techniquement bien formée. Elle recèle par ailleurs un important potentiel en matière d'emplois à créer autour d'activités de transformation et de valorisation plus abouties de l'agrobiodiversité des exploitations et des territoires agricoles.

Enfin, c'est aussi toute la population qui serait bénéficiaire de cette stratégie de développement. En effet, l'objectif de la souveraineté alimentaire est aussi de délivrer des aliments sains et nutritifs aux consommateurs. En Guadeloupe, les fruits et légumes sont riches en nutriments, antioxydants et ont des index glycémiques faibles. Le développement d'une agriculture vivrière permettrait d'améliorer la nutrition et de réduire les trop nombreux cas de diabète, d'obésité et de maladies cardio-vasculaires dues à la malbouffe notamment. Il en résulterait de nombreux avantages pour les habitants, mais aussi pour les écosystèmes qui n'auraient plus à subir des pollutions. L'eau, les sols s'en retrouveraient plus assainis.

Les politiques ont donc tout intérêt à se saisir de cette question avant qu'il ne soit trop tard. En effet, la fin des quotas sucriers et des subventions à la banane risquent de porter un coup dur à la profession agricole guadeloupéenne. Toutefois, si cette transition est bien gérée et anticipée, il est possible de transformer cette crise à venir en opportunité de développer un autre modèle agricole. Cela est d'autant plus urgent que la Guadeloupe perd chaque année l'équivalent de 1 000 hectares agricoles qui se convertissent en lotissement, routes, etc. Or, cette conversion est fortement émettrice de GES et *in fine* contribue au réchauffement de la planète. De plus, moins de terres agricoles signifient moins de production, et donc une plus grande dépendance aux importations et une contribution plus forte au réchauffement climatique. Cette tendance, si elle n'est pas enrayée, risque de nous conduire à une

57. La ferme biologique du Bec Hellouin, INRA, AgroPAris tech, Institut Sylva, SADAPT, *Étude « Maraîchage biologique permaculturel et performance économique »*, Rapport final (25 nov. 2015).

grave crise alimentaire, voire à des émeutes de la faim, dont nous avons expérimenté les répliques en février 2009. Rien n'est pourtant inéluctable et nous pouvons infléchir les dynamiques en cours en appliquant des politiques publiques pertinentes.

***
*

Cet article nous a permis de voir à quel point le modèle de développement dominant qu'a adopté la Guadeloupe, comme plusieurs pays du monde, comporte des contresens, voire des aberrations pour un avenir en phase avec les enjeux du dérèglement climatique. Il est donc urgent de changer de voie. À cet effet, les experts du GIEC offrent plusieurs pistes de solutions qui reposent massivement sur les modalités d'atténuation et d'adaptation aux effets du changement climatique. En Guadeloupe, ce nouveau modèle pourrait se traduire par la construction d'une véritable assise en matière de sécurité/souveraineté alimentaire, qui offrirait plusieurs avantages tout en permettant d'être plus sobre en carbone. Toutefois, le temps presse et nos décideurs politiques locaux (État, collectivités territoriales) ne semblent pas avoir bien pris la mesure de ces enjeux, en continuant à soutenir abusivement les monocultures d'exportation, au détriment des autres secteurs de production et de transformation agricoles. Heureusement, plusieurs acteurs de la société civile tels que la chambre d'agriculture, le syndicat agricole UPG, l'entreprise Phytobokaz, l'Institut national de la recherche agronomique, et d'autres partenaires se sont mobilisés pour faire valoir ces concepts émergents et préparer la transition de la Guadeloupe pour sortir des inerties façonnées par notre histoire coloniale et faire face, avec intelligence et détermination, aux défis du XXIe siècle.

ÉTAT ET RÉGIONALISATION À L'ÉPREUVE DES MUTATIONS SOCIALES : L'EXEMPLE DE LA RÉSOLUTION DE LA DÉLINQUANCE JUVÉNILE

par

Murielle VAIRAC

Maître de conférences associé, CREDDI (EA 2438)

La violence n'est pas nouvelle et n'a pas toujours été considérée comme un problème social. Des sociétés occidentales aux sociétés orientales et aux sociétés postcoloniales[1] ou en développement, elle a épousé des formes variées. Qu'elle soit à l'origine de la destruction d'un ordre social ou qu'elle en instaure un autre, la violence a des incidences incontestables sur les sociétés humaines.

La violence est constitutive de l'apparition de l'État moderne lequel est suivant la définition classique weberienne[2] un groupe de domination qui revendique avec succès le monopole de la contrainte physique légitime sur son territoire. Dans son sillage, l'approche de Norbert Elias[3] a permis de mieux appréhender la dynamique de l'État en Occident dans un contexte de développement de l'économie lié à l'émergence corrélative du marché et du commerce international à partir du XIXe siècle. Ces approches peuvent être complétées par les théories de la régulation

1. C'est le cas des sociétés ultramarines qui ont choisi de rester possessions françaises après la décolonisation : elles appartiennent à des territoires situés dans la Caraïbe (la Guadeloupe, la Martinique, Saint-Barthélemy et Saint-Martin), l'Amérique du Sud (la Guyane française), l'Amérique du Nord (Saint-Pierre-et-Miquelon), l'océan Pacifique (Wallis-et-Futuna et Nouvelle-Calédonie) et l'océan Indien (Mayotte et La Réunion).
2. M. WEBER, *Le savant et le politique*, trad. de l'all. par Catherine Colliot-Thélène, Paris, La Découverte, 2003, « La politique comme profession et vocation », p. 118.
3. N. ELIAS, *La dynamique de l'État en Occident*, Paris, Calman-Levy, 2003.

qui mettent en évidence la cohésion sociale comme une des fonctions essentielles imparties à tout État et permettent d'appréhender la dynamique d'évolution de l'État.

En France, l'État est confronté à une violence multipolaire à l'intérieur comme à l'extérieur. À l'extérieur, il est concurrencé par d'autres États et même par des sociétés commerciales dans le cadre de la compétition géopolitique et/ou économique et commerciale. Il y a aussi le fait de groupes criminels structurés concurrençant l'État et le défiant sur son propre territoire dans un cadre hors la loi. À l'intérieur, dans l'Hexagone comme dans les territoires ultramarins[4], il peut s'agir de violences de bandes de jeunes désorientés, de violences contre les personnes vulnérables et autres. Singulièrement en Guadeloupe, sur laquelle sera centré notre propos, au sein des familles, dans la rue, la violence tisse sa toile pointant les défaillances de ces institutions majeures du contrôle social que sont notamment la famille et l'école. Elle est précisément l'héritage de cette société plongée dans le tourbillon de la modernité et de la mondialisation. Cette vision n'est pas consensuelle, mais c'est une réalité incontournable dont ne sauraient se départir ni le citoyen *lambda* ni le chercheur. Fort justement, le sociologue G. Combé rappelle qu'en Guadeloupe, la violence de type traditionnel à caractère rural n'a pas disparu. Il s'agit d'une violence de voisinage, de proximité ou encore à caractère familial. Elle a été relayée depuis la fin des années 1970 par de nouvelles formes de violence à caractère urbain[5]. Cette situation soulève la question des réponses institutionnelles à cette violence. S'il est juridiquement fondé que l'État en France est le garant de la sécurité des personnes et des biens sur l'ensemble du territoire, il semble que cette configuration institutionnelle ne soit plus monocéphale aujourd'hui en considérant la nouvelle dynamique de l'État plus enclin au partenariat avec les collectivités territoriales et les associations. Dans le cas de la Guadeloupe, région-département où la problématique de la violence se pose avec acuité, il convient d'en apprécier les tenants et les aboutissants à l'aune d'un processus étatique et d'un processus individuel. De manière concomitante, ces derniers mettent en exergue l'appropriation des fonctions collectives par une pluralité d'acteurs dont la collectivité régionale sur le territoire permettant d'augurer des perspectives plus sereines de développement pour un « mieux vivre ensemble ».

La démarche retenue s'articule autour d'un regard sur la notion de fonctions collectives afin de comprendre la dynamique étatique à l'œuvre, davantage concentrée sur des objectifs de compétitivité. Il s'agit aussi d'appréhender l'évolution

4. Tout en distinguant nominativement les différentes collectivités territoriales françaises d'outre-mer que sont la Guadeloupe, la Guyane, la Martinique, La Réunion, Mayotte, Saint-Barthélemy, Saint-Martin, Saint-Pierre et Miquelon, la loi constitutionnelle du 28 mars 2003 leur permet de choisir leur statut au regard de leurs spécificités.

5. G. COMBÉ, *Les phénomènes de violence en Guadeloupe*, Études guadeloupéennes, 25 oct. 2001.

de l'individu face aux mutations sociales, pleinement acteur dans les fonctions collectives. Effectivement, ce nouveau positionnement étatique suggère d'autres rapports avec les partenaires locaux que sont les collectivités territoriales, notamment la région et les acteurs associatifs.

I. Des collectivités territoriales partenaires de l'État dans la gestion des fonctions collectives

S'adaptant aux différentes conjonctures économiques et à une nouvelle donne sociale, l'État moderne est devenu au fil du temps un arbitre économique, sollicitant de plus en plus les collectivités territoriales dans la gestion des fonctions collectives.

A. L'État régulateur

L'existence et le maintien d'une société dépendent de l'aménagement en son sein d'un certain nombre d'activités d'intérêt commun prises en charge par la collectivité ou par la société. En tant que forme d'organisation structurée de ses membres qui entretiennent entre eux des rapports précis, la société est autrement dit, comme l'a indiqué N. Elias, « ce que chaque individu désigne quand il dit "nous" »[6]. Pour qu'il y ait société, il faut un minimum de cohésion. Cela signifie aussi que pour que dure la cohésion sociale, les individus doivent savoir ce qu'ils veulent, continuer à inventer de la société, à vouloir atteindre cet idéal.

Avec la construction de l'État moderne, la représentation politique de cette collectivité et la gestion administrative de ses activités ou fonctions collectives ont bien évidemment nécessité l'adhésion de tous les citoyens. Dans un souci de maintien de la cohésion sociale, l'État incarne l'intérêt général qui est conçu comme l'expression de l'identité collective de la société. C'est particulièrement le concept de régulation qui permet de faire ressortir une des fonctions essentielles de l'État en tant qu'instance préposée au maintien de la cohésion sociale. Outre l'affirmation et la défense de l'identité collective du groupe, la protection et la sauvegarde de l'ordre social en vigueur, l'objectif de cohésion sociale implique aussi une harmonie des comportements sociaux et la résolution des conflits sociaux. En tant que garant de l'ordre social, il appartient à l'État de rendre possible le vivre ensemble en imposant la discipline d'un projet collectif. L'État trouve ainsi sa concrétisation dans des représentations, des valeurs : intérêt général, égalité, fraternité, liberté, dignité de la personne humaine qui se traduisent par ailleurs dans une organisation rationnelle bureaucratique. Mais, il peut être freiné dans son dynamisme par différents facteurs inhérents à son environnement. C'est donc tout l'intérêt du recours au concept de

6. N. ELIAS, *La société des individus*, Paris, Fayard, 1991.

régulation qui « recouvre l'ensemble des processus par lesquels l'État parvient à préserver ses équilibres essentiels, à maintenir son "état stationnaire", en annulant l'effet des perturbations extérieures »[7].

Selon le contexte économique et social, les fonctions de l'État sont plus ou moins étendues. En France, au cours du XXe siècle, il devient la clé de voûte du développement social par ses interventions dans les domaines de la santé publique, la famille, l'éducation nationale, la protection de l'environnement, etc. Grâce à ses ressources considérables, il cherche à assurer une société plus harmonieuse et mieux intégrée par la réduction des inégalités et la possibilité donnée à tous d'accéder aux mêmes biens essentiels. Son intervention signifie donc la promotion au-delà de l'égalité formelle de droits, d'une égalité sociale réelle. Les notions d'universalisme et de redistribution traduisent cette réalité sociale. Dans le système français, des politiques sociales sont construites en direction de « publics cibles » particulièrement vulnérables. L'État régulateur est alors l'État providence. C'est donc la même logique qui a nourri la vision de l'État. Dès lors, l'État a la responsabilité essentielle du développement : il dirige l'économie en étant chargé de concevoir un projet cohérent de développement. Car il doit veiller à ce que la croissance soit régulière, continue, harmonieuse. Il veille au maintien des grands équilibres du marché.

Mais d'une part, la crise économique internationale issue des deux chocs pétroliers des années 1970 a nécessité des adaptations, des ajustements de l'État. D'autre part, sous le joug de la mondialisation depuis les années 1980, l'État régulateur a été obligé de se fixer des objectifs de compétitivité afin de poursuivre sa mission de cohésion sociale dans la sphère socio-économique[8]. Dans le cadre de l'Union européenne, l'État a dû se soumettre aux nouvelles contraintes budgétaires. L'État reste présent dans l'économie, mais de manière différente : son rôle consiste à superviser le jeu économique, en établissant certaines règles et en intervenant de manière permanente pour amortir les tensions, régler les conflits, assurer le maintien d'un équilibre d'ensemble[9]. L'État est donc supplanté dans sa fonction régulatrice par des instances de régulation telles que l'Organisation mondiale du commerce ou l'Union européenne. De même, d'autres formes de régulation sont dans un rapport de complémentarité ou de substitution avec la régulation étatique à l'instar de la régulation d'Internet qui passe par des formules variées et combinées au niveau interne et au niveau international.

Cette nouvelle dynamique étatique est à l'œuvre quand on considère la place croissante des collectivités territoriales, notamment des régions, dans les fonctions collectives.

---

7. J. CHEVALLIER, « L'État régulateur », *RFAP* 2004/3, n° 111, p. 4.
8. P. ROSANVALLON, *La nouvelle question sociale*, Paris, Éditions du Seuil, 1995, p. 8-12.
9. J. CHEVALLIER, *L'État post-moderne*, Paris, LGDJ, 2017, p. 78.

B. Une mission de cohésion sociale partagée avec les collectivités territoriales

En faisant le choix de la compétitivité, l'État a été critiqué, car ce nouveau positionnement le soustrait à une gestion correcte. La modernisation de l'action publique répond à des besoins et des moyens nouveaux, à l'image de l'adaptation des administrations d'abord déconcentrées[10] puis décentralisées[11]. Ces nouveaux enjeux conjoncturels et sociaux ont nécessité des réformes administratives et des économies tandis que les situations de fragilité[12] augmentaient : précarité, pauvreté, chômage induisant d'autres incidences déviantes telle la violence que martèle plus régulièrement ces dernières années l'actualité sociale. De plus en plus, nombreux sont les domaines pour lesquels l'État sollicite les collectivités territoriales dans sa dynamique de rigueur économique. Ces dernières notamment les régions sont appelées à définir, concevoir et mettre en œuvre les politiques publiques devenant de véritables partenaires de l'État. Cela traduit cette transformation de l'État plus disposé à encadrer l'action qu'à la gérer. Il convient d'approfondir le propos partant des collectivités territoriales françaises en outre-mer, notamment en Guadeloupe où la collectivité régionale s'est saisie pleinement de la problématique de la délinquance juvénile.

Dans les sociétés ultramarines, la loi n° 46-451 du 19 mars 1946 octroie aux quatre vieilles colonies[13], dont la Guadeloupe, le statut de département d'outre-mer (DOM) tout en reconnaissant des particularismes qui restent situés dans les limites du cadre unitaire de la République française. La départementalisation est perçue

10. Dans le cadre de la modernisation de l'État, la révision générale des politiques publiques qui a débuté en 2007 a succédé à la Loi organique relative aux lois de finances de 2001. L'objectif de ces deux réformes est la rationalisation de l'action publique qui exige de faire des économies et de reconfigurer les administrations.

11. Trois réformes relatives aux collectivités territoriales se sont enchaînées : la loi du 16 déc. 2010 de réforme des collectivités territoriales a supprimé la clause de compétence générale des régions et des départements; la loi du 27 janv. 2014 de modernisation de l'action publique territoriale et de l'affirmation des métropoles; la loi du 7 août 2015 portant nouvelle organisation territoriale de la République a renforcé les attributions des régions.

12. Rapport Insee, *Estimation avancée du taux de pauvreté et des indicateurs d'inégalités*, n° 49, 16 oct. 2019.

13. Loi n° 46-451 du 19 mars 1946 tendant au classement comme départements français de la Guadeloupe, de la Martinique, de La Réunion et de la Guyane française. Ce sont ces quatre territoires dénommés les quatre vieilles (les plus anciennes colonies) qui sont concernés. En 1946, il faut distinguer les départements d'outre-mer (les lois et les décrets en vigueur en France hexagonale s'y appliquent) des territoires d'outre-mer (Mayotte, Polynésie française, Saint-Pierre-et-Miquelon, Wallis-et-Futuna) et des collectivités d'outre-mer (seule la Nouvelle-Calédonie est concernée). Les territoires d'outre-mer sont devenus collectivités d'outre-mer par la loi constitutionnelle n° 2003-276 du 28 mars 2003 relative à l'organisation décentralisée de la République. Voir aussi, J.-Y. FABERON, « La France et son outre-mer : un même droit ou un droit différent ? », *Pouvoirs*, « L'outre-mer », n° 113, p. 5-21.

« comme la voie d'une harmonisation des niveaux de vie en même temps qu'un alignement des politiques sociales sur les standards de la métropole ou France hexagonale. Celle-ci devrait déboucher sur l'égalité des droits tant dans la sphère des institutions politiques que dans le domaine économique et social »[14].

Le vent de décentralisation dans les années 1980 a concerné les DOM au même titre que les départements de la France hexagonale en conduisant l'État à leur transférer des compétences. Les lois de décentralisation de 1982 et 1983 ont introduit d'importantes modifications dans l'organisation territoriale de la République française, dont la plus notable est la régionalisation[15] des DOM. Elles ont créé un pouvoir hybride caractérisé par l'existence sur un même territoire de deux collectivités aux attributions qui se chevauchent, chapeautées par un État. La régionalisation est le volet le plus important de la décentralisation. Elle participe au processus de création d'un pouvoir politico-administratif local considéré comme l'un des moyens de résoudre les problèmes auxquels sont confrontés les DOM notamment le sous-développement persistant, de rapprocher l'administration des administrés et de répondre aux aspirations de dignité des sociétés d'outre-mer. Les élus peuvent intervenir dans de nouveaux domaines avec plus d'efficacité, mais dans chaque département et région, le représentant de l'État continue d'avoir la charge des intérêts nationaux, du respect des lois, de l'ordre public et du contrôle administratif. Toutefois, globalement, il a été relevé que les régions d'outre-mer (ROM) ont une faible capacité d'intervention, car les pouvoirs alloués sont modestes étant donné qu'il s'agit le plus souvent d'avis, d'orientations, d'études. En outre, les moyens sont trop réduits au vu des missions allouées. Dans une analyse de la régionalisation en outre-mer, Jean-Paul Eluther indique que la pratique des conseils régionaux accentue cette faible capacité d'action[16]. En général, le gros pourcentage des ressources est affecté soit à la création d'équipements collectifs pour les autres collectivités, soit au développement de la culture. Les interventions favorisant un accroissement de la richesse locale sont mineures. Par ailleurs, outre les adaptations de la fiscalité, des dérogations au droit commun en matière sociale ont semblé plus complexes. Il apparaît que la véritable raison d'être de ces disparités est clairement la différence de situation démographique qui pèse fortement sur le coût des mesures sociales en cas d'application pure et simple aux DOM[17] alors

14. V. DIMIER, « De la France coloniale à l'outre-mer », *Pouvoirs* « L'outre-mer », n° 113, p. 41-55.
15. Loi n° 82-1171 du 31 déc. 1982 portant organisation des régions de Guadeloupe, de Guyane, de Martinique et de La Réunion. Elle est complétée par la loi n° 84-747 du 2 août 1984 relative aux compétences des régions de Guadeloupe, de Guyane, de Martinique et de La Réunion.
16. J.-P. ELUTHER, *La Guadeloupe ambitieuse*, Paris, éd. L'Harmattan, 1990.
17. *Ibidem*, p. 25.

que c'est précisément le souhait d'un développement social plus harmonieux[18] qui avait motivé l'assimilation en 1946. La réalité a montré que, dans le cadre de l'identité législative, les adaptations ont souvent été mineures.

L'acte II de la décentralisation en date du 28 mars 2003 a proclamé l'organisation décentralisée de la République en reconnaissant les collectivités territoriales de la République[19]. Cette réforme prévoit différentes possibilités d'évolution, strictement encadrées vers une plus grande autonomie. La première possibilité est que les départements et régions d'outre-mer[20] (Guadeloupe, Guyane, Martinique, à l'exception de La Réunion), gérés par des conseils généraux et régionaux, optent selon l'article 73 de la Constitution modifiée en 2003 pour le régime d'une collectivité unique dotée de nouveaux pouvoirs leur permettant d'adapter localement les lois et règlements de l'Hexagone. C'est l'orientation prise par la Guyane[21] et la Martinique en 2010[22]. Ou alors, ils optent pour une assemblée unique commune à ces deux collectivités. Ils peuvent aussi choisir le passage du régime de l'identité législative de l'article 73 à celui de la spécialité législative et de l'autonomie de l'article 74. C'est le choix effectué par Saint-Martin et Saint-Barthélemy en 2003[23] et qui concernait déjà la Polynésie française[24], Wallis-et-Futuna[25], Mayotte[26] et Saint-Pierre et Miquelon[27]. Une loi organique a fixé le statut particulier de chaque

18. Voir aussi l'analyse intéressante d'A.-M. LE POURHIET : « Départements d'outre-mer : l'assimilation en question », *Cahiers du Conseil constitutionnel* mai 2002, n° 12.

19. Dans cette nouvelle classification juridique, il faut distinguer les départements et régions d'outremer régis par l'article 73 de la Constitution et les collectivités d'outre-mer régies par l'article 74. La nouvelle catégorie collectivité d'outre-mer se substitue à celle de territoire d'outre-mer.

20. La révision constitutionnelle du 28 mars 2003 relative à l'organisation décentralisée de la République apporte une modification d'ordre terminologique en substituant les départements et régions d'outre-mer aux départements d'outre-mer.

21. Loi n° 2011-884 du 27 juill. 2011 relative aux collectivités territoriales de Guyane et de Martinique. En janv. 2010, ils ont refusé le passage à l'article 74 de la Constitution puis approuvé la création d'une collectivité unique dans le cadre de l'article 73.

22. Les électeurs de Guyane et de Martinique ont été consultés respectivement les 10 et 14 janv. 2010.

23. Le 7 déc. 2003, une consultation des électeurs par voie de référendum a été organisée à Saint-Barthélemy selon les vœux exprimés par le conseil municipal sur l'évolution statutaire de l'île dans le cadre de l'article 74 de la Constitution.

24. La Polynésie française était un territoire d'outre-mer devenu collectivité d'outre-mer suivant la réforme portée par l'acte II de la décentralisation.

25. Wallis-et-Futuna connaît le même changement de dénomination que la Polynésie française dans le cadre de l'acte II de la décentralisation.

26. Le territoire appartient à la nouvelle catégorie juridique de collectivité d'outre-mer et deviendra département en 2011.

27. La catégorie juridique de collectivité d'outre-mer se substitue à celle de collectivité d'outre-mer à statut particulier.

collectivité et a déterminé les lois qui s'y appliquent ; les assemblées locales peuvent, à l'exception des domaines régaliens, réglementer largement dans le domaine de la loi.

La loi n° 2000-1207 du 13 décembre 2000 d'orientation pour l'outre-mer[28] a créé dans les régions françaises d'Amérique une nouvelle institution dénommée congrès[29] des élus départementaux et régionaux compétents pour délibérer de toute proposition d'évolution institutionnelle, de toute proposition relative à de nouveaux transferts de compétences de l'État vers le département et la région, ainsi que de toute modification de la répartition des compétences entre ces collectivités locales. La loi prévoit que cette instance se réunit à la demande du conseil départemental ou du conseil régional sur un ordre du jour déterminé[30]. En Guadeloupe, le Congrès se réunit sur les grands dossiers concernant le territoire chaque fois que c'est nécessaire. Bien que la problématique de l'insécurité et de la violence sur le territoire ne soit pas de son ressort, en s'en saisissant en 2011[31], cette instance a cherché à montrer la volonté des élus d'être au cœur des préoccupations citoyennes. Tout en soulignant la mission de sécurité des biens et des personnes de l'acteur étatique, les présidents respectifs du conseil départemental et du conseil régional ont appelé à une plus forte collaboration entre les collectivités territoriales. La commune et son exécutif sont particulièrement concernés par la thématique de la violence comme le législateur l'a inscrit dans la loi du 5 mars 2007 relative à la prévention de la délinquance juvénile et la collectivité régionale concourt à y apporter des réponses en tant que chef de file de l'action économique et de la formation. À ce titre, à l'occasion du Xe congrès des élus en 2011, dans un souci de prévention de la récidive, elle s'est engagée[32] à étoffer son offre d'aides à la formation et de dispositifs d'insertion à destination des sortants de prison et des personnes sous main de justice[33], à financer des formations dans le domaine du

28. Pour une analyse de cette loi, voir A.-M. LE POURHIET : « Départements d'outre-mer : l'assimilation en question », *Cahiers du Conseil constitutionnel* mai 2002, n° 12.

29. Le congrès résulte d'une des propositions faites dans le rapport réalisé par le sénateur Claude Lise et le député Michel Tamaya s'inspirant de l'expérience guyanaise. Après la réforme institutionnelle opérée en Guyane et en Martinique, la Guadeloupe est demeurée le seul DROM d'Amérique à disposer d'un congrès tel que posé par la loi d'orientation du 13 déc. 2000 sur l'outre-mer.

30. La délibération est prise à la majorité des suffrages exprimés des membres de l'assemblée.

31. Ce Xe Congrès a été organisé dans un cadre peu apaisant, car il a rencontré des oppositions tant du préfet que de certains élus locaux qui ont estimé ce congrès illégal au regard de la thématique.

32. La collectivité régionale a aussi prévu une participation financière (1,5 million d'euros selon le président de la collectivité) qui soutiendra un plan de prévention et de lutte contre la délinquance.

33. Ce public est déjà bénéficiaire de dispositifs d'aide à la formation, à l'insertion professionnelle ou à la création d'activités (les chèques-qualification, les emplois-tremplin qui proposent des conditions incitatives spécifiques en faveur des sortants de prison) ; le financement de chantiers d'insertion dont les sortants de prison sont un des publics bénéficiant des emplois créés dans ce cadre ; l'aide régionale

travail social[34] pour accompagner les publics en difficulté. Par ailleurs, dans le cadre de l'accompagnement des familles et du renforcement de la cohésion sociale[35], une de ses réponses est aussi de soutenir l'association Maison de la médiation[36] dans son action et de participer au financement du projet de Conseil guadeloupéen de la parentalité[37]. S'agissant de l'activité économique, la collectivité régionale de Guadeloupe a fait de l'économie sociale et solidaire (ESS) l'une de ses priorités[38], car considérée comme vecteur de création d'emplois notamment pour la jeunesse, d'insertion et de cohésion sociale. Elle a inscrit dans son schéma régional de développement économique d'innovation et d'internationalisation (SRDEII) sa stratégie pour favoriser l'émergence de l'ESS sur le territoire. Ainsi, elle s'investit dans un secteur qu'elle considère porteur de réponses à la fois alternatives et innovantes aux défis sociétaux.

Plus globalement, les réformes engagées par l'État depuis 2012 marquent une certaine rupture par rapport à la stratégie des deux premiers actes de la décentralisation. L'objectif assumé est désormais de rechercher une simplification du paysage institutionnel local, un renforcement de la démocratie locale et une adaptation des structures à la diversité des territoires, favorisant ainsi l'enracinement d'une décentralisation arrivée à maturité. Par ailleurs, les réformes du quinquennat dans cette période intègrent la forte contrainte qui pèse sur les finances publiques dans le contexte de la crise financière et économique qui s'est ouvert à partir de 2007.

---

au démarrage d'activité ; l'aide régionale à l'investissement et à la création d'emplois. La collectivité régionale propose d'étendre les dispositifs de formation et d'insertion professionnelle existants et de créer de nouveaux dispositifs adaptés pour ce public.

34. Il s'agit des formations suivantes : formations de moniteur-éducateur et éducateur spécialisé mises en place par un centre de formation sur le territoire et de la licence intervention sociale portée la formation continue de l'université.

35. La collectivité régionale a proposé, concernant l'accueil des personnes condamnées à une peine de travail d'intérêt général, de les accueillir pour qu'elles effectuent leur condamnation en son sein. Ce faisant, elle participe au renforcement de la cohésion sociale.

36. Cette association émane du conseil économique et social régional et a pour objet de promouvoir dans tous les lieux de vie et d'activités sociales la médiation.

37. Il s'agit de la société coopérative d'intérêt collectif (SCIC) Conseil guadeloupéen de la parentalité-Epaules, structure ayant pour objet de produire des biens et des services, mais avec un caractère d'utilité sociale.

38. En partenariat avec l'État, le conseil départemental et la chambre régionale de l'ESS des Îles de Guadeloupe, le conseil régional a organisé la première conférence régionale de l'ESS qui s'est déroulée du 28 au 30 nov. 2019. L'objectif était de construire une stratégie partagée de l'ESS visant à répondre aux enjeux économiques et sociaux de la Guadeloupe. Par ailleurs, il faut préciser qu'en raison du peu d'attractivité de ce secteur chez les jeunes, dès 2011 au niveau national un programme dénommé Jeun'ESS a été lancé pour attirer les jeunes vers l'économie sociale, leur donner une place plus importante et valoriser leurs initiatives. Cet objectif a été pris en compte au niveau régional à travers des présentations lors de forums des métiers. En 2011 et 2012, près de 250 jeunes de moins de 30 ans ont pu trouver un emploi avec une qualification dans une entreprise d'insertion.

À bien des égards, l'ensemble des collectivités territoriales françaises est entré dans une ère nouvelle depuis les lois de décentralisation des années 2000, celle de la régulation à la fois institutionnelle et financière.

Il semble que l'État peine aujourd'hui à sauvegarder son objectif d'intérêt général/la cohésion sociale. Il tente d'apporter des réponses[39], mais il est éprouvé par les situations de violence, de criminalité. Il en est de même des collectivités territoriales malgré le transfert de compétences[40] nécessaires à la gestion des besoins de proximité et des problématiques locales.

À vrai dire, ces fonctions collectives exigent une participation plus conséquente de la société exprimant le devoir collectif. À la faveur du progrès technique, les sociétés évoluent également, mais secouées par les soubresauts des contextes socio-économiques. Il en résulte des problématiques pour le moins désarmantes qui conduisent à envisager la gestion des fonctions collectives de manière plus responsable dans un système social où les représentations qui prévalent sont celles d'un État toujours aussi bienfaiteur. La notion de gouvernance appréciable depuis la fin des années 1980 permet justement d'évoquer cette participation des citoyens dans le processus de développement territorial.

II. Vers une gestion sociale plus responsable des fonctions collectives

La gestion des fonctions collectives n'est pas l'apanage exclusif de l'État et des collectivités territoriales, il convient aussi de considérer la place des individus en tant que membres du corps social pouvant agir, singulièrement dans un contexte de perte de valeurs, de chômage croissant chez les jeunes. L'analyse repose sur le contexte d'évolution de la société guadeloupéenne.

A. Contexte socio-économique et processus d'individualisme

Dans le monde occidental, le processus de libéralisme politique a été entamé dès la fin du XVIIIe siècle et son appropriation s'est réalisée au rythme de l'évolution de chaque société. Dans les sociétés ultramarines françaises, après le décret d'abolition de l'esclavage du 27 avril 1848 qui octroie la citoyenneté à leurs habitants, arrive une seconde étape majeure d'évolution qu'est la départementalisation en

39. Un plan départemental de prévention de la délinquance en Guadeloupe 2014-2017 a été instauré. Ce programme d'actions à l'initiative de l'État concentre un de ses axes sur les jeunes exposés à la délinquance. Pour la conduite des actions, l'État appelle à un partenariat local renforcé impliquant tous les acteurs de la prévention : l'État, le département, la région, les communes et les associations.

40. Depuis les années 1990, un resserrement du contrôle central sur les finances locales s'est réalisé. Car plusieurs impôts locaux ont été supprimés et remplacés par des concours financiers alimentés par le budget de l'État. Ce qui entame l'autonomie fiscale des collectivités territoriales et donc transforme la structure des recettes des collectivités. Au regard des contraintes européennes, l'État doit veiller à l'évolution du déficit et de la dette publique.

1946[41]. Dans le contexte outre-mer, la départementalisation est perçue comme la réponse d'une amélioration des niveaux de vie à l'instar de la métropole. L'idée d'égalité des droits dans le domaine économique et social est l'espérance d'une vie meilleure. Aussi, les politiques publiques appliquées dans les nouveaux départements ultramarins sont censées concourir à cette finalité. Il convient de reconnaître que la départementalisation a permis aux populations d'outre-mer d'améliorer leurs conditions d'existence[42] notamment grâce à l'augmentation des revenus et de la consommation par tête. Cependant, le secteur productif s'est affaibli et les inégalités avec la métropole ont demeuré. Surtout à partir des années 1960, les dépenses publiques ont eu à jouer un rôle croissant dans la dynamique économique des DOM avec la réalisation d'équipements collectifs et d'infrastructures d'utilité publique dans le cadre général de politiques économiques, scolaires, sanitaires et sociales, sportives et culturelles. Ce développement de l'intervention publique s'est traduit par un système d'administration très centralisé. Dans le domaine social, des institutions telles que l'assurance maladie, les allocations familiales se sont substituées à l'absence totale de droits sociaux. Mais, les politiques publiques sont adaptées à l'environnement socio-économique, car faut-il le rappeler, la cause de certaines disparités est clairement la différence de situation démographique en outre-mer. À titre illustratif, dans le cas du système éducatif, même si l'école répond au principe d'uniformité inhérent au système éducatif français, on a noté au début des années 1980 un taux d'analphabétisme important, des redoublements conséquents et un fort taux d'échec aux examens. Les politiques sociales en outre-mer représentent plutôt un instrument d'accompagnement et de gestion des inégalités et non un instrument d'éradication. On voit donc l'interventionnisme étatique dans sa logique de providence en outre-mer.

Dans le même ordre d'idées, deux éléments doivent être pris en compte pour poursuivre l'analyse concernant la société guadeloupéenne : il y a d'abord le libéralisme politique qui se poursuit en France dans les années 1970 : l'expression « droits à » donne naissance à la notion d'« usager »[43] afin de favoriser l'accès au service public (la santé, l'école, les transports, etc.) basé sur des principes de gratuité, d'égalité, de neutralité, de mutabilité dans le souci d'intérêt général. Il y a aussi à la fin des années 1960 l'entrée de la Guadeloupe dans la société de consommation. C'est un changement social très rapide si l'on mène une comparaison avec la société française dans sa globalité, car c'est le passage d'une économie primaire essen-

41. La Constitution du 27 oct. 1946 consacre le principe de l'assimilation législative.

42. *Les départements d'outre-mer aujourd'hui : la voie de la responsabilité : rapport au Premier ministre*, 1er janv. 1999.

43. D'ailleurs, les années 1970 ont marqué la consécration juridique de la figure de l'usager : création du Médiateur de la République en 1973, la loi informatique et libertés et la loi accès aux documents en 1978, loi sur la motivation des actes administratifs en 1979 ; tout un arsenal juridique qui traduit l'entrée de l'usager sur la scène juridique.

tiellement agricole à une société de surconsommation. Avec cette donne, on peut certes comprendre les inégalités profondes en Guadeloupe[44] malgré l'alignement des prestations sociales ; surtout, on peut comprendre cette logique asymétrique de demandes de droits qui occultent les devoirs. La société de consommation est illustrative d'une réalité dans laquelle l'individu, convaincu qu'il dispose de tous les droits, a entamé une « longue marche » vers la satisfaction de besoins/désirs de toute nature. Dans une société en progrès perpétuel, la consommation est un signe de distinction sociale et le client semble avoir cédé la place au consommateur[45] qui dans cette nouvelle dynamique se perçoit avant tout naturellement comme disposant du droit de satisfaire tous ses besoins eu égard à sa qualité de citoyen. C'est en ce sens que nous recourons avec mesure à l'expression « usager de la consommation » afin de traduire l'appétence effrénée des individus pour la satisfaction de besoins orientés. D'ailleurs, les droits fondamentaux trouveront des ramifications dans d'autres droits[46] renvoyant à des besoins diversifiés au nom des progrès sociaux. En Guadeloupe, des supermarchés, des magasins, des grandes surfaces apparaissent et les ménages s'équipent en biens[47]. Ce changement social amène convoitises et désirs. Il s'agit de posséder comme l'autre, quitte à recourir à la violence ; le respect de la propriété se délite. Le trafic de drogue s'installe, car il faut au passage souligner que le développement de la société de consommation est corrélatif d'une urbanisation mal contrôlée. La relation entre consommation de certaines drogues et violence a déjà été démontrée et concernant le territoire de la Guadeloupe, un rapport de la commission des lois du Sénat[48] précise que : « Les effets du crack sur l'évolution de la délinquance sont connus : la dépendance quasi immédiate qu'il entraîne explique la recrudescence des vols à main armée et des vols avec violence. Ces dernières années, cette forme de délinquance a connu une progression particulièrement importante. » Délinquance et violence se propagent sur le territoire. La dynamique de changement social à l'œuvre en outre-mer et notamment dans le département de la Guadeloupe affaiblit les principales institutions de socialisation. C'est la révolution des mœurs. L'individu profitant du déclin du contrôle social institutionnel a bénéficié d'une autonomie croissante. Cette modernité a sa contrepartie qui est entre autres la délinquance, voire la violence.

44. L'observation vaut aussi pour le reste de l'outre-mer.
45. M. CHAUVIÈRE et J. GOBOUT, *Les usagers entre marché et citoyenneté*, Paris, L'Harmattan, 1992.
46. Il s'agit par exemple du droit à l'image, droit à l'homoparentalité.
47. La vente de véhicules est à un point tel que le réseau routier est arrivé à saturation aujourd'hui.
48. « Rapport de la commission d'enquête n° 340 sur la délinquance des mineurs », 27 juin 2002 : https://www.senat.fr.

Au-delà, on ne peut occulter la problématique du chômage et ses éventuelles conséquences chez les jeunes, notamment le lien étroit avec le phénomène de la violence. Leurs difficultés d'insertion sur le territoire[49] ont été maintes fois dénoncées par de nombreux acteurs de la vie politique. Ainsi, en septembre 2014, le président de la région Guadeloupe faisait-il part de sa grande préoccupation au sujet d'une recrudescence soudaine de faits de violence armés dans l'agglomération de Pointe-à-Pitre : « Par de tels actes notre jeunesse se détruit, noircit son avenir et affaiblit les perspectives du pays, alors qu'elle peut choisir d'autres voies [...] Les faits de ces 72 dernières heures nous imposent de persévérer dans nos actions et de consolider la coordination des forces pour lutter contre ce fléau, plus particulièrement chez les jeunes. » Du côté de l'État, c'est sans ambages qu'il convoque les associations pour une implication forte dans la lutte contre la délinquance qui est perçue comme un fléau dans notre société. Le discours du préfet de région à l'occasion de l'instauration du plan départemental de prévention de la délinquance de la Guadeloupe 2014-2017 en est illustratif.

Il est donc clair que le contexte économique et social, l'environnement familial, voire le territoire, influent sur les comportements du groupe social. À l'aune de ces différentes variables, on ne peut manquer de se pencher plus attentivement sur des valeurs qui aujourd'hui jalonnent notre quotidien. Depuis les années 1980, l'informatique n'a de cesse de susciter enthousiasme quant à ses modalités, mais aussi inquiétudes du fait de ses débordements. En orientant les actions individuelles, la dernière révolution en date est porteuse de valeurs identifiant différents groupes sociaux (par des caractéristiques communes, des buts communs, etc.) plus ou moins ponctuellement. Les valeurs sont diverses puisqu'il existe plusieurs systèmes de valeurs, tant celles porteuses d'une vision instantanée du monde que celles porteuses de projets à plus long terme. Au nom de la liberté, nombre de pratiques – entre autres violentes – émergent pouvant conduire à des situations de stigmatisation, voire d'exclusion, comme l'actualité concernant le territoire de la Guadeloupe nous le rappelle régulièrement[50]. S'agissant des réseaux sociaux qui symbolisent la liberté de pensée et d'expression, leur usage peut cependant parfois entrer en contradiction avec le respect d'autres libertés fondamentales. Citons le respect de la vie privée, le droit à l'image, le respect de la dignité de la personne et plus récemment le droit à l'oubli. Le Conseil constitutionnel a reconnu dans sa décision du 10 juin 2009 que la protection constitutionnelle de la liberté de

49. Le rapport de l'Insee « Dossier Guadeloupe » en date du 7 juin 2016 indique que le taux de chômage concerne principalement ce public et parmi eux les peu diplômés. Les difficultés sont liées entre autres à une mobilité qui est moindre, une surreprésentation de microentreprises freinant le développement de l'alternance et moins de possibilités de stage. Ce rapport précise également que 28 % des jeunes guadeloupéens ne sont ni en emploi ni en formation : *https://www.insee.fr*.

50. C'est le cas de suicide de jeunes à la suite d'actes malveillants à leur adresse.

communication et d'expression s'applique à Internet, compte tenu du rôle croissant que joue ce média dans l'accès du citoyen à l'information. Nous sommes dans l'ère des nouvelles technologies qui malgré son lot de progrès est en train d'affecter les relations sociales. Ce marché numérique d'envergure conduit malencontreusement à un phénomène de déshumanisation des relations sociales qui n'est plus un horizon. Ce sont donc autant de changements qui ébranlent la cohésion sociale.

Pour autant, confrontée à ces dérapages de violence en Guadeloupe, la société réagit à son tour en complément de l'action des collectivités territoriales.

B. Devoir collectif et responsabilité

Il y a une tendance à oublier que le corollaire du droit est le devoir. Cette obligation morale, sociale, légale se traduit sous la forme de tâches à accomplir, de responsabilités, de charges ; ainsi jouir de ses droits en tant que citoyen, c'est aussi remplir son/ses devoirs de citoyen. Quelle que soit la société, la notion de devoirs se fonde sur les valeurs qu'elle défend. Les comportements des individus seront orientés pour l'essentiel par ces valeurs.

Au-delà des singularités, dans la société française et donc aussi dans les sociétés ultramarines, l'appréhension de la réalité de la citoyenneté est réduite à une vision monoculaire qui dérive la société vers toujours plus de demande de droits. C'est oublier que les droits reposent nécessairement sur le respect des obligations de chacun, lesquelles faut-il le rappeler constituent une fonction sociale, celle de l'harmonie, du vivre ensemble, de la cohésion sociale. La cohésion sociale est le pendant du lien social, des relations sociales réciproques et il importe de revenir aux caractéristiques de la collectivité, laquelle est avant tout un corps social responsable composé de membres également garants de son bon fonctionnement en vue de satisfaire leur épanouissement personnel. En conséquence, il convient de parler de responsabilité sociétale. La symbolique de la citoyenneté est certainement prégnante si on oppose par exemple les inégalités concrètes de statut social et autres, mais faire société n'est-ce pas avoir au préalable une vision de la société ?

Dans notre société où la problématique de la délinquance/violence est posée avec force particulièrement dans ce contexte de mutations sociales, il faut néanmoins souligner la forte implication qui n'est pas nouvelle[51] d'acteurs sociaux sur le

---

51. On ne manquera pas d'évoquer le rôle de l'association Saint-Jean Bosco dans les années 1950 dans l'éducation des enfants que l'institution scolaire de la Guadeloupe ne prenait pas en charge. Créé en 1947, ce centre a engendré une école primaire, un centre de formation professionnelle d'apprentis et d'artisans et une école technique. Après avoir fermé en 1997 pour des difficultés de gestion, l'association a rouvert ses portes en 2015. Elle propose des actions de remobilisation vers l'emploi pour des jeunes de 16 à 25 ans ainsi qu'un atelier chantier d'insertion dont l'objectif est de réhabiliter ces terres agricoles en un site pilote dédié à la fois à l'insertion socioprofessionnelle en système de production agroécologique et à l'animation socio-économique autour des produits agricoles à fort potentiel nutritionnel.

territoire. La continuité des actions associatives et les mobilisations ponctuelles citoyennes sont la preuve qu'une prise de conscience sociale est réelle. Elles sont portées par les valeurs de solidarité qui caractérisent cette société[52]. On peut donc parler de devoirs de solidarité sociale qui incombent aux uns et aux autres de participer au fonctionnement de la société dans la perspective du maintien de la cohésion sociale, d'un mieux vivre ensemble.

En Guadeloupe, le secteur associatif est le principal partenaire[53] pour la mise en place d'un parcours citoyen des jeunes et donc de leur insertion sociale et professionnelle[54]. Il est d'ailleurs l'un des acteurs majeurs de l'ESS[55] constitué entre autres de coopératives, de mutuelles, de fondations, et depuis la loi du 31 juillet 2014, de sociétés commerciales. Dans l'ESS, les structures de l'insertion par l'activité économique (IAE) sont des acteurs qui mettent l'insertion des personnes éloignées de l'emploi au cœur de leur fonctionnement.

***
*

En définitive, la modernisation de l'État, amorcée depuis le début des années 2000, est en train d'accélérer la régionalisation des territoires tout en invitant à davantage de responsabilisation. La régionalisation décline les lignes de partage, les complémentarités entre l'État et la région. L'emploi, le développement économique sont des leviers pour lutter contre la violence/délinquance chez les jeunes et impulser une

52. Des pratiques solidaires de troc et d'entraide sont bien ancrées dans la culture guadeloupéenne. Elles se sont développées particulièrement à la fin du XIXe siècle à la faveur d'un contexte économique et social où la protection sociale relevait strictement de la solidarité familiale et de voisinage.

53. De grandes associations départementales adhérentes de réseaux nationaux proposent des actions diverses en faveur des jeunes à l'instar de la Fédération des œuvres laïques de Guadeloupe (FOLG), des Francas (mouvement d'éducation populaire créé en 1958 en Guadeloupe et qui développe une action ancrée dans des valeurs et en prise avec l'évolution de la société. Son slogan est de rendre « l'homme et le citoyen le plus libre et le plus responsable possible dans la société la plus démocratique possible ». Cette association s'attache à favoriser dès l'enfance le développement de la personne tant dans sa dimension individuelle que dans sa dimension sociale et cherche à développer les potentialités dont la personne est porteuse) et des scouts et guides de la Guadeloupe.

54. L'association leur permet d'être acteurs dans la société, de tisser des liens, d'acquérir des compétences et de l'autonomie, entre autres. En Guadeloupe, il a été dénombré sept mille associations actives et autour de vingt-cinq mille bénévoles. Les jeunes y sont très nombreux particulièrement dans les associations culturelles, notamment celles du carnaval et les associations sportives. Les associations sportives, au-delà de la seule pratique sportive, sont des centres d'apprentissages, de savoir-être et de savoir-faire, qui contribuent à former les citoyens de demain.

55. Extrait du « Panorama de l'économie sociale et solidaire dans les îles de Guadeloupe », Chambre régionale de l'économie sociale et solidaire des Îles de Guadeloupe, édition 2018 : *www. cncres. fr*. La part de ce secteur de 88,2 % en emplois est plus élevée qu'en France hexagonale où il représente 77,7 % des emplois.

nouvelle dynamique avec l'État. Mais, il n'est pas question que l'État se dessaisisse de sa fonction de cohésion sociale, car il reste un cadre privilégié de formation des identités collectives et un garant de l'intégration sociale.

SYNTHÈSE DU COLLOQUE

par

Pierre-Yves CHICOT

Maître de conférences HDR de droit public
CREDDI, Université des Antilles
Avocat au barreau de la Guadeloupe

Teddy Bernadotte, Chargé d'enseignement, Université des Antilles, Directeur territorial, Directeur du cabinet du Président de la Région Guadeloupe

Trois grandes idées marquantes :

– *utilité de la collaboration entre les administrations locales et les universitaires pour envisager, sur la base de l'efficacité les politiques publiques*. Le travail réalisé sur la biodiversité est un exemple encourageant pour ce qui concerne la voie qui est en train d'être tracée ;
– une collaboration qui permet d'accomplir de grandes choses en ne pensant pas au « je », mais au « nous » ;
– l'invocation de régions stratèges convoque la nécessité de mettre en place une démarche de *lyannaj*.

Pierre-Yves Chicot, Maître de conférences HDR de droit public, CREDDI, Université des Antilles, Avocat au barreau de la Guadeloupe

Deux triptyques :

– libertés locales, principe de subsidiarité, responsabilités locales ;
– stratégies, performance, compétitivité.

Discussion : La tentation simplificatrice qui est l'inverse de la démarche scientifique.

I. Une nouvelle régionalisation à la française ?

A. La loi n° 2015-29 du 16 janvier 2015 relative à la délimitation des régions, aux élections régionales et départementales et modifiant le calendrier électoral : quelle lecture immédiate et prospective ?

Bertrand Faure, Professeur agrégé de droit public, Université de Nantes

Intérêt double de la création des grandes régions :

- intérêt stratégique : régions plus vastes pour exercer des compétences stratégiques. Préparer la concurrence avec les autres régions européennes (une dimension économique incontournable) ;
- intérêt budgétaire : la nécessité de redresser les comptes publics.

Une logique de performance des territoires.

Question : Suffit-il d'augmenter la taille pour parvenir à des réductions budgétaires ?

Cette réforme du 16 janvier 2015 repousse à plus tard l'exercice des compétences régionales. Il existe un trompe-l'œil dans cette réforme, car les régions françaises ne sont pas comparables aux autres régions européennes. Le contexte administratif n'a pas été modifié. Aucun réformateur n'a pris le risque de démanteler le département : pas de solution au dilemme de la coexistence régions/départements. On trouve dans cette réforme, les éléments d'une « dé-régionalisation de la France » (« un orage administratif et politique »).

Aujourd'hui comme hier les régions sont au service de problèmes à résoudre :

- la délimitation des régions qui n'est pas démocratique : l'acceptation de leur délimitation. L'ordre territorial est imposé. Certaines régions sont même des fictions juridiques. Le découpage des régions est demeuré dans une science de l'aménagement du territoire. L'approbation locale n'a pas été recherchée ;
- le mode de scrutin : les régions n'ont pas la légitimité démocratique attendue. Ce mode de scrutin permet de dire que la région est représentative au travers des départements. Le département joue le rôle de l'instrument technique de division (récuser des Parlements « aux petits pieds ») ;
- la définition du pouvoir régional en 2015 : les réformes successives n'ont pas fait oublier les circonscriptions d'action régionale. L'État finance les régions dans le cadre des contrats de projets dans des domaines qui sont traditionnellement de la responsabilité de l'État. *La région perd sa compétence générale.*

L'accumulation des réformes ne produit pas des résultats nouveaux. L'unité administrative et politique de la France est toujours à l'œuvre.

B. La loi NOTRe : la transformation territoriale en question au sein de la République française ?

Jean-François Brisson, Professeur agrégé de droit public, Université de Bordeaux-IV

Remarque préalable : C'est un sujet embarrassant, car la loi NOTRe peut être considérée comme une énième étape de la réforme territoriale. La question territoriale reste entière : avant ou après la loi NOTRe.

Question : Que retirer de la loi NOTRe en termes d'architecture territoriale ?

Réponse : La loi du 7 août 2015 est un avatar d'un texte qui était bien plus ambitieux. Le projet de transformation territoriale reste à l'état d'ébauche. Le dessein du législateur est certainement intelligent, mais pas toujours intelligible.

Sept remarques dont trois illustrent l'inertie du cadre territorial et quatre sont porteuses de transformations.

- trois remarques sur l'inertie :
  - la transformation territoriale n'a pas eu lieu (ex. : élection des intercommunalités au Sud ; la suppression du département),
  - le mille-feuille territorial est toujours là avec sa cohorte d'inconvénients (exemple : financements croisés). Il est même possible de parler du crumble territorial (ex. : écrasement des échelons territoriaux),
  - le maintien d'une décentralisation à géométrie variable. Les compétences s'exercent en fonction des territoires et des choix faits à l'intérieur des territoires. La réforme des niveaux intermédiaires a été manquée (G. Marcou) ;
- quatre remarques porteuses de transformation :
  - la loi NOTRe est le premier texte anti-départementaliste et marque une rupture avec notre conception territoriale classique. Le département a perdu des compétences lourdes (ex. : économie ; clause générale de compétences),
  - l'épuisement du modèle intercommunal est révélé par la loi NOTRe. Notre système est en train d'admettre la nécessité de l'institution intercommunale si on s'en tient à l'exemple de la métropole de Lyon,
  - la loi NOTRe marque la fin du processus de décentralisation qui a été engagé depuis 1982 si on se réfère à la question du transfert des compétences locales,
  - la fin d'une certaine représentation de la décentralisation à la française : les départements et les régions sont considérés comme des supports de politique publique (les collectivités territoriales sont des composantes de l'appareil public).

C. La loi NOTRe une réforme régionale politique majeure ?

Romain Pasquier, Directeur de Recherche au CNRS – ARENES/UMR 6051 – Chaire « Territoires et mutations de l'action publique (TMAP) », Sciences Po Rennes

Le législateur a mené une réforme particulièrement chaotique. Rien ne s'est passé comme c'était prévu ! Au départ de la réforme, Marylise Lebranchu avait un projet ficelé. Au fur et à mesure des difficultés du quinquennat, le projet a été saucissonné.

1. La question scientifique : comment faire une sociologie politique de cette réforme régionale ?

Une grille de lecture articulée autour de trois enjeux :

- l'enjeu d'efficacité : l'optimisation des échelles d'action publique ;
- l'enjeu démocratique : c'est un élément clé de la réflexion de la réforme régionale ;
- l'enjeu identitaire : la reconnaissance de valoriser des projets de territoire (droit à la différenciation).

Trois temps de la réforme à analyser :

- qui a porté la réforme ? L'essentiel du déclenchement est la défaite électorale suite aux municipales de 2014. La maîtrise de mise en œuvre est toute relative. L'européanisation est un élément à prendre en compte pour comprendre la réforme. Le pacte de responsabilité est une réponse positive à la Commission européenne pour montrer que la France respecte le pacte de stabilité de 1997. Le pari lancé est celui de refaire la carte régionale. C'est donc du recyclage de vieux outils. La deuxième passion est *« big is beautiful »* ;
- quelles sont les coalitions en œuvre ? Les coalitions auxquelles on assiste relèvent d'un classicisme historique. Taille critique, rationalité budgétaire sont les arguments en faveur des grandes régions. L'ARF défend une position plutôt fédéraliste. La coalition départementaliste a perdu la bataille des idées, mais gagne la bataille institutionnelle. L'hypercentralisation de la décision n'a pas vécu quand on parle de la réforme régionale d'aujourd'hui ;
- quelles sont les conséquences de cette réforme chaotique ? Une nouvelle hiérarchie régionale est en train de se mettre en place. La perte d'identification est réelle. La simplification n'est pas effective. On assiste à une diversité croissante des espaces régionaux. La différenciation semble être la règle aujourd'hui.

2. Quels scenarii d'avenir ?

- le scénario n° 1 : une décentralisation à la française qui subsiste bon an, mal an ;
- le scénario n° 2 : un accroissement de la compétition entre les métropoles et les régions ;
- le scénario n° 3 : La différenciation territoriale pouvant déboucher sur un fédéralisme à la française.

D. Le pouvoir normatif régional : l'affirmation progressive de la région comme un pouvoir normatif?

Florence Crouzatier-Durand, Maître de conférences HDR de droit public, Université de Toulouse 1 Capitole, membre du Conseil scientifique du GRALE (GIS)

La question du pouvoir normatif local semblait être résolue par la loi constitutionnelle du 28 mars 2003.

Il avait été projeté d'accorder un pouvoir normatif aux régions. Mais le résultat est bien faible.

Des obstacles politiques et juridiques expliquent le refus d'un pouvoir normatif aux collectivités locales : l'atteinte potentielle au modèle républicain et l'application du principe d'indivisibilité de la République.

Pour autant, le législateur n'est pas insensible à un processus d'adaptation.

1. Pourquoi et comment le refus du pouvoir normatif local ?

La République est une et indivisible. Le pouvoir normatif local qui existe ne peut être que subordonné. Et pourtant la République est décentralisée. La Constitution n'a pas reconnu un pouvoir réglementaire en dehors de la loi. C'est un pouvoir réglementaire résiduel limité à l'exercice des compétences. Le droit français reconnaît un pouvoir normatif local dans les COM (lois du pays; habilitations législatives et réglementaires). Ce pouvoir n'est pas pour autant autonome.

2. La territorialisation du droit

Les réformes récentes, notamment la loi NOTRe favorise l'émergence d'une territorialisation du droit. Le droit pourrait traiter une région en raison d'une situation particulière. Le droit de formuler des modifications de dispositions législatives. Ce sont des propositions transmises aux autorités centrales. Ce pouvoir de proposition peut être qualifié de timide avancée. Mais, dans le même temps, la proposition est assimilable à une adaptation qui fera l'objet d'un contrôle plus rigoureux.

Discussion

La dimension politique de la loi NOTRe? On a oublié que la décentralisation est d'abord une affaire de démocratie locale.

La loi NOTRe est plutôt le fruit d'un consensus politicien. Cette loi relève moins de la *policy*.

Y a-t-il impertinence à chercher une taille critique?

Y a-t-il un fait intercommunal en France?

La nouvelle contractualisation n'invente-t-elle pas une nouvelle stratégie territoriale?

II. La planification territoriale : l'articulation entre l'action régionale et l'action intercommunale : l'émergence d'un nouveau couple région/ intercommunalités

Présidence : Marie-Christine Steckel-Assouère, Maître de conférences HDR de droit public, Université de Limoges, Vice-Présidente du Conseil scientifique du GRALE (GIS)

A. La nouvelle planification régionale : quels enseignements à tirer dans l'élaboration des principaux schémas directeurs ?

Dominique Blanchet, Maître de conférences HDR de droit public, Université des Antilles

La région gagne des compétences en matière de planification. Il faut se référer aux articles 3 et 8 de la loi NOTRe. Dans le prolongement de la loi MAPTAM, la loi NOTRe a créé le SRADET. On observe que les ROM, la Corse et la région Île-de-France sont exclues et possèdent un régime juridique différent pour l'aménagement du territoire régional.

Les SAR sont sous contrôle étroit de l'État. Le SRADET est élaboré par la région, mais approuvé par le préfet. Le préfet doit simplement s'assurer des normes supérieures. Il n'y a pas de pouvoir préfectoral discrétionnaire étendu, ce qui n'est pas le cas pour le SAR. Le SAR est approuvé par décret en CE.

On aurait pu utiliser la loi NOTRe pour renforcer la compétence des régions d'outre-mer ainsi que des collectivités territoriales de Guyane et de Martinique en matière d'aménagement.

Si on veut faire de la région une région stratège en matière d'aménagement, il faut dépoussiérer le régime juridique du SAR.

B. La planification territoriale au prisme de l'action internationale locale : au croisement de la vision État-pouvoirs locaux

Nicolas Kada, Professeur agrégé de droit public, Université de Grenoble Alpes, codirecteur du GRALE (GIS)

Une vision étatique pouvant être restreinte, voire restrictive en raison de la méfiance que pourraient avoir les collectivités territoriales à contracter avec l'environnement étranger.

Il n'y a pas de fondement constitutionnel à l'action internationale des collectivités territoriales.

Le droit de l'action internationale est le fruit d'une accumulation de textes législatifs entre 1992 et 2016 (loi du 5 déc. 2016 dite « Letchimy »).

Faut-il envisager l'action internationale des collectivités internationales comme une compétence à part entière ? Il est possible de l'imaginer en lien avec la suppression de la clause générale de compétences. La planification territoriale contre la souveraineté étatique ?

Une vision positive :

- une contribution à la différenciation territoriale : les collectivités se différencient les unes des autres ;
- une mise en œuvre stratégique d'un projet de développement territorial : l'association à une collectivité étrangère ;
- une paradiplomatie territoriale, notamment en outre-mer.

Une vision critique :

- une nouvelle forme de clientélisme ? (la formation de liens d'amitié personnelle).
- une simple opération de marketing territorial ? (la pratique est admise) ;
- une « standardisation de l'action publique territoriale » (R. Pasquier, 2012) ? (un mimétisme généralisé) ;
- une dilution de la lisibilité de l'action publique ?

C. Les risques de contentieux dans la contractualisation de l'action publique locale

Damien Simon, Docteur en droit public, Avocat au barreau de Bordeaux, Président de l'Institut de Droit Public, Membre de l'AFAC

La contractualisation aboutit à un droit fragmentaire.

La dimension polysémique de la contractualisation :

- contrat ayant pour objet une prestation ;
- contrat ayant pour objet de programmation (CPER) ;
- contrat permettant l'exercice optimum des compétences.

Les risques de contentieux naîtront de la complexité des dispositifs. Les contentieux peuvent aussi naître de l'idée que l'égalité est une manifestation de l'uniformité, une décentralisation à la carte, une répartition des compétences imparfaites.

III. Les politiques macro et microéconomiques régionales

Présidence : Florence Crouzatier-Durand, Maître de conférences HDR de droit public, Université de Toulouse 1 Capitole, membre du Conseil scientifique du GRALE (GIS)

A. Les politiques régionales de l'emploi à la lumière de la loi NOTRe

Patrice Borda, Maître de conférences en économie, CREDDI, Université des Antilles

Les politiques de l'emploi sont territorialisées. Les taux de chômage sont élevés dans les régions d'outre-mer.

Le chômage en Guadeloupe présente un certain nombre de spécificités structurelles : chômage des jeunes, retrait des plus âgés, un chômage de longue durée significatif. Pour ce qui concerne la demande d'emplois, les emplois de service connaissent un succès indéniable.

On observe, de manière générale, les caractéristiques du marché régional : persistance du chômage régional, faible mobilité professionnelle, le piège des mauvais emplois.

Objectifs : réduire le chômage de masse, créer une culture régionale de lutte contre le chômage de masse.

La Guadeloupe a surmonté bien des difficultés, elle est capable de dévouer la même persévérance dans la lutte contre le chômage.

Jean-Paul Audebert, Directeur régional adjoint du Pôle Emploi de la Guadeloupe

La loi NOTRe sur la base du postulat de la taille critique confère des pouvoirs à la région pour avoir des politiques de l'emploi plus adaptées à la réalité du territoire.

Invitation à une loi NOTRe « bis – ROM » qui permettrait d'adopter des mesures adaptées à la réalité du marché.

La prise en compte de l'environnement naturel est un facteur déterminant de l'édification d'une économie régionale en capacité de créer des emplois.

L'université des Antilles a une part importante à prendre dans le cadre de l'élaboration des schémas stratégiques de développement.

B. La programmation stratégique du développement territorial : le cas de la région Guadeloupe

Sylvie Varde, Directrice des interventions économiques, Région Guadeloupe

Trois schémas régionaux stratégiques : le développement économique ; formation professionnelle ; enseignement supérieur.

La méthode : Élaboration concomitante des schémas – concertation élargie – une écoconstruction. La recherche de la cohérence des schémas entre eux s'est révélée être une nécessité.

Le SRDEII est un document prescriptif (régime d'aides aux entreprises et l'octroi des aides) :

- Axe 1 : Favoriser la création, le développement et la croissance des entreprises ;
- Axe 2 : Renforcer et diffuser l'innovation et l'usage numérique au sein des entreprises ;
- Axe 3 : Valoriser les savoir-faire des entreprises et favoriser leur internationalisation ;
- Axe 4 : L'agriculture compétitive ;
- Axe 5 : L'économie bleue développée ;
- Axe 6 : Faire de l'ESS un levier de croissance ;
- Axe 7 : Faire du tourisme un vecteur de valeur ajoutée.

Le SRERI (schéma régional de l'enseignement supérieur, de la recherche et de l'innovation) :

- Axe 1 : Adéquation entre l'offre d'enseignement et les besoins socio-économiques ;
- Axe 2 : Favoriser le succès des étudiants ;
- Axe 3 : Attractivité et visibilité de l'enseignement supérieur ;
- Axe 4 : Le dialogue entre la sphère académique et le monde socio-économique.

Le contrat de plan régional de développement des formations et de l'orientation professionnelles :

– Axe 1 : Adéquation entre offre et demande de formation professionnelle ;
– Axe 2 : Qualification professionnelle ;
– Axe 3 : Le retour à l'emploi.

C. Les politiques culturelles créatives catalyseurs de croissance

Alain Maurin, Professeur d'économie, Directeur du CREDDI, Université des Antilles

– Première remarque. Il existe un consensus international et national pour accepter que le secteur des industries culturelles et créatives constitue une priorité.
– Deuxième remarque. On est en présence d'un « désordre institutionnel ».
– Troisième remarque. Il convient de privilégier l'approche de la croissance endogène à l'instar de ce qui a été fait ailleurs.

1. Pourquoi mobiliser le secteur des ICC ?

– C'est un secteur très vaste.
– L'archipel Guadeloupe peut mobiliser ces intelligences pour mettre en place des socles qui permettent la création de richesses (histoire, culture, musée, etc.).

2. Quelles politiques culturelles pour catalyser la croissance inclusive ?

– le MACT ;
– la reconnaissance du Gwo-Ka comme patrimoine immatériel de l'humanité ;
– le site de Duval en attente de valorisation ;
– la création de villes intelligentes (l'exemple de l'île Maurice).

La déclinaison au niveau local du conseil d'analyse économique (Conseil d'analyse régional ou Guadeloupe Stratégie).

Discussion : La modélisation comme préalable au succès des politiques de l'emploi en lieu et place de l'adaptation permanente.

IV. Les politiques économiques et financières

Présidence : Nicolas Kada, Professeur agrégé de droit public, Université de Grenoble Alpes, codirecteur du GRALE (GIS)

A. Les nouvelles stratégies financières des régions

Marie-Christine Steckel-Assouère, Maître de conférences HDR de droit public, Université de Limoges, Vice-Présidente du Conseil scientifique du GRALE (GIS)

Le contexte : le redressement des finances publiques. Trois défis à relever :

– exercer des compétences structurantes : assurer cette valorisation fonctionnelle ;
– l'augmentation des budgets régionaux de l'ordre de 5,6 % depuis les premières lois de décentralisation ;
– la dégradation des ressources.

La contestation des récurrentes baisses des dotations étatiques. La DGF a été supprimée. Dès 2018, elles vont bénéficier d'une partie de la TVA qui est très coûteuse.

Au sein du Congrès des Régions de France, il existe une commission outre-mer, il a été proposé :

- dans l'échange DGF contre une fraction de la TVA, la DGD est proposée ;
- la rénovation de l'octroi de mer ;
- l'offre de retours fiscaux en matière de politique touristique.

Il y a une nécessité, pour toutes les régions de rationaliser les dépenses :

- en réduisant les dépenses de fonctionnement ;
- en réorganisant les investissements en tenant compte d'une série de priorités.

Quid de la stratégie de l'État pour les régions et pour son territoire ? Si l'État désigne la région comme des moteurs de la croissance, il conviendrait de les doter de moyens financiers.

B. La participation des régions au capital des entreprises privées

René Santenac, Docteur en sciences de gestion, Maître de conférences associé en sciences de gestion, CREDDI, Université des Antilles, Cadre bancaire

- En termes de méthode, l'intervenant a écarté l'approche économétrique ;
- l'économie et la finance des entreprises ne sont pas financées par des fous. Il y a une logique claire ;
- les régions ont besoin d'aller plus loin dans le domaine des investissements ;
- la région stratège implique une recherche de l'action publique efficace et rentable !

1. L'esprit de la loi NOTRe

Le principe de la loi NOTRe démontre que chaque territoire doit impulser une ingénierie qui lui est propre : c'est un changement de paradigme. C'est une nouvelle façon d'aborder la régionalisation (une région capitalistique).

2. La prise de participation

La Guadeloupe possède des atouts (biodiversité) pour embrasser cette stratégie capitalistique qui consiste à participer au capital des entreprises privées.

La puissance publique dans ce cadre redonne confiance aux acteurs privés par le biais de l'actionnariat minoritaire pour fluidifier l'économie territoriale.

La région Guadeloupe devient un investisseur avisé et non plus comme un pompier, mais comme un catalyseur de projets.

3. La théorie de la régionalisation développée par les économistes

Utiliser l'espace et optimiser l'espace. L'accumulation d'une grande quantité de clients et de fournisseurs. Le territoire n'est pas approché à partir de ses spécificités.

Il est question d'économie de proximité. C'est la capacité pour l'acteur économique de prendre une part capitaliste dans la manière d'envisager son développement territorial.

C. La gestion des fonds européens 2014-2020 : une nouvelle compétence de la région

Jean-Louis Boucard, Directeur général des services de la Région Guadeloupe

De la centralisation des fonds, on passe au transfert de la gestion des fonds européens aux régions (loi MAPTAM du 27 janvier 2014).

La région Guadeloupe a acquis une expérience avant la loi en devenant très tôt autorité de gestion pour le programme INTERREG.

Une conséquence très importante : la responsabilité pécuniaire de l'autorité de gestion.

Les différents programmes gérés sont le FEDER ; le FSE ; le FEADER ; le FEAMP (une subvention globale gérée par la région) ; la coopération territoriale européenne.

Les grands enjeux sont articulés autour de la croissance intelligente et inclusive, mais il convient également de mentionner l'allocation de compensation des surcoûts (remise aux normes d'infrastructures).

Tous ces programmes européens sont liés à la programmation stratégique de la région déclinée sous forme de schémas présentés précédemment.

Discussions

V. Les politiques régionales sectorielles

Présidence : Alain Maurin, Professeur d'économie, Directeur du CREDDI, Université des Antilles

A. Les politiques sociales et les politiques de santé publique

Martine Long, Maître de conférences HDR de droit public, Centre Jean Bodin, Université d'Angers, Membre du Conseil scientifique du GRALE (GIS)

1. Le social est un marqueur identitaire fort dans les COM

Quel jeu s'est joué entre l'État central et les collectivités ultramarines ? Il y a eu dans un premier temps une réticence d'appliquer de manière uniforme les mesures sociales. Il faudra attendre 1986 pour envisager l'égalité sociale (sécurité sociale et prestations sociales).

L'approche constitutionnelle nous révèle qu'au travers de l'article 74 la continuité de l'égalité sociale peut être rompue. Pour ce qui concerne les collectivités de l'article 73, il y a cette volonté d'un attachement à l'uniformité.

On observe que les premières observations formulées pour ce qui concerne les collectivités uniques, la priorité affichée est le développement économique alors que la départementalisation à Mayotte met avant les politiques sociales.

Les communes continuent à intervenir dans le champ social même s'il y a une montée en puissance de la politique sociale des intercommunalités.

Quelle est la logique d'évolution vers une collectivité unique? Quels sont les enjeux? L'emploi public comme facteur de cohésion sociale; la gestion des ressources humaines; la transversalité des politiques publiques.

Katia Vespasien, Directrice générale adjointe, Conseil départemental de la Guadeloupe

Comment envisager dans une vision prospective la nouvelle départementalisation-régionalisation en Guadeloupe?

2. Le panorama

Les interventions départementales en 2016 : 787726606, 15 dont 272 millions réservés au RSA dont 70 millions de fonds propres pour financer.

Sur 91 millions de pertes d'autonomie (APA et EPHAD) : 1/3 de fonds propres et 2/3 de compensations étatiques;

24 millions pour le SDIS.

3. Approche stratégique

Il faut avoir des diagnostics partagés et avoir des programmations définies.

Tout professionnel de l'action sociale et tous porteurs de projets doivent disposer de statistiques fines pour envisager ses démarches. Or, il n'existe pas de statistiques. *Il conviendrait que ce travail soit confié à l'université!*

Il faut que l'on s'interroge sur la pertinence de nos observations. Le partenariat et la contractualisation pluriannuelle méritent d'être réinterrogés.

B. Une région au cœur des politiques de transition écologique

Paméla Obertan, Docteure en sciences politiques et Docteure en droit, Maître de conférences en sciences politiques, CREDDI, Université des Antilles

L'ère anthropocène est marquée par des effets mortifères du fait de l'homme. Celui-ci est capable de changer le climat du fait de ses actions.

Les conséquences graves du changement climatique :
- montée des océans;
- événements climatiques violents;
- la sécheresse (réduction de la disponibilité en eau).

La Guadeloupe est une des sociétés les plus à risque (espace insulaire; forte dépendance extérieure). Sur le plan social (chômage, population fragile, fuite des jeunes).

La transition écologique c'est la volonté d'apporter des réponses. C'est un nouveau paradigme. Il s'agit d'envisager un nouveau modèle économique et social.

La transition écologique implique un changement de paradigme dans l'action publique, *d'où la référence à la résilience.*

La transition écologique favorise le retour du local. Le législateur accompagne ce processus en transférant des compétences à l'échelon local.

Une approche bottom up doit être privilégiée : partir du bas. Les citoyens doivent être davantage associés et il est nécessaire de réinventer la manière de faire de la politique.

La Guadeloupe a une formidable capacité productive en considérant la biodiversité *(l'exemple extrêmement édifiant de phytobokaz et de Jardinklin).*

Discussion

- *Politique publique écologique : Proposition d'un observatoire prospectif de la transition écologique qui transcende le mandat éphémère des élus ;*
- *Vieillissement de la population* : l'accueil familial doit être une offre complémentaire à l'accueil des personnes âgées en établissement.

C. Les politiques touristiques

Joël Raboteur, Docteur en sciences de gestion, Maître de conférences en sciences de gestion, CREDDI, Université des Antilles

1. Une analyse historique des politiques touristiques

L'intérêt touristique en Guadeloupe a commencé au XVIIIe siècle au travers de la découverte de la montagne.

C'est donc le tourisme de santé qui inaugure ce qui pourrait être considéré comme une politique touristique en Guadeloupe. 1946, Rémy Nainsouta, sur la base de la coopération Caraïbe dessine une ébauche de l'économie touristique.

Par la suite, c'est la création de structures hôtelières, de l'émergence de la Riviera au fur et à mesure que les plans se succèdent (3 000 chambres d'hôtel).

2. La crise de l'économie touristique

Entre 2000 et 2006, des structures hôtelières disparaissent, la quasi-disparition du tourisme de plaisance, la baisse des nombres de nuitées.

3. La vision prospective

La loi NOTRe a confié la compétence touristique aux EPCI. Pourquoi ne pas focaliser chaque EPCI sur un segment : Pointe-à-Pitre (tourisme mémoriel) ; (Le Moule : tourisme thermal) ; (Gourbeyre : thermalisme) ; (Anse-Bertrand : tourisme équestre) ; (Marie-Galante : handi-tourisme ; tourisme sportif ; tourisme événementiel).

D. La régionalisation à l'ère numérique

Henri Oberdoff, Professeur agrégé émérite, Université de Grenoble Alpes

Le numérique fait partie de l'expérimentation régionale. L'avènement du numérique change bien des choses dans le rapport des administrations aux citoyens.

Le rapport du Conseil d'État : la puissance publique et les plateformes numériques. Il est conseillé de numériser l'appareil administratif.

Certaines régions se convertissent à la formule de « smart-région » (exemple : PACA).

E-administration ; administration sans papier, etc. sont autant de voies empruntées par les collectivités régionales.

On assiste à un renouveau de la décentralisation grâce au numérique, mais aussi une forme de renouvellement de la démocratie.

II est possible d'assister aux séances publiques des conseils régionaux sans se déplacer. L'accès aux démarches administratives est facilité. La dématérialisation de l'achat public, le téléservice sont autant de nouvelles pratiques qui se multiplient dans l'espace public.

La démocratie régionale est valorisée par le numérique : la mise à disposition des données numériques est un mode de légitimation de l'action publique. Les citoyens peuvent se réapproprier l'action publique grâce au numérique.

Les budgets participatifs, la consultation des citoyens sont des modalités qui sont développées.

La transformation de la puissance publique : la puissance publique doit démontrer sa puissance par sa capacité à maîtriser le développement numérique.

José Gaydu, Directeur général adjoint des services de la Région Guadeloupe, Enseignant-Chercheur à l'université Paris-I - Panthéon-Sorbonne, Chercheur à l'IMODEV

1. Le déploiement de services en ligne et construction d'une administration en ligne

Le numérique constitue un enjeu de développement économique. La prise de conscience gouvernementale (Valérie Pécresse) a induit une série de conséquences, singulièrement la numérisation de la société française (une mobilisation financière équivalant à 4 milliards d'euros).

2. Optimiser la gestion dans le secteur public à l'aide des outils électroniques et NTIC

L'enjeu de couvrir la Guadeloupe en très haut débit reste intact. La mission ECOTER est une association de loi 1901 qui met en lien les collectivités territoriales et le monde de l'entreprise.

De nombreux exemples ont été présentés permettant de montrer à quel point des collectivités de l'Hexagone organisent leur service public (suivi de subvention; restauration scolaire – région Guadeloupe : direction du désenclavement numérique; direction de la gestion électronique du document).

E. Les politiques sportives : une compétence émergente des régions françaises

Eddie Couriol, Directeur du CREPS de la Guadeloupe

La politique publique sportive est prise en compte par la loi NOTRe. Les CREPS deviennent un outil de cohésion sociale, mais aussi d'offres d'opportunité en matière de formation professionnelle.

Le rôle du CREPS de Pointe-à-Pitre ? Il faudra définir des complémentarités entre l'État et le local pour *co-construire des politiques* publiques de sport.

Harry Méphon, Directeur affaires « culture-sport », Région Guadeloupe

De manière générale, on observe que les politiques publiques sportives locales précèdent la création de la région.

C'est en 1936, avec le gouverneur Félix Éboué qu'on voit émerger un discours sur la politique publique sportive.

Il faut souligner le rôle de faiseur de lien social des premiers clubs sportifs (Le Racing; la Gauloise, à Basse-Terre).

Dans le cadre de la décentralisation, la compétence sportive n'est pas reconnue. Pour autant, le dynamisme des élus locaux n'est pas freiné par l'État.

La logique est celle d'une compétence partagée. Elle pose problème parce qu'elle n'implique pas la concertation.

L'enjeu du sport de haut niveau. La Guadeloupe possède un *background* sérieux en la matière.

La loi NOTRe reste insuffisante sur ce qu'il serait possible d'envisager.

TABLE DES MATIÈRES

Partie II

LA TRANSFORMATION TERRITORIALE : QUEL EXERCICE DES COMPÉTENCES MAJEURES ?

Partie III

LA TRANSFORMATION TERRITORIALE : L'APPROCHE TERRITORIALISÉE DU DÉVELOPPEMENT

Structures éditoriales du groupe L'Harmattan

L'Harmattan Italie
Via degli Artisti, 15
10124 Torino
harmattan.italia@gmail.com

L'Harmattan Hongrie
Kossuth l. u. 14-16.
1053 Budapest
harmattan@harmattan.hu

L'Harmattan Sénégal
10 VDN en face Mermoz
BP 45034 Dakar-Fann
senharmattan@gmail.com

L'Harmattan Cameroun
TSINGA/FECAFOOT
BP 11486 Yaoundé
inkoukam@gmail.com

L'Harmattan Burkina Faso
Achille Somé – tengnule@hotmail.fr

L'Harmattan Guinée
Almamya, rue KA 028 OKB Agency
BP 3470 Conakry
harmattanguinee@yahoo.fr

L'Harmattan RDC
185, avenue Nyangwe
Commune de Lingwala – Kinshasa
matangilamusadila@yahoo.fr

L'Harmattan Congo
67, boulevard Denis-Sassou-N'Guesso
BP 2874 Brazzaville
harmattan.congo@yahoo.fr

L'Harmattan Mali
ACI 2000 - Immeuble Mgr Jean Marie Cisse
Bureau 10
BP 145 Bamako-Mali
mali@harmattan.fr

L'Harmattan Togo
Djidjole – Lomé
Maison Amela
face EPP BATOME
ddamela@aol.com

L'Harmattan Côte d'Ivoire
Résidence Karl – Cité des Arts
Abidjan-Cocody
03 BP 1588 Abidjan
espace_harmattan.ci@hotmail.fr

Nos librairies en France

Librairie internationale
16, rue des Écoles
75005 Paris
librairie.internationale@harmattan.fr
01 40 46 79 11
www.librairieharmattan.com

Librairie des savoirs
21, rue des Écoles
75005 Paris
librairie.sh@harmattan.fr
01 46 34 13 71
www.librairieharmattansh.com

Librairie Le Lucernaire
53, rue Notre-Dame-des-Champs
75006 Paris
librairie@lucernaire.fr
01 42 22 67 13

www.ingramcontent.com/pod-product-compliance
Lightning Source LLC
LaVergne TN
LVHW050641051026
849532LV00002B/474